古典文獻研究輯刊

二九編

潘美月・杜潔祥 主編

第 10 冊

《唐會要》研究

董興艷 著

國家圖書館出版品預行編目資料

《唐會要》研究／董興艷 著 — 初版 — 新北市：花木蘭文化事
業有限公司，2019〔民 108〕
目 2+196 面；19×26 公分
（古典文獻研究輯刊 二九編；第 10 冊）
ISBN 978-986-485-949-8（精裝）
1. 中國政治制度 2. 唐代
011.08   108012000

ISBN-978-986-485-949-8

9 789864 859498

古典文獻研究輯刊
二九編 第 十 冊   ISBN：978-986-485-949-8

《唐會要》研究

作　　者　董興艷
主　　編　潘美月　杜潔祥
總 編 輯　杜潔祥
副總編輯　楊嘉樂
編　　輯　許郁翎、王筑、張雅淋　美術編輯　陳逸婷
出　　版　花木蘭文化事業有限公司
發 行 人　高小娟
聯絡地址　235 新北市中和區中安街七二號十三樓
　　　　　電話：02-2923-1455／傳眞：02-2923-1452
網　　址　http://www.huamulan.tw 信箱 hml810518@gmail.com
印　　刷　普羅文化出版廣告事業
初　　版　2019 年 9 月
全書字數　152012 字
定　　價　二九編 29 冊（精裝）新台幣 58,000 元　　版權所有·請勿翻印

《唐會要》研究

董興艷 著

作者簡介

董興艷，歷史學博士，畢業於廈門大學歷史系。曾任四川師範大學歷史與旅遊文化學院講師、廈門大學出版社編輯，現爲廈門大學馬克思主義學院助理教授，主要研究方向爲中國歷史文獻學。

提　　要

　　《唐會要》一百卷，由宋人王溥在唐人蘇冕《會要》四十卷、崔鉉《續會要》四十卷的基礎上編撰而成，兩宋時三書各自行世，明代以前《會要》、《續會要》逐漸亡佚，《唐會要》流傳至今。《唐會要》是現存最早的會要體史書，全面記載唐代典章制度沿革，具有很高的史料價值和史學價值。本書從利用史料的實際需要出發，從文獻學的角度考察了《會要》、《續會要》、《唐會要》撰者生平事蹟、成書過程、史料來源、版本流傳、校勘輯佚，以及會要體史書創立與發展等問題。認爲蘇冕在繼承《周禮》、《春秋》、紀傳體書志等前代史書的基礎上，撰成第一部會要體史書，開創了新的史書體裁。從《會要》、《續會要》到《唐會要》，會要體史書的體例、編撰思想有所變化：《續會要》的體例基本承自《會要》；《唐會要》保留了《會要》門類的主體，大部分史料取自《會要》、《續會要》；《唐會要》有一定的創新，《會要》、《續會要》的門類當更謹嚴，「鑒戒」、「垂訓」的意味更濃，王溥《唐會要》門類更散漫繁瑣，更利於保存史料，以供官員尋檢。從對《唐會要》經濟史料的校勘來看，《唐會要》通行本各有優劣，對四庫本與殿本的差異要引起重視。

目
次

緒　論

一、選題意義

　　《唐會要》一百卷，由宋人王溥在唐德宗朝蘇冕《會要》四十卷、唐宣宗朝崔鉉《續會要》四十卷的基礎上，續以宣宗以後的典章制度編撰而成。《唐會要》之中保存了大量的經濟史料，其中相當一部分未見於他書，具有極高的史料價值，對於唐代社會經濟史研究意義重大。宋以後，隨著《會要》、《續會要》的亡佚，《唐會要》成爲現存最早的會要體史書。全面記載典章制度沿革的會要體史書在社會經濟史研究中有重要作用，尤其是《唐會要》、《五代會要》、《宋會要》等保存第一手資料較多的會要體史書，是社會經濟史研究必不可少的資料來源。

　　《唐會要》本身的體例和內容存在諸多問題，直接影響到研究者對《唐會要》的利用。解決這些問題，多數時候需要藉助《唐會要》的文獻學研究成果。而就目前學界的研究狀況來看〔註1〕，有關《唐會要》的文獻學研究成果還比較零散，一些重要的問題還沒有人進行考察，另一些學界曾經探討過的問題也還有可議之處。因此本書從運用唐代社會經濟基本史料的實際需要出發，從文獻學的角度對《唐會要》作比較系統、全面的研究，對於促進唐代社會經濟史料的基礎研究當有裨益。

〔註1〕筆者 2008 年 6 月完成博士論文答辯，本書約 16 萬字，對筆者的博士畢業論文《〈唐會要〉研究》未作大的修改；也未繼續跟進 2008 年之後的相關研究成果，實爲本書的一大缺陷。

二、學術史回顧

（一）通論性的史學史著述

從 20 世紀初開始，一筆帶過或者只有《唐會要》內容簡介的姑且不論，對於《唐會要》作者、版本、史料價值等問題提出自己觀點的著述主要有：梁啓超《要籍解題及其讀法》（清華學校，1925 年），朱傑勤《中國古代史學史》（河南人民出版社，1980 年），陳高華、陳智超《中國古代史史料學》（北京出版社，1983 年），張舜徽《中國史學名著題解》（中國青年出版社，1984年），陶懋炳《中國古代史學史略》（湖南人民出版社，1987 年），李學勤等《中國古代史導讀》（文匯出版社，1991 年），宋衍申《中國史學史綱要》（東北師範大學出版社，1992 年），王樹民《中國史學史綱要》（中華書局，1997 年），瞿林東《中國史學史綱》（北京出版社，1999 年）。

這些著述中涉及《唐會要》的篇幅都不長，僅就《唐會要》的作者、體例、內容、史料價值等作了簡單的描述。他們在《唐會要》史料價值的問題上，觀點基本一致，認爲《唐會要》保存了大量不見於《通典》的史料，對於唐史研究，特別是中晚唐制度研究具有極高的史料價值。這些著述的主要爭議在於：

1. 書名有《唐會要》和《新編唐會要》之爭。

2.《會要》的作者僅爲蘇冕，還是蘇冕、蘇弁兄弟共撰。

（二）專題性論著

20 世紀 80 年代以來，關於唐代史學的斷代研究開始興盛，有關《唐會要》的研究也開始深入，代表論著以出版時間爲序主要有：王雲海《會要體史書的源流》，〔註 2〕朱仲玉《王溥和會要體史書》，〔註 3〕鄭明《〈唐會要〉初探》，〔註 4〕周殿傑《關於〈唐會要〉的流傳和版本》，〔註 5〕周少川《約論會要體史

〔註 2〕原載《河南師大學報》1984 年 3 月增刊，亦見《王雲海文集》，河南大學出版社2006 年版，第 3～8 頁。

〔註 3〕朱仲玉：《王溥和會要體史書》，《晉陽學刊》1985 年第 6 期。

〔註 4〕鄭明：《〈唐會要〉初探》，載《中國唐史學會論文集》，三秦出版社 1989 年版，第 170 頁。

〔註 5〕周殿傑：《關於〈唐會要〉的流傳和版本》，《史林》1989 年第 3 期。周殿傑還參與了上海古籍出版社 1991 年版《唐會要》的標校工作，該版《唐會要》前言也是在周殿傑的論文《關於〈唐會要〉的流傳和版本》之基礎上略有增補。

籍》，〔註6〕黃永年、賈憲保《唐史史料學》，〔註7〕謝保成《隋唐五代史學》
（廈門大學出版社，1995 年），寧學民《〈唐會要〉簡介與芻評》，〔註8〕岳純
之《唐代官方史學研究》（天津人民出版社，2003 年），瞿林東《蘇冕與會要
——爲會要體史書創立 1200 週年而作》，〔註9〕邢永革《〈唐會要〉成書考略》、
〔註10〕《〈唐會要〉版本考略》，〔註11〕郭金彬、陳玲《中國古典科技思想史
料的搜集、整理和研究——以〈唐會要〉爲例》，〔註12〕瞿林東《唐代史家對
信史的追求——重讀〈唐會要·史館雜錄〉》，〔註13〕王世英《〈唐會要〉的編
撰體例及其文獻價值》，〔註14〕等等。

這些專題性論著取得的進展有：

1. 接續前人有關《會要》作者問題的討論，提出了一些新見解

以瞿林東爲代表的多數研究者認爲《會要》四十卷的撰者確係蘇冕。黃
永年、謝保成等持蘇冕、蘇弁共撰的看法，黃永年提出，《新唐書·藝文志》
等僅記蘇冕撰《會要》，當是《新唐書》所題銜名蘇冕以兄居首之故。

2. 版本流傳

鄭明、周殿傑、邢永革的論文大致考察清楚了《唐會要》的版本流傳，
同時還涉及《唐會要》門類、寫作風格等問題。

3. 注文

鄭明根據《唐會要》注文的內容，將之分爲六類進行考察，指出這些注
文使正文顯得簡要、明白，使全書體例顯得比較整齊劃一。

〔註6〕周少川：《約論會要體史籍》，《北京師範大學學報》1989 年第 5 期。

〔註7〕黃永年、賈憲保：《唐史史料學》，陝西師範大學出版社 1989 年版。2002 年上
　　　海書店再版時有增補，黃永年單獨署名。

〔註8〕寧學民：《〈唐會要〉簡介與芻評》，《新疆圖書館》1997 年第 1 期。

〔註9〕瞿林東：《蘇冕與會要——爲會要體史書創立 1200 週年而作》，《安徽大學學
　　　報》（哲社版）2003 年第 5 期。

〔註10〕邢永革：《〈唐會要〉成書考略》，《古籍整理研究學刊》2004 年第 4 期。

〔註11〕邢永革：《〈唐會要〉版本考略》，《中國典籍與文化》2004 年第 2 期。

〔註12〕郭金彬、陳玲：《中國古典科技思想史料的搜集、整理和研究——以〈唐會要〉
　　　爲例》，《科學技術與辯證法》2006 年第 4 期。

〔註13〕瞿林東：《唐代史家對信史的追求——重讀〈唐會要·史館雜錄〉》，《史學集
　　　刊》2006 年第 4 期。

〔註14〕王世英：《〈唐會要〉的編撰體例及其文獻價值》，安徽大學碩士論文，2007
　　　年。

4. 會要體史書創立的問題

這是一個熱點問題，爭議的焦點在於，在創立會要體史書的過程中，蘇冕和王溥誰起的作用更大，《會要》和《唐會要》孰爲第一部會要體史書？會要體史書對前代史書的繼承、會要體史書的史學價值等問題略有涉及。

王雲海提出，蘇冕撰《會要》，崔鉉、楊紹復撰《續會要》，創立了會要體裁。這種體裁是正史中《志》的擴充，是一個朝代中有關政治、經濟、文化制度和風俗習慣的史實彙編，但又不同於專門記載典制的書籍。《唐會要》初爲私撰，繼爲官修，王溥補爲全書，是爲歷史上第一部會要體巨著。

朱仲玉認爲，《唐會要》是王溥利用了蘇冕、崔鉉提供的資料，加上自己搜集到的資料，然後重新加以編定的，在這部書中融鑄了王溥創造性的勞動，所以王傅堪稱會要體史書的實際創始人。而蘇冕則只是創造了「會要」這一個名詞，今本《唐會要》從內容到形式，未必與他當初的設想相吻合。

周少川大致考察了《會要》、《續會要》和《唐會要》的編撰過程後認爲，會要體史書由蘇冕創立，其編撰體例卻由王溥最終完成。

黃永年認爲，今本《唐會要》所記高祖到德宗事最詳，德宗到宣宗稍略，宣宗以後益稀可證，因此王溥等在《唐會要》上出力並不多。會要體的首創應歸功於蘇氏兄弟。

瞿林東認爲，蘇冕《會要》的成書標誌著會要體史書的創立。其文著重對蘇冕的史識進行了考察，稱蘇冕在史識上大醇小疵。

5. 對會要體史書的總體考察

周少川考察了唐、宋、元、明、清會要體史書的發展以及會要體史書的史學價值。由於篇幅的關係，該文僅對會要體史書的創立和發展作了鳥瞰式考察，有關會要體史書的發展源流，尚有諸多問題未及深入。

6. 對《唐會要》中一些專題史料的利用

瞿林東利用《唐會要·史館雜錄》考證了唐代史家對信史的追求。郭金彬、陳玲以《唐會要》爲例，探討了收集和利用古代科技史料的方法。

（三）《唐會要》的校勘成果

1. 散見於各種論著的校勘成果

唐人已經對《會要》、《續會要》進行過一些校勘工作，即如（唐）李涪《刊誤》卷上《非驗》即是對一則《會要》史料的刊誤。（宋）司馬光《資治

通鑒》及《資治通鑒考異》對《會要》、《續會要》和《唐會要》的部分記載進行過考辨。清代乾嘉學派有關《唐會要》的考證尤為重要，錢大昕《潛研堂文集》收錄的關於《唐會要》的考證較多。現代學者的各種論著中引《唐會要》的某條史料並加以考辨的情況也很常見，此略。

2. 各版本《唐會要》的校勘記

現在通行的中華書局的各版、上海古籍出版社 1991 年版都附校勘記。

3. 專門撰文提出《唐會要》的校勘問題

賀次君《〈唐會要·節度使〉考釋》，[註15] 何汝泉《唐代轉運使初探》下篇「《唐會要·轉運使》篇訂補」（西南師範大學出版社，1987），聶曉臻《〈唐會要〉誤記一則》，[註16] 文華《〈唐會要〉糾繆一則》，[註17] 陳冠明《〈唐會要〉人名校考》，[註18] 丁鼎《〈唐會要〉校讀箚記一則》，[註19] 涂家飛《〈唐會要〉史實辯證一則》，[註20] 吳玉貴《〈唐會要〉「四夷部」證誤》，[註21] 朱海《〈唐會要〉獻疑數則》，[註22] 邢永革《〈唐會要〉正文錯誤類型及成因探析》，[註23] 邢永革《〈唐會要〉訛誤校訂舉例》，[註24] 等等。

三、基本思路

《會要》、《續會要》和《唐會要》兩宋時並行於世，當時的學者皆稱《唐會要》宣宗以前的內容取自《會要》和《續會要》。故本文前三章以《會要》、《續會要》、《唐會要》分別章節。

〔註15〕賀次君：《〈唐會要·節度使〉考釋》，《禹貢》1936 年第 6 期。

〔註16〕聶曉臻：《〈唐會要〉誤記一則》，《史學月刊》1990 年第 4 期。

〔註17〕文華：《〈唐會要〉糾繆一則》，《煙台師範學院學報》1993 年第 2 期。

〔註18〕陳冠明：《〈唐會要〉人名校考》，《古籍整理研究學刊》1994 年第 1 期。

〔註19〕丁鼎：《〈唐會要〉校讀箚記一則》，《渭南師專學報》（社科版）1994 年第 1 期。

〔註20〕涂家飛：《〈唐會要〉史實辯證一則》，《南京師範大學學報》（社科版）1996 年第 1 期。

〔註21〕吳玉貴：《〈唐會要〉「四夷部」證誤》，《文史》2004 年第 3 輯。

〔註22〕朱海：《〈唐會要〉獻疑數則》，載《魏晉南北朝隋唐史資料》第二十二輯，武漢大學文科學報編輯部 2005 年版。

〔註23〕邢永革：《〈唐會要〉正文錯誤類型及成因探析》，《菏澤學院學報》2006 年第 4 期。

〔註24〕邢永革：《〈唐會要〉訛誤校訂舉例》，《南京農業大學學報》（社科版）2007 年第 2 期。

　　第一章首先對蘇冕、蘇弁的生平事蹟，《會要》的成書時間、起止朝代等史實進行考證。繼而考察《會要》的成書背景和條件：安史之亂前後至德宗朝這段時期唐朝典章制度急劇變化，既有的史書體裁已經不能滿足現實的需求，發展新體裁的典章制度專書是當時史學發展的一個大方向；蘇冕是典章制度專家，在戰亂造成典籍散佚的情況下仍然有其弟蘇弁數萬卷的藏書可作資料來源。然後，筆者根據已知蘇冕《會要》原文考察《會要》對《周禮》、《春秋》、紀傳體書志、前代史書中的史論、魏晉的雜傳等前代史書的繼承與創新。根據對《會要》形成過程的考察，筆者認為蘇冕《會要》是第一部會要體史書，蘇冕開創了會要體史書這一新的史書體裁。

　　第二章主要考證《續會要》諸修撰官的生平事蹟、編撰始末、內容的截止時間、崔鉉是否實際參與《續會要》修撰工作等問題。認為從已知《續會要》原文來看，《續會要》的體例基本承自蘇冕《會要》。

　　第三章首先考述《唐會要》編撰者王溥的生平事蹟。繼而將《唐會要》與《會要》、《續會要》作對比，考察《唐會要》的成書，指出《唐會要》保留了《會要》門類的主體，大部分史料取自《會要》、《續會要》，王溥對這些史料進行了整理，但不是很深入。《唐會要》也有一定的創新，從《會要》、《續會要》到《唐會要》，會要體史書的體例、編撰思想有所變化。王溥新增入宣宗以後的典章制度，保存史料之功不可沒。

　　第四章考察唐宋以來會要體史書的發展，認為會要體史書可分為官修和私撰兩類。官修會要體史書始於《續會要》，宋朝官修本朝《會要》是官修會要體史書的高峰，元《經世大典》也屬官修會要體史書。私撰會要體史書始於蘇冕《會要》，王溥《唐會要》和《五代會要》的體例與蘇冕《會要》已有不同。宋代徐天麟《西漢會要》和《東漢會要》更多採用蘇冕《會要》舊例，清代出現私撰會要體史書的高潮，體例在徐天麟之書的基礎上又有所發展。

　　第五章，由於學界對《唐會要》的史料來源還未進行過深入考察，筆者擬單列一節考察這個問題。第二節則是關於《唐會要》的版本流傳，學界已經大致考察過這個問題，為了便於利用《唐會要》的史料，筆者將補充說明通行的幾個《唐會要》版本的優劣。

　　第六章以經濟史料為例，第一節對《唐會要》經濟史料的錯誤類型、致誤原因進行分析，後兩節先以《群書考索後集》中的《會要》佚文與上海古

籍出版社 1991 年版《唐會要》對校，再以四庫本與上海古籍版《唐會要》對校，擬在舉例考辨經濟史料的過程中，探討校勘《唐會要》的方法。認爲對校不同版本異同的對校法，仍是校勘《唐會要》的基本方法。同時，利用《唐會要》本書互證的本校法、以他書證本書的他校法、以出土文物證傳世文獻都是適用的校勘法。《唐會要》涉及的典章制度類型非常廣泛，校勘需要掌握比較深入的各項專門知識，由於一個人的學識有限，充分利用今人論著中關於唐代典章制度的研究成果，也是校勘《唐會要》不可或缺的一個重要方法。

四、研究方法說明

實證是研究歷史的基本方法，也是本文所用的基本方法。細化到研究的過程，主要包括：收集資料時，力求全面收集基礎性資料和與《唐會要》研究有關的專題資料，對資料進行細緻的考證。分析問題時，儘量處理好實證與闡釋、證實與證僞的關係，結論儘量做到信以傳信、疑以傳疑，不妄下斷言。

就文獻學而言，本文第一至五章更多地利用目錄學方法來考察《會要》對前代史書的繼承、會要體史書的創立和發展等問題，旨在辨章學術、考鏡源流。第六章利用對校、本校、他校、理校、以出土文物證傳世文獻等方法校勘《唐會要》經濟史料，屬於校勘學的範疇。

此外，本文在探討相關問題時對一些史書進行了比較研究。

五、擬創新與不足之處

就目前學界的研究狀況而言，《會要》、《續會要》、《唐會要》的編撰過程中仍然有一些史實需要釐清，筆者擬在如下史實的考據上取得突破，按所屬章節，依次爲：蘇冕、蘇弁等人生平事蹟中的一些史實，《會要》成書時間，「會要」之名的由來，《續會要》諸修撰官生平，《續會要》內容的截止時間，《宋史·王溥傳》駁正輯補，王溥的「茂學懿文」和學術交遊等。

目前學界關於《唐會要》和會要體史書的研究還不夠全面、深入。本文擬在《唐會要》是怎樣成書的，會要體史書是怎樣形成的，《會要》、《唐會要》在會要體的形成和發展過程中具有怎樣的地位和作用，《會要》、《續會要》、《唐會要》分別對後世會要體史書產生怎樣的影響，《唐會要》的史料來源於哪些典籍等問題上取得突破。

　　本文的不足之處主要有：由於典籍中的相關史料較少，對於《續會要》的研究還顯得薄弱。對現存的《唐會要》明、清殘抄本的研究還可以繼續深入。對於《唐會要》經濟史料的校勘、輯佚還有待日後繼續進行。此外，囿於學識，筆者關於本書中各種史料的考辨肯定會有不足之處，敬請方家指正。

第一章 關於蘇冕及其編撰《會要》的 若干問題

　　蘇冕《會要》四十卷成書於唐德宗貞元十九年（803 年）至貞元二十一年（805 年）之間，是歷史上第一部會要體史書。蘇冕在繼承前代史書的基礎上，開創了這一史書新體裁。本章將分三節對蘇冕等人的生平事蹟、蘇冕《會要》的成書、會要體史書的創立等問題進行具體的考察。

第一節　蘇冕、蘇弁生平事蹟考述

　　大多數研究者認爲《會要》乃唐德宗朝蘇冕所撰，也有據《唐會要》卷三六《修撰》認爲乃蘇冕、蘇弁兄弟共撰。筆者認爲，對蘇弁是否爲《會要》撰者之一雖然尚須存疑（詳見本章第二節「《會要》的撰者」），但至少蘇弁對其兄蘇冕編纂《會要》四十卷有一定的助益，故下面對其生平事蹟一併加以考述。

　　蘇冕在《舊唐書》和《新唐書》無傳，其生平事蹟主要見於《舊唐書》卷一八九下《蘇弁傳》和《新唐書》卷一〇三《蘇世長傳》附其從孫《蘇弁傳》，兩處的內容大體相同。據《舊唐書·蘇弁傳》記載：蘇冕是唐京兆武功（今陝西武功）人，武則天時的宰相蘇良嗣是其曾叔祖。〔註1〕蘇氏兄弟三人，

<hr />

〔註1〕（唐）林寶《元和姓纂》卷三《蘇》（《景印文淵閣四庫全書》第 890 冊，第 562 頁）亦稱：「工部侍郎蘇弁狀云與良嗣同房。」蘇良嗣生平詳見《舊唐書》卷七十五、《新唐書》卷一〇三《蘇世長傳》附其子《蘇良嗣》傳。

蘇袞居長，蘇冕次之，蘇弁爲弟，皆仕於德宗朝。貞元十四年（798年）閏五月，因爲蘇弁被貶官的緣故，蘇冕受到牽連，由京兆府士曹被貶爲信州（今江西上饒）司戶參軍，〔註2〕不復起用。蘇袞也因蘇弁之故由贊善大夫被貶爲永州司戶參軍，不過，當時蘇袞已經「年且七十，兩目無見已逾年，以弁之故，竟未停官。及貶，上聞之哀憫，故許還家。尋卒」。〔註3〕

蘇冕以著述知名，是當時研究典章制度的著名學者，除了《會要》四十卷外，他還編撰了《古今國典》一百卷〔註4〕和《賈至集》〔註5〕。唐人李肇在《國史補》述及唐大曆（766～779年）以後有專長的學者時，稱「故事則蘇冕、蔣乂」。〔註6〕蔣乂是史官吳兢的外孫，蔣家代爲名儒，蔣乂本人「旁通百家，尤精歷代沿革」，「在朝垂三十年，前後每有大政事、大議論，宰執不能裁決者，必召以諮訪。乂徵引典故，以參時事，多合其宜」。〔註7〕蘇冕與蔣乂齊名，才學亦當與蔣乂埒。《舊唐書·蘇弁傳》即稱，蘇冕被貶官後，「或有人言袞〔冕〕〔註8〕才學，上悔不早知」。

關於蘇冕之弟蘇弁的生平，《舊唐書·蘇弁傳》有較詳細的記載，茲移錄於下：

> 蘇弁字元容，京兆武功人。曾叔祖良嗣，天后朝宰相，國史有傳。弁少有文學，舉進士，授秘書省正字，轉奉天主簿。朱泚之亂，德宗倉卒出幸，縣令杜正元上府計事，聞大駕至，官吏惶恐，皆欲奔竄山谷。弁諭之曰：「君上避狄，臣下當伏難死節。昔肅宗幸靈武，

〔註2〕 京兆府士曹，按《唐六典》卷三十《京兆、河南、太原三府官吏》記載，「士曹參軍事二人，正七品下」。信州司戶參軍，唐制，信州爲中州，按《唐六典》卷三十《上州、中州、下州官吏》記載，中州「司戶參軍事一人，正八品下」。則蘇冕由正七品下的京兆府士曹被貶爲正八品下的信州司戶參軍。

〔註3〕 （後晉）劉昫等：《舊唐書》卷一八九下《蘇弁傳》，中華書局1975年版，第4976～4977頁。

〔註4〕 （元）脫脫等：《宋史》卷二〇七《藝文六》，中華書局1977年版，第5294頁。

〔註5〕 （宋）歐陽修、宋祁：《新唐書》卷六十《藝文四》，中華書局1975年版，第1603頁。

〔註6〕 （唐）李肇：《國史補》卷下，《景印文淵閣四庫全書》第1035冊，第443頁。

〔註7〕 （後晉）劉昫等：《舊唐書》卷一四九《蔣乂傳》，中華書局1975年版，第4028頁。

〔註8〕 「袞」當作「冕」，《舊唐書·蘇弁傳》誤，據《新唐書·蘇弁傳》「又有稱冕才者，帝悔不用」改。

至新平、安定，二太守皆潛遁，帝命斬之以徇，諸君知其事乎！」
眾心乃安。及車駕至，迎扈儲備無闕，德宗嘉之，就加試大理司直。
賊平，拜監察御史，歷三院，累轉倉部郎中，仍判度支案。裴延齡
卒，德宗聞其才，特開延英，面賜金紫，授度支郎中，副知度支事，
仍命立於正郎之首。〔註9〕副知之號，自弁始也。承延齡之後，以
寬簡代煩虐，人甚稱之。遷戶部侍郎，依前判度支，改太子詹事。
〔註10〕弁初入朝，班位失序，殿中侍御史鄒儒立對仗彈之。弁於金
吾待罪數刻，特釋放。舊制，太子詹事班次太常、宗正卿已下。
貞元三年，御史中丞竇參敍定班，移詹事在河南、太原尹之下。
弁乃引舊班制立，臺官詰之，仍紿云：「自己白宰相，請依舊。」
故爲儒立彈之。旋坐給長武城軍糧朽敗，貶汀州司戶參軍。當德
宗時，朝臣受譴，少蒙再錄，至晚年尤甚。唯弁與韓皋得起爲刺
史，授滁州轉杭州。弁與兄冕、袞，皆以友弟儒學稱……弁聚書
至二萬卷，皆手自刊校，至今言蘇氏書，次於集賢祕閣焉。貞元二
十一年，〔註11〕卒於家。

《舊唐書‧蘇弁傳》關於蘇弁的生平事蹟的記載，有四個問題需要辨正。

第一，關於蘇弁擔任「副知度支」和「判度支」的問題。

「判度支」即度支使，根據《唐會要》卷五九《尚書省諸司下‧別官判
度支》記載：

> 故事，度支案郎中判入，員外判出，侍郎總統押案而已，官銜
> 不言專判度支。開元以後，時事多故，遂有他官來判者，或尚書、
> 侍郎專判，乃曰度支使，或曰判度支使，或曰知度支事，或曰句當

〔註9〕《唐會要》卷五九《尚書省諸司下‧別官判度支》（上海古籍出版社1991年版，
第1196頁）稱：「（貞元十二年九月）蘇弁除度支郎中兼御史中丞，副知度
支。」又，以下未注明版本的《唐會要》，皆爲上海古籍出版社1991年版，簡稱上海
古籍版。

〔註10〕據《舊唐書》卷一三《德宗本紀下》，蘇弁爲戶部侍郎、判度支在貞元十三年
（797年）二月乙亥：改太子詹事則在貞元十四年（798年）五月丙午。《唐
六典》卷三《戶部》云，戶部侍郎正四品下：卷二六《太子詹事府》云，詹
事一人正三品，「職統東宮三寺十率府之政令，舉其綱紀而修其職務」。

〔註11〕據嚴耕望考證，《舊唐書‧憲宗本紀》稱永貞元年九月，「丁丑，前戶部侍郎
蔡弁卒」，永貞元年即貞元二十一年（805年），蔡必蘇之誤，則蘇弁卒於貞元
二十一年（805年）九月十一日丁丑。詳見嚴耕望：《唐僕尚丞郎表》卷十二
《戶侍》，上海古籍出版社2007年版，第699頁。

度支使，雖名稱不同，其事一也。

「副知度支」即度支副使，據李錦繡考察，度支、鹽運、戶部三司之中，鹽運、戶部在度支設副使之前已經出現副使。自蘇弁爲度支副使以後，度支副使職掌便固定下來。度支使的下屬官有度支副使（「副知度支」）、判官（「判度支案」）、推官、巡官四類，這四類中，度支副使的地位最高。〔註12〕蘇弁原本是以倉部郎中判度支案的判官，貞元十二年（796年）九月〔註13〕，蘇弁被擢升爲度支郎中、副知度支。貞元十三年（797年）二月，蘇弁再次獲得擢升，「爲戶部侍郎、判度支」。〔註14〕由於在蘇弁之前判度支的是裴延齡，而在蘇弁被任爲度支副使的同月，即貞元十二年（796年）九月十八日丙午，裴延齡已卒〔註15〕，則在貞元十二年（796年）九月十八日至貞元十三年（797年）二月蘇弁被升爲戶部侍郎、判度支的這幾個月，度支是沒有正使的，蘇弁作爲「副知度支」（度支副使），是當時度支職位最高的官員。

有關蘇弁被任爲度支副使還有一個疑問，新舊《唐書·蘇弁傳》、《冊府元龜》卷四八三《邦計部·選任》等典籍皆稱裴延齡死後，德宗聞蘇弁之才，特開延英，任命蘇弁爲副知度支，副知度支之號，始於蘇弁。嚴耕望也認爲，貞元十二年（796年）九月十八日，裴延齡死後，蘇弁已以度支郎中兼御史中丞續判度支事，惟位低只稱副知，實無他人爲度支正使。〔註16〕

然而從《冊府元龜·邦計部·總序》的以下記載來看，蘇弁被任爲副知度支，似乎在裴延齡生前：

> （貞元十二年）戶部尚書裴延齡判度支，又以倉部郎中、判度支案蘇弁除度支郎中兼御史中丞，副知度支事，立位於正郎之首。副知之號自弁始也。〔註17〕

〔註12〕 李錦繡：《唐代財政史稿》第四冊，社會科學文獻出版社2007年版，第208、210頁。

〔註13〕 《唐會要》卷五九《尚書省諸司下·別官判度支》，上海古籍出版社1991年版，第1196頁。

〔註14〕 （後晉）劉昫等：《舊唐書》卷一三《德宗本紀》，中華書局1975年版，第384頁。

〔註15〕 《舊唐書》卷一三《德宗本紀》：「（貞元十二年九月）丙午，戶部尚書、判度支裴延齡卒。」

〔註16〕 嚴耕望：《唐僕尚丞郎表》卷十二《戶侍》，上海古籍出版社2007年版，第699頁。

〔註17〕 （宋）王欽若等：《冊府元龜》卷四八三《邦計部·總序》，中華書局1960年版，第5770頁。

　　筆者認爲對於蘇弁在裴延齡生前即被任爲副知度支的說法，疑點頗多，暫不宜採用：首先，這是一條孤證，筆者尚未見到其他書籍有類似的記載。其次，《冊府元龜》卷四八三《邦計部·總序》是宋人所撰的概述性文字，他們已經對原始史料進行過加工。此處的「又以」是有歧義的，不一定表示裴延齡生前即以蘇弁爲度支副使，很可能因爲裴延齡以戶部尚書判度支、〔註18〕（裴延齡死後）蘇弁被任爲「副知度支」皆發生在貞元十二年（796 年），總序又需要文字簡練，故用「又以」二字將發生在同一年的兩件事一併述及。再次，綜合上述各種史籍的記載來看，很可能是在裴延齡死後，蘇弁成爲群臣提議的接替裴延齡的合適人選，《舊唐書·蘇弁傳》中所謂「德宗聞其才」應該是這個意思。而從後來的史實看，雖然度支使在裴延齡死後出現了空缺，但德宗還是考察了蘇弁幾個月後，才將他由度支郎中、副支度支升爲戶部侍郎、判度支。這幾個月的度支使一職的空缺也表明，任命蘇弁爲副知度支之時，並非一定要有度支使（裴延齡）在任。

　　第二，蘇弁判度支的政績。史籍對於蘇弁爲戶部侍郎、判度支時的政績褒貶不一。《新唐書》卷一〇三《蘇弁傳》稱：

　　　　弁通學術，吏事精明，承延齡後，平賦緩役，略煩苛，人賴其寬。久之，遷戶部侍郎，判度支，改太子詹事……坐前以腐粟給邊，貶汀州司戶參軍……弁之判度支，方大旱，州縣有逋米，斷貞元八年以前，凡三百八十萬斛，人亡數在，弁奏請出以貸貧民，至秋而償，詔可。當時譏其罔君云。

《冊府元龜》卷五一一《邦計部·誣誷》稱：

　　　　蘇弁代裴延齡爲戶部侍郎、判度支。貞元十三年三月弁奏：「諸道州府各遭旱損，其諸州府有貞元八年已前見貯米麥斛斗三百八十萬石，請各委州府借貸，令秋成熟後依本數卻納。」可之。輿議以其米麥等多散在百姓間，歲月已久、人戶流亡，無從征得。弁此奏但爲虛妄耳。

《新唐書·蘇弁傳》所云前後矛盾，蘇弁「以寬簡代煩虐，人甚稱之」，爲何又因欺君罔上而被譏呢？李錦繡對此做過考察，她指出：在蘇弁之前的度支使裴延齡在任期間，通過多立名目置改府庫，別貯供御，將國家國庫變

<hr />

〔註18〕《舊唐書》卷一三《德宗本紀》：「（貞元十二年三月）乙巳，以戶部侍郎裴延齡爲戶部尚書、判度支。」

爲皇帝第二個內庫，裴延齡死後，這種變國庫爲內庫的影響並未因之結束，這成爲擺在繼任判度支者蘇弁等人面前的主要難題。即如部分無處可徵的錢物，雖名隸度支，實際上已作爲羨餘，供皇帝支用，列入度支供御部分，雖無處可徵，又要定期供御，數不可減，是度支的一項沉重負擔。蘇弁在貞元十三年（797 年）三月藉旱損之名，將貞元八年（792 年）以前逋米 380 餘萬斛暫時放免，又藉貞元十四年（798 年）三月天旱之因，放免了 560 餘萬貫。雖被譏爲「罔君」，也是繼裴延齡之後不得已的措施。放免無處可徵者無益於百姓，但放掉了 800 餘萬貫的供御負擔，暫緩了度支壓力。蘇弁此舉，從度支理財而言，只是處於皇帝壓力之下的一個頗有技巧的措施，其之所以罔上的原因在於在上之君。而且，蘇弁僅是放免了 800 餘萬貫，但度支各庫供御並未根本廢除，增加了度支的支出負擔，《舊唐書·蘇弁傳》所言蘇弁以朽敗糧給長武城軍，正是度支經費不足的結果。〔註 19〕

此外，根據《資治通鑒》卷二三五《唐紀五十一》（《新唐書》卷五二《食貨二》略同）的記載，蘇弁不支持廢「宮市」，因此被指責爲「奉承權宦」：

> （貞元十三年）十二月，徐州節度使張建封入朝。先是，宮中市外間物，令官吏主之，隨給其直。比歲以宦者爲使，謂之宮市，抑買人物，稍不如本估。其後不復行文書，置白望數百人於兩市及要鬧坊曲，閱人所賣物，但稱宮市，則斂手付與，眞僞不復可辨，無敢問所從來及論價之高下者，率用直百錢物買人直數千物，多以紅紫染故衣、敗繒，尺寸裂而給之，仍索進奉門戶及腳價錢。人將物詣市，至有空手而歸者，名爲宮市，其實奪之。商賈有良貨，皆深匿之，每敕使出，雖沽漿、賣餅者皆撤業閉門……建封入朝，具奏之，上頗嘉納，以問戶部侍郎、判度支蘇弁，弁希宦者意，對曰：「京師游手萬家，無土著生業，仰宮市取給。」上信之，故凡言宮市者皆不聽。〔註 20〕

從以上記載可見德宗貞元時期宮市爲害之劇，負責採買的宦官強取豪奪，嚴重擾亂市場，無怪乎人們怨聲載道。李錦繡認爲，蘇弁理財時尚有一個污點即未廢宮市。不過她也指出：「宮中和市，由度支給直，宦者充宮市使，強奪市

〔註 19〕 李錦繡：《唐代財政史稿》第四冊，社會科學文獻出版社 2007 年版，第 105～108 頁。

〔註 20〕 （宋）司馬光：《資治通鑒》卷二三五《唐紀五十一》，中華書局 1956 年版，第 7579 頁。

人財物，減輕了度支的開銷，德宗因張建封之言而問於蘇弁，正合有詢問廢宮市後度支能否提供這筆經費之意。而蘇弁之對，與其說希宦者意，不如說是只顧本司之利益，只望度支支出減少，不管宮市擾民，這也是裴延齡之後度支收入減少、支出重點改變的結果，與蘇弁以敗朽之物充軍糧同出一因。」〔註21〕

第三，蘇弁是否任過汴州司戶參軍、杭州刺史？新舊《唐書・蘇弁傳》、《冊府元龜》卷九二五《總錄部・譴累》皆稱蘇弁由戶部侍郎、判度支被貶為汀州（今福建長汀縣）司戶參軍或汀州錄事參軍，《冊府元龜》卷五一一《邦計部・曠敗》則稱：

> 蘇弁為戶部侍郎判度支，坐給長武城軍糧朽敗，貶汴州司戶參軍。

然而，關於蘇弁被貶為汴州（今河南開封）司戶參軍的說法，筆者僅見上述一條孤證，而《冊府元龜》同一部書的說法也不統一，「汀」、「汴」字形相近，易形近而訛，疑《冊府元龜》卷五一一《邦計部・曠敗》「汴州司戶參軍」當作「汀州司戶參軍」。此外，《順宗實錄》卷二稱：

> （貞元二十一年三月壬申）前戶部侍郎、判度支、汀州別駕蘇弁為忠州刺史。〔註22〕

唐制，汀州為下州，《唐六典》卷三十《上州、中州、下州官吏》稱，下州司戶參軍一人，從八品下，別駕一人，從五品上。疑蘇弁初貶為從八品下的汀州司戶參軍，後來逐漸升至從五品上的汀州別駕。

關於蘇弁是否任過杭州刺史的問題，史籍中大致有三種說法：第一種，《舊唐書・蘇弁傳》稱蘇弁「授滁州，轉杭州」；《唐會要》卷三六《修撰》、《冊府元龜》卷七八三《總錄部・世德》、《冊府元龜》卷六〇七《學校部・撰集》亦皆稱蘇弁為杭州刺史。第二種，《新唐書・蘇弁傳》稱：「起弁為滁州刺史，卒。」第三種，如上所引，《順宗實錄》卷二稱蘇弁起為忠州刺史。

筆者認為，蘇弁起為忠州刺史的記載僅見於《順宗實錄》，尚須存疑。《舊唐書》、《冊府元龜》等保留第一手資料較多的史籍皆稱蘇弁為杭州刺史，蘇弁有可能是《會要》撰者之一，《唐會要》中德宗朝以前的內容取自《會要》，則《唐會要》中關於蘇弁為杭州刺史的記載須格外重視，蘇弁曾為杭州刺史

〔註21〕 李錦繡：《唐代財政史稿》第四冊，社會科學文獻出版社2007年版，第108頁。
〔註22〕 （唐）韓愈：《順宗實錄》卷二，《叢書集成初編》本，中華書局1985年版，第6頁。

的說法比較可信。

第四，關於蘇弁的藏書與著作。蘇弁有著豐富的私人藏書。根據《新唐書》卷一〇三《蘇弁傳》記載，蘇弁「聚書至二萬卷，手自讎定，當時稱與秘府埒」。唐人柳宗元《柳河東集》卷十二《表志先君石表陰先友記》亦稱：「蘇弁，武功人，好聚書，至三萬卷。」〔註23〕蘇弁藏書數萬卷，還「手自讎定」，知《舊唐書‧蘇弁傳》「弁與兄冕、袞，皆以友弟儒學稱」，《新唐書‧蘇弁傳》「通學術」等語並非虛言。

其他史籍還有蘇弁撰書的記載。《新唐書》卷六十《藝文四》記載蘇弁編撰了「《制集》十卷」。此外，蘇弁可能還編撰過《賈至集》二十卷。《唐才子傳》卷三《賈至傳》言賈至「有集三十餘卷，今傳」，〔註24〕應該就是《新唐書》卷六十《藝文四》所說的「《賈至集》二十卷，別十五卷」。《新唐書》卷六十《藝文四》在「別十五卷」下標明係蘇冕所撰。《郡齋讀書志》卷四上《別集類》錄《賈至集》十卷，又稱原有「李邯鄲淑家本二十卷，蘇弁編次……今亡其半」。〔註25〕則很可能《賈至集》乃蘇冕、蘇弁兄弟共同編撰，蘇冕編《賈至集》別十五卷，蘇弁編二十卷。到宋時，蘇弁所編《賈至集》二十卷已亡佚過半，僅剩十卷。〔註26〕

還要說明的是，蘇冕之子蘇滌、蘇弁之子蘇景胤皆繼承家學，擔任過修撰《實錄》的工作。蘇滌，字玄獻，任荊南節度使、吏部尚書，曾參與《穆宗實錄》二十卷的修撰。〔註27〕據《新唐書》卷五八《藝文二》記載，蘇景胤，「弁子也，中書舍人」，參與修撰《憲宗實錄》四十卷。據《新唐書》卷一四二《路隋傳》，唐文宗嗣位，因為韓愈所撰《順宗實錄》「書禁中事為切直」，下詔路隋等人「刊正」，「史官蘇景胤」等人「皆上言改修非是」。唐穆宗長慶二年（822年），蘇景胤任監祭使、監察御史。〔註28〕從《唐摭言》稱

〔註23〕 柳宗元《柳河東集》卷十二《表志先君石表陰先友記》，上海人民出版社1974年版，第193頁。

〔註24〕 傅璇琮：《唐才子傳校箋》，中華書局2002年版，第492頁。

〔註25〕 （宋）晁公武：《郡齋讀書志》卷四上《別集類》，《景印文淵閣四庫全書》第674冊，第252頁。

〔註26〕 《宋史》卷二〇八《藝文七》記載的《賈至集》也只有十卷。

〔註27〕 （宋）歐陽修、宋祁：《新唐書》卷五八《藝文二》，中華書局1975年版，第1472頁。

〔註28〕 （宋）王溥：《唐會要》卷二三《緣祀裁制》，上海古籍出版社1991年版，第520頁。

蘇景胤為「翰林主人」，又言「欲入舉場，先問蘇、張」來看，蘇景胤頗有學名，跟其他幾個人同為當時的文林表式。〔註29〕

　　瞭解蘇冕、蘇弁的生平事蹟，對於考察蘇冕《會要》的成書頗有參考意義。蘇冕、蘇弁在德宗建中（780～783 年）時期就出仕了，蘇冕卒年不詳，蘇弁卒於貞元二十一年（805 年）九月，據此推斷，他們應該經歷過安史之亂。這場開始於唐玄宗天寶十四載（755 年）十月，持續至唐代宗廣德元年（763 年）方告平息的社會大動亂，是唐朝前期積累的社會矛盾的總爆發，給唐朝整個國家管理體系帶來巨大衝擊。安史之亂後的代宗、德宗兩朝，是唐朝典章制度大變動和重建的時期。在藩鎮之禍愈演愈烈、中央集權嚴重削弱的情況下，唐朝前期的許多重要制度已經難以維繫，改革或完全擯棄勢在必行。在經歷了代宗、德宗兩朝的過渡和重建之後，彼時唐朝的典章制度已經和唐朝前期有了極大差異。

　　總的來看，蘇冕既生活在這樣一個典章制度大變動的時期，他本人又是勤於撰述的典章制度專家，甚至在經歷了給整個社會的典籍帶來巨大災難、號稱書籍「十厄」之一的安史之亂後，蘇冕還有其弟蘇弁豐富的私人藏書可以利用，《會要》四十卷由是而成。筆者以為，缺此任何一方面，欲《會要》成書，難矣，欲《會要》為後世推崇，難矣。

　　此外，從下文對《會要》成書情況的考察結果來看，正是因為經歷了唐朝由盛而衰的轉折期，蘇冕撰《會要》考察唐高祖至德宗朝典章制度的沿革，有從制度上尋求中興大唐之道、鑒往而知來之意。

第二節　蘇冕《會要》的成書

　　上述對於蘇冕等人生平事蹟的考察也同時涉及蘇冕《會要》成書的社會、歷史背景。目前學界對與蘇冕《會要》成書相關的其他一些問題的研究取得一定的成果，其中最主要的是瞿林東《蘇冕與會要——為會要體史書創立 1200 週年而作》。該文就唐代史學發展對蘇冕《會要》成書的影響、蘇冕的史識等

〔註29〕（五代）王定保《唐摭言》卷七《升沉後進》（《景印文淵閣四庫全書》第 1035 冊，第 745 頁）：「大和中，蘇景胤、張元夫為翰林主人，楊汝士與弟虞卿及漢公，尤為文林表式。故後進相謂曰：『欲入舉場，先問蘇張；蘇張猶可，三楊殺我。』」

問題做了比較深入的考察。〔註30〕

　　本節將重點考察以下兩個問題：其一，史籍關於蘇冕《會要》成書情況的說法不一，一些史實尚需釐清；其二，《會要》成書過程中對前代史書的繼承。

一、《會要》的撰者、成書時間、起止朝代

　　在記載《會要》撰者的各種史籍中，筆者所見最早的是成書於唐憲宗元和七年（812 年）的《元和姓纂》，其卷三《蘇》條下稱蘇冕「撰《會要》三十卷」，〔註31〕由於《會要》三十卷的說法僅見於該書，乃孤證，當存疑。五代後晉的《舊唐書》卷一八九下《蘇弁傳》稱蘇冕「纘國朝政事，撰《會要》四十卷，行於時」。宋人所撰《新唐書》卷五九《藝文三》、《通志》卷六五《藝文略三》、《冊府元龜》卷六○七《學校部・撰集》、《郡齋讀書後志》卷二《類書類》等也都將《會要》四十卷繫於蘇冕名下。除此之外，部分史籍雖然沒有明文稱《會要》乃蘇冕所撰，但提到《會要》時也會稱之爲蘇冕《會要》，《冊府元龜》卷六四一《貢舉部・條制三》記載了後唐莊宗同光三年（925 年）五月禮部貢院的一份奏文，其中就有「逐檢尋《六典》及蘇冕《會要》」之語。目前學界以瞿林東爲代表的多數研究者認爲《會要》四十卷的撰者確係蘇冕。

　　從上述諸人生平事蹟考述來看，蘇冕、蘇弁皆是典章制度的專家，他們的兒子也都繼承家學，參與過唐朝重要的《實錄》修撰工作。蘇弁聚書、刊校和編寫《制集》等表明了他有能力、也有可能參與編撰《會要》。在《會要》是否蘇冕與蘇弁共撰的問題上，黃永年、謝保成等即持蘇冕、蘇弁共撰的看法。〔註32〕黃永年提出，《新唐書・藝文志》等僅記蘇冕撰《會要》，當是《新唐書》所題銜名蘇冕以兄居首之故。〔註33〕但就已知的文獻記載而言，認爲蘇冕、蘇

〔註30〕瞿林東提出蘇冕《會要》成書的兩個條件：唐初以來以《藝文類聚》、《政典》、《通典》爲代表的分門書和以《唐六典》爲代表的官制書的發展；唐自開國以來的「國朝政事」的積累，這不僅提供了文獻資料的保證，而且也決定了《會要》的內容和性質。在蘇冕的史識方面，瞿林東認爲蘇冕具有進步的歷史觀，鮮明的批判意識，注意保存有關文獻的原始面貌、信以傳信、疑以傳疑；部分史論雖有局限和不妥，但大醇小疵。該文見於《安徽大學學報》（哲社版）2003 年第 5 期。

〔註31〕（唐）林寶：《元和姓纂》，《景印文淵閣四庫全書》第 890 冊，第 562 頁。

〔註32〕謝保成：《隋唐五代史學》，廈門大學出版社 1995 年版，第 209 頁。

〔註33〕黃永年：《唐史史料學》，上海書店出版社 2002 年版，第 69 頁。

弁共撰《會要》者，主要依據的史料是《唐會要》卷三六《修撰》，稱：

> 杭州刺史蘇弁撰《會要》四十卷，弁與兄冕纘國朝故事為是
> 書。

此則史料尚屬孤證，筆者認為對蘇冕、蘇弁共撰《會要》的問題仍須存疑（下文提及《會要》仍指蘇冕《會要》，不另加說明）。不過，可以肯定的是，蘇弁聚書、刊校等工作為《會要》的成書提供了有利條件。

關於《會要》成書時間，從不同版本《唐會要》卷三六《修撰》的有關記載大致可以推知。上海古籍版《唐會要》稱：

> 貞元十九年二月，淮南節度使杜佑撰《通典》二百卷，上之……
> 又〔註34〕，杭州刺史蘇弁撰《會要》四十卷……給事中陸贄著《集
> 注春秋》二十卷、《君臣圖翼》三十五卷，上之。

瞿林東認為《唐會要》卷三六《修撰》，在貞元十九年（803年）杜佑進《通典》之後記載「又杭州刺史蘇弁撰《會要》四十卷」，從行文的語氣來看，這兩事都發生在貞元十九年（803年），故連書之。〔註35〕瞿林東所據《唐會要》是中華書局的版本，同於上海古籍版《唐會要》，與四庫本稍異。筆者認為，四庫本《唐會要》稱「其後」，表明《會要》編撰在《通典》之後，上海古籍版稱「又」，雖未明言，但也次於《通典》之後。《唐會要》同一子目下基本上按時間先後順序編排史料，同一年號（或同一朝）的史料可能會省略年號，徑稱某年、「其年」或「又」，則《會要》四十卷成書當在《通典》之後，但不一定是同一年，可能是貞元十九年（803）至貞元二十一年（805年，德宗駕崩，貞元年號訖於是年）之間的某一年成書。

《唐會要·修撰》在記載《會要》一書之後又接「給事中陸贄」上《集注春秋》、《君臣圖翼》之事，「陸贄」當作「陸質」。《舊唐書》卷一八九下《陸質傳》稱：

> 陸質，吳郡人，本名淳……順宗即位，質素與韋執誼善，由是
> 徵為給事中，皇太子侍讀，仍改賜名質……質著《集注春秋》二十
> 卷、《類禮》二十卷、《君臣圖翼》二十五卷，並行於代。貞元二十
> 一年卒。

〔註34〕《景印文淵閣四庫全書》本《唐會要》此處作「其後」，下文提及此版本《唐會要》時皆簡稱四庫本，不另注。

〔註35〕瞿林東：《蘇冕與會要——為會要體史書創立1200週年而作》，《安徽大學學報》（哲社版）2003年第5期。

《舊唐書》卷一四《順宗本紀》稱：

> （貞元二十一年正月丙申，順宗）即位於太極殿……四月，給
> 事中陸質、中書舍人崔樞並爲太子侍讀。

陸質上《集注春秋》之時的官職是給事中，根據上述記載，陸質在貞元二十一年（805 年）正月順宗即位以後方被徵爲給事中，陸質又卒於是年，則陸質上書亦當在貞元二十一年（805 年）。由此推斷，《唐會要》將《會要》次於杜佑上《通典》和陸質上《集注春秋》之間，則《會要》成書時間當在貞元十九年（803 年）二月至貞元二十一年（805 年）之間。

此外，《唐會要》卷二五《百官奏事》中的一則記載也可以證明筆者關於《會要》成書時間的推斷：

> （貞元）十八年七月，嘉王府諮議高宏本正衙奏事，自理逋債，
> 因下敕曰：「比來百官，每於正衙奏事，至於移時，爲弊亦甚。自今
> 以後，不須於正衙奏事，如要陳奏者，並於延英進狀請對。」

其下注文曰：

> 正衙奏事，不易之制。貞觀之間，孜孜治道，講陳政事。其後
> 正衙奏御，凡在列位，無不上達。今宏本自理，罪之可也。因人而
> 廢其事，不可。

此條注文中提到貞元十八年（802 年）七月高宏本奏事，稱「今宏本」，則此條注文只能是蘇冕所撰，蘇冕能夠在注文中對貞元十八年（802 年）七月的事情加以評議，印證了筆者關於《會要》成書於貞元十九年（803 年）之後的推斷。

又，從《唐會要》卷三六「修撰」條的行文來看，凡進書於朝都以「進」、「上之」等文字明文標出，唯對《會要》未標明，似乎暗示該書未進獻於朝。

關於《會要》的內容迄於何時的問題，史籍說法不一。兩宋的有關記載，按成書年代早晚來看，從北宋神宗朝的《隆平集》卷一《館閣》到南宋的《郡齋讀書志》卷十四、《直齋書錄解題》卷五《典故類》、《群書考索後集》卷十一《官制門·會要所》等，皆曰蘇冕《會要》迄於德宗朝。然而，鄭樵《通志》卻稱：

> 《會要》四十卷，唐蘇冕撰，起高祖迄代宗。〔註36〕

〔註36〕 （宋）鄭樵：《通志》卷六五《藝文略第三》，浙江古籍出版社 2000 年版，
第 776 頁。

從筆者所見兩則蘇冕《會要》原文來看,《會要》當迄於德宗朝:

其一,宋人章如愚《群書考索後集》卷二一《官制門・蔡允道官制論》中標明來自蘇冕《會要》的記載迄於德宗朝,稱:

> 按唐貞元初度支使杜佑辭錢穀之任,引李巽自代。先是,度支以制置措費,漸權百司之職,廣設員吏,繁而難理,佑始奏營繕歸之將作,木炭歸之司農,染練歸之少府,綱條頗整,公議多之……佑之所請見於蘇冕《會要》,新史載之不如是之詳也。〔註37〕

查今本《唐會要》卷五九《尚書省諸司下・度支使》,稱:

> 貞元初,度支杜佑讓錢穀之務,引李巽自代。先是,度支以制用惜費,漸權百司之職,廣置吏員,繁而難理。佑始奏營繕歸之將作,木炭歸之司農,染練歸之少府,綱條頗整,公議多之。

今本《唐會要》與章氏所載《會要》引文大致相同。蘇冕《會要》既然記載了「貞元初」(唐德宗年號)杜佑「之所請」,則蘇冕《會要》迄於唐德宗朝當無疑議。

其二,上文所言《唐會要》卷二五《百官奏事》蘇冕所撰的注文,內容涉及貞元十八年(803年)七月之事,表明蘇冕《會要》載事的時間下限至少到德宗貞元十八年(803年)七月。

二、《會要》對前代史書的繼承

(一)《會要》之名或源出《周禮》

《周禮》一書,或說由西漢劉歆自秘府藏書中發現。劉歆十分推崇此書,認為該書乃「周公致太平之跡」。〔註38〕《周禮》以官制為依託,表達的是一種理想化的治國綱領。《周禮》被後世儒家目為聖賢之作,在思想界影響甚大,北周、隋唐以來一直存在著法《周禮》的政治思想潮流。唐玄宗曾令擬《周禮》成《大唐六典》,劉秩《政典》亦取《周禮》六官所職,大為時賢稱賞。一些學者在考察《會要》之源時,追溯至記載周官制的《周禮》。

南宋高宗朝起居郎兼中書舍人劉才邵奏請續修宋朝《會要》時稱:

> 自昔有天下國家者,所以記言動制作,示勸誡以貽後世,莫不

〔註37〕 (宋)章如愚:《群書考索後集》,《景印文淵閣四庫全書》第937冊,第296頁。

〔註38〕 (漢)鄭玄注、(唐)賈公彥疏:《周禮注疏・序周禮廢興》,《十三經注疏》,中華書局1979年版,第9頁。

有史。動則左史書之，若春秋是也；言則右史書之，若尚書是也；
至於禮樂刑政，因革損益，因時不同則後之人從復修之，以備參訂，
若禮經所載是也。三者之法相須以成，闕一不可。唐虞三代之盛，
典章文物炳然見於簡牘之間，豈無所自而然哉。至左丘明採諸國之
史因經立傳，而言動所記合爲一書。司馬遷網羅古今以作《史記》，
遂變編年之法，班固而下因祖述之，一代典章雖見於志而以理難詳
載、遺落者多。至唐正元間蘇冕始爲《會要》，考其纂述之意，豈非
小補。由此觀之，後之爲史者，《實錄》以存《春秋》編年之法，正
史以循遷、固記事之舊，而《會要》以追法禮經之意，豈可偏廢哉。
〔註39〕

礼經是指《周禮》、《儀禮》和《禮記》，合稱「三禮」。《會要》與《周禮》、
《儀禮》、《禮記》皆記載禮、樂、刑、政之因革損益。上文中，劉才邵明確
指出《會要》有「追法禮經之意」。〔註40〕

四庫館臣撰寫的王溥《五代會要》提要認爲：「是編務核典章，爲周官之
舊例。」《五代會要》和《唐會要》皆爲王溥所撰，二書體例相近已經爲學界
所公認。四庫館臣對《五代會要》的論斷實際上也適用於《唐會要》。

筆者在考察《周禮》與《會要》的關係問題時發現，蘇冕以《會要》爲
名，很可能典出《周禮》。

《會要》之名，釋其字義，會，合也，〔註41〕要，腰的本字，〔註42〕古
今皆有關鍵、重要、要而言之、約束等意思。從《會要》的內容來看，會合
重要典章制度，考察其發展沿革之關鍵，要而言之，文簡事備。

但《周禮・天官・小宰》也有稱「會」、「要」者：小宰「月終則以官府
之敘受群吏之要，贊冢宰受歲會，歲終則令群吏致事」。意即小宰每月月終使
官府致其簿書之要，是爲月之「小計」，「月計曰要」；歲終「六官各致一年功
狀」，由小宰協助冢宰總聚考較，是爲歲之「大計」，「歲計曰會，言冢宰則據

〔註39〕（明）楊士奇：《歷代名臣奏議》卷二七七《國史》，臺灣學生書局 1965 年
版，第 3626～3627 頁。

〔註40〕此處劉才邵還注意到了《會要》與《史記》、《漢書》等正史書、志之間的
學術淵源，本章另有一節將考察這個問題。

〔註41〕（漢）許慎：《説文解字》卷五下、《景印文淵閣四庫全書》第 223 冊，第 172
頁。

〔註42〕（漢）許慎：《説文解字》卷十五下，《景印文淵閣四庫全書》第 223 冊，
第 381 頁。

百官總焉」。〔註43〕冢宰及其副貳小宰藉此「會」、「要」之制考核官員，實施政事。蘇冕《會要》作於唐德宗朝，安史之亂使得唐朝由盛而衰，蘇冕撰書考察唐高祖至德宗朝典章制度的沿革，有志於尋求像《周禮》那樣能夠「致太平之跡」的治國之道，其書以《會要》爲名，雖然從字義上講也是比較貼切的，但以蘇冕對《周禮》的推崇，《會要》之名，很可能典出《周禮》「會」、「要」。

宋神宗朝的畢仲衍曾依《周禮》「會」、「要」之遺意，修成《備對》十卷，他進書時稱：「周家冢宰，歲終令百官府正其治，受其會；小宰以敘受群吏之要。所謂會要者，正今中書之所宜有也……」畢仲衍又言：「臣願申前日備問之詔，修日成月要歲會之法，以要官府群吏之治，則唐、虞、成周考績之效，不日而見，非止周知名數而已。」〔註44〕筆者認爲，畢仲衍建議依《周禮》「會」、「要」之法對官員進行考績，與蘇冕撰《會要》的本意已有相通之處。唐德宗朝、宋神宗朝都面臨著制度變革的問題，蘇冕、畢仲衍雖爲官但品位不高，二人皆是受儒家文化薰陶至深的學者，他們心目中的理想制度一定程度上會受到《周禮》的影響，其撰述或明或暗也含《周禮》之遺意。《備對》成書之影響非本文考察範圍，且置不論。蘇冕初創，最後由王溥撰成一百卷的《唐會要》被後周典章制度專家竇儼目爲「聖教經制、國之大綜」，〔註45〕唐宋以降的史籍中也屢見《唐會要》被當成朝臣奏事的依據，則一定程度上講，《唐會要》已將畢仲衍所言「以要官府群吏之治」行於現實政治。

（二）《會要》取法《春秋》

蘇冕曾自言《會要》宜取法《春秋》，即《唐會要》卷四二《月蝕》「蘇氏曰」：

> 載月甚詳，然仲尼修《春秋》，二百四十二年，日星之變必書，而月蝕不紀。解之者云：「月，諸侯道也，夷狄象也。彼有虧，則王者中國之政勝矣，故不謂爲災。」或云，蓋取詩人「彼月而蝕」、「則惟其常」之義。《會要》亦國史之支也，學於史，宜取法《春秋》，以是不宜備書。

〔註43〕 （漢）鄭玄注、（唐）賈公彥疏：《周禮注疏》卷三《天官・小宰》，《十三經注疏》，中華書局 1979 年版，第 655 頁。
〔註44〕 （宋）李燾：《續資治通鑒長編》卷三〇七《神宗》，中華書局 2004 年版，第 2876 頁。
〔註45〕 （宋）王欽若：《冊府元龜》卷四百七十六《臺省部・奏議七》，中華書局 1982 年版，第 5677～5691 頁。

結合今本《唐會要》中保留的其他蘇冕《會要》原文來看，蘇冕自稱《會要》「宜取法《春秋》」，並非空言。他在《會要》中反映出尊王、攘夷、勸善懲惡、垂訓的史學思想，明顯取法《春秋》；《會要》的一些具體的編撰方式，也與《春秋》一脈相承。

《春秋》是重要的儒家經典，自《春秋》「三傳」以下，後世傳《春秋》者甚多。至蘇冕之世，關於《春秋》的「微言大義」，大致有以下兩方面的內容已經被廣為認可：一、孔子修《春秋》有尊王、攘夷之旨。持這種觀點的人常引用《孟子・滕文公下》所言：「孔子成《春秋》而亂臣賊子懼。」二、孔子修《春秋》在於勸善懲惡、垂訓世人。即如左丘明所言：「春秋之稱微而顯，婉而辨，上之人能使昭明，善人勸焉，淫人懼焉，是以君子貴之。」〔註46〕

《會要》成書過程中基本史事多鈔自它書，最能反映蘇冕史學思想的還是今本《唐會要》保留下來的蘇冕所撰史論性文字。從這些史論性文字中明顯可見，蘇冕的史學思想受到《春秋》的影響。上述《唐會要》卷四二《月蝕》「蘇氏曰」自言《會要》宜效法《春秋》，代表「諸侯道」和「夷狄象」有虧的月蝕不算天災，不宜備書，明顯反映出蘇冕撰《會要》有效法《春秋》尊王、攘夷之旨趣。蘇冕所撰史論性文字中，旨在勸善懲惡、垂訓世人的地方還有不少。如《唐會要》卷七九《諡法上》，在記載了許敬宗初諡為繆，反諡為恭等史事後，蘇冕駁曰：

> 是非在於當時，名實豈憑至行？

諡法的意義就在於勸善懲惡，蘇冕對於許敬宗竟然由惡諡反而改為善諡之事的強烈反駁，正反映了蘇冕對於傳世文獻勸善懲惡功能的看重。在《唐會要》卷十八《配享功臣》中，蘇冕認為肅宗一室配享功臣理有未安，於是駁議曰：

> 配食之義，用旌元勳，讓協經綸，功成締構，君臣義重，終始禮崇，生承帶礪之恩，死陪嚴敬之祀。國家憲章三代，垂範百王，配饗功臣，必資故實。

尊王、攘夷、勸懲、垂訓，這是由春秋戰國到唐朝這一漫長的時段內，經學家和史學家對《春秋》大義的基本闡釋，蘇冕《會要》既然尊王、攘夷、勸懲、垂訓之處俱全，無怪乎他聲稱《會要》宜效法《春秋》。

〔註46〕左丘明：《春秋左氏傳》「傳：昭公三十一年冬」，《十三經注疏》，中華書局1979年版，第2126頁。

　　不過，蘇冕效法《春秋》的「尊王」、「勸懲」、「垂訓」等史學思想並非當時的個別現象，而是唐前期史書撰寫中的主流思想。唐前期至蘇冕之時，唐朝官、私修史中也大都帶有濃厚的「尊王」、「勸懲」、「垂訓」色彩。

　　除了史學思想之外，蘇冕《會要》具體編撰方式亦有效法《春秋》之處。杜預《春秋左氏傳序》稱：

　　　　仲尼因魯史策書成文，考其真偽，而志其典禮，上以遵周公之遺制，下以明將來之法。其教之所存，文之所害，則刊而正之，以示勸誡。其餘則皆即用舊史，史有文質，辭有詳略，不必改也。

　　杜預所言符合《春秋》的編撰實情。概括地講，孔子修《春秋》，基本史實鈔錄舊史，而對於「教之所存，文之所害」的史事記載則「考其真偽」，「刊而正之，以示勸誡」。《春秋》「三傳」中對於後世史學發展影響最大的《春秋左氏傳》（《左傳》）也是按照這樣的方式，「經」的部分，原文照錄《春秋》，再以「傳」的形式，加入更多的史料，補充和豐富「經」的內容，「傳」中有「君子曰」，多為《春秋左氏傳》作者自撰的史論性文字。

　　《會要》的編撰方式明顯透露取法《春秋》的意味。觀已知《會要》原文，史事記載多鈔錄舊史原文，不加改動，應是有意為之，取法《春秋》。蘇冕明言自己所創的《會要》「宜取法《春秋》」，故而《會要》中保留的大量舊史原文，相當一部分並非倉促成書、疏於改動等緣故，其本意就是撰者認為不必改動。舊史原文之下再以「蘇冕曰」的形式，或補充更多的史料，考辨舊史原文的真偽，或對其上所載史事、人物加以褒貶，達到勸誡、垂訓等目的。這樣的編撰方式與《春秋》、《左傳》相若。以《唐會要》卷十三《親饗廟》「太宗二」條的如下內容為例：

　　　　貞觀三年正月十日，上有事於太廟。十七年四月十一日，親謁太廟，謝承乾之過。

　　　　蘇冕曰：貞觀六年，監察御史馬周上疏云：「陛下踐祚已來，宗廟之享，未曾親事，遂使大唐一代之史，不書皇帝入廟之事，將何以貽厥孫謀，垂則來葉？」且貞觀三年，已親饗廟矣。未知何事，致此不同。

　　蘇冕撰《會要》於德宗朝，如非直接引用原文，按說應該將「上有事於太廟」改為「太宗有事於太廟」，則此處明顯鈔自舊史，蘇冕未加改動。但是他對於所鈔舊史中唐太宗僅兩次「親饗廟」的準確性有懷疑，於是他先鈔錄

舊史原文，不加改動，再於其下以「蘇冕曰」的形式加以考辨。已知《會要》原文中，這樣的編撰方式普遍存在。這種編撰方式與上述《春秋》、《左傳》的編撰方式一脈相承。

這樣看來，今本《唐會要》行文風格不統一的問題，不宜皆歸因於王溥對《會要》、《續會要》的整理不細緻，蘇冕《會要》即已取法《春秋》，基本史實鈔自舊史，對於各種史籍行文風格不統一的問題，採取「史有文質，辭有詳略，不必改也」的處理方式。

（三）紀傳體史書對《會要》的影響

蘇冕曾經自明《會要》的性質，稱「《會要》亦國史之支也」，〔註47〕瞿林東認為這句話確切表明：「第一，《會要》是史書；第二，《會要》是『國史』的一個分支，意即側重於『國朝政事』。」〔註48〕瞿先生對蘇冕原話的理解是正確的。筆者在逐目考察今本《唐會要》中屬於蘇冕《會要》的原目或原文後認為，蘇冕所言「《會要》亦國史之支也」，某種程度上也言及了《會要》對舊有史書的繼承。

漢魏隋唐是史學大發展的時期，史書的體裁和數量空前豐富。在蘇冕《會要》成書以前比較有影響的史部書籍分類法中，西晉阮孝緒《七錄·紀傳錄》將以《史記》、《漢書》為代表的紀傳體史書列入「國史部」，仿傚《春秋》編年為史者列入「注曆部」，此外再分「舊事」、「職官」、「儀典」、「法制」、「偽史」、「雜傳」、「鬼神」、「土地」、「譜狀」、「簿錄」各部。成書於唐初的《隋書·經籍志》將《七錄》的「國史部」改稱「正史」、「注曆部」改稱「古史」，此外分「舊事」、「職官」、「儀注」、「刑法」、「霸史」、「雜傳」（鬼神附）、「地理」、「譜系」、「簿錄」、「雜史」、「起居注」。至蘇冕之時，撰唐朝國史者，要麼採用《史記》、《漢書》的紀傳體，即如姚思廉、吳兢、韋述、柳芳等人斷斷續續所撰唐「國史」（「正史」）；要麼法《春秋》編年為史，即如柳芳《唐曆》。則蘇冕所言「《會要》亦國史之支也」中的「國史」，狹義上講，至少應該包括《隋書·經籍志》所分的「正史」和「古史」二者，廣義上講，應該包括所有內容與典章制度相關的史書類型，只不過，在這些史書類型中，「國

〔註47〕（宋）王溥：《唐會要》卷四十二《月蝕》「蘇氏曰」，上海古籍出版社1991年版，第895頁。

〔註48〕瞿林東：《蘇冕與會要——為會要體史書創立1200週年而作》，《安徽大學學報》（哲社版）》2003年第5期。

史」(「正史」)、「注曆」(「古史」) 的影響相對更大。上文已經考察了蘇冕《會要》對《春秋》的取法，亦可看作「注曆」(「古史」) 對於《會要》成書的影響。《會要》與「國史」(「正史」)，即如今通稱的紀傳體史書之間的淵源關係，下文將分兩個方面進行考察。

1.蘇冕《會要》的門類部分承襲自紀傳體史書的書、志

將蘇冕以前主要的紀傳體史書的書、志部分與今本《唐會要》中有證據表明來自蘇冕《會要》原文的卷次或子目作對比，可以看出其中有一定的淵源關係，部分名稱甚至相同：〔註49〕

表 1-1　「國史」書、志與《唐會要》的對比表

史記 (書)	漢書 (志)	後漢書 (志)	晉書 (志)	宋書 (志)	南齊書 (志)	魏書 (志)	隋書 (志)	《唐會要》
禮	禮 樂	禮儀	禮	禮	禮	禮	禮儀	關於「禮」的內容主要在卷二三至二六、三七、三八等卷次下
樂			樂	樂	樂	樂	音樂	卷三二至三四，重雅樂正聲、旁及四夷樂，與正史樂志同
律	律 曆	律 曆	律 曆	律 曆		律 曆	律 曆	唐朝相關律、令、格、式散見於各目
曆								卷四二《曆》，與前列正史書、志同名
天官	天文	天文	天文	天文	天文	天象	天文	卷四二、四三中有《混儀圖》、《測景》、《日蝕》、《月蝕》、《流星》等子目
封禪	郊祀	祭祀						卷七《封禪》，與《史記·封禪書》同名；卷八至卷二三內容爲祭祀
河渠	溝洫							
平準	食貨					食貨	食貨	卷八三至九三
	刑法					刑罰	刑法	卷三九至四一內容爲刑法

〔註49〕表 1-1 從《史記》到《隋書》書、志名稱的統計和表式參考了瞿林東「正史」書志與《通典》門類對比表，詳見瞿林東：《唐代史學論稿》，北京師範大學出版社 1989 年版，第 258 頁。

	五行	五行	五行	五行	五行		五行	卷四二至四四水、火、雜災變等內容屬於《五行》志記載的範圍
	地理	郡國	地理	州郡	州郡	地形	地理	卷七十至七三：關於州縣、軍府建置沿革，此前正史《地理》或《州郡》志亦載這部分內容
	藝文						經籍	卷三五列《經籍》一目，與《隋書‧經籍志》同名
		百官	職官	百官	百官	官氏	百官	卷四六、卷五一至七九等
		輿服	輿服					卷三一、三二《輿服》與《後漢書》、《晉書》之《輿服志》同名
			符瑞	祥瑞		靈徵		卷二八、二九《祥瑞》，與《南齊書‧祥瑞志》同名
						釋老		卷四七至五十內容主要關於「釋教」和「道教」

　　王溥所定《唐會要》的門類爲了便於保存細微史料之故，比蘇冕《會要》分目更細，蘇冕《會要》門類的主體仍然保留在《唐會要》中（詳見第三章「王溥對《會要》、《續會要》門類的繼承」）。則表1-1雖然是將「國史」（「正史」）書、志與今本《唐會要》對比，但仍然可以看出這些書、志與蘇冕《會要》有一定的淵源關係，蘇冕《會要》的門類中，當有一部分承襲自此前的紀傳體史書的書、志部分。

　　2. 《會要》是對紀傳體史書書、志的一大補充

　　司馬遷《史記》創「八書」、班固《漢書》作「十志」，開創了紀傳體史書以「書」或「志」的形式專門記載典章制度的新體例，在唐以前，記載典章制度的各種史書中，影響最大、流傳最廣的應該就是紀傳體史書的書、志。但是，紀傳體史書的書、志部分的篇幅有限，其體例本身就決定了它們難以全面、詳細地反映一代典章制度的沿革。由漢至唐，社會政治、經濟等各方面典章制度益發紛紜複雜，僅憑紀傳體史書的書、志既難以全面、詳細地記

載各方面的典章制度，也難以釐清一些重要的典章制度的沿革變化。唐初官修的幾部正史書、志部分已經強烈體現出其局限性。

在成書於唐中宗景龍四年（710 年）的《史通》中，劉知幾就對此前各部紀傳體史書的書、志提出了諸多批評。劉知幾認為「國史所書，宜述當時之事」，但紀傳體書、志卻有因循前志、虛張部帙之弊：「大抵志之為篇，其流十五六家而已。其間則有妄入編次，虛張部帙，而積習已久，不悟其非。」即如《天文志》、《藝文志》等志，因襲前志，篇幅日漸龐大，「非唯循覆車而重軌，亦復加闊眉以半額者矣」。劉知幾對於紀傳體史志有一個總體評價：

> 歷觀眾史，諸志列名，或前略而後詳，或古無而今有。雖遞補所闕，各自以為工，推而論之，皆未得其最。蓋可以為志者，其道有三焉：一曰都邑志，二曰氏族志，三曰方物志。〔註50〕

劉知幾關於紀傳體書、志的意見有其偏頗之處，但他指出的紀傳體史書的書、志的缺陷是存在的，劉知幾已經對改革紀傳體書、志提出了自己的主張。從今本《唐會要》中來自蘇冕《會要》的記載來看，蘇冕對於劉知幾頗為讚賞。〔註51〕劉知幾「宜述當時之事」的史學思想與蘇冕在《會要》中體現出來的史學思想是一致的，蘇冕首創會要體史學就是要詳一代之典章，劉知幾提出的「可以為志」的《都邑志》、《氏族志》和《方物志》，也基本上可以在《會要》中找到相對應的子目：

所謂《都邑志》，據劉知幾《史通》卷三《內篇‧書志第八》稱，主要是

〔註50〕（唐）劉知幾撰、（清）浦起龍釋：《史通通釋》卷三《內篇‧書志第八》，上海古籍出版社 1978 年版，第 72 頁。

〔註51〕唐朝人對於劉知幾的評價趨於兩端，部分人認為他譏駁經史過當而對他不予好評，但從《唐會要》中來自蘇冕《會要》的部分來看，蘇冕對劉知幾是頗為讚賞的。《唐會要》卷六四《史館下‧史館雜錄下》：「景龍二年四月二十日，侍中韋巨源、紀處訥、中書令楊再思、兵部侍郎宗楚客、中書侍郎蕭至忠並監修國史。其後史官太子中允劉知幾以監修者多，甚為國史之弊，於是求罷史職，奏記於蕭至忠曰……至忠惜其才。不許解史職。宗楚客嫉其正直……」《唐會要》卷三六《氏族》：「長安四年，鳳閣舍人劉知幾。撰《劉氏》三卷……雖為流俗所譏，學者服其該博。」又，成書於王溥《唐會要》之前的《舊唐書》卷一〇二《劉子玄傳》的有關記載與上引《唐會要‧史館雜錄下》大致相同；《玉海》卷五十《藝文‧譜牒‧唐劉氏譜》所引《會要》佚文與上引《唐會要‧氏族》全同，此兩處《唐會要》的記載當來自蘇冕《會要》。由蘇冕的原文可知蘇冕對劉知幾的態度。

「宮闕制度，朝廷軌儀」，「凡爲國史者，宜各撰《都邑志》，列於《輿服》之上」。今本《唐會要》卷三十全卷各子目爲：「大內、宏義宮、通義宮、慶善宮、太和宮、洛陽宮、大明宮、玉華宮、九成宮、奉天宮、三陽宮、興慶宮、華清宮、諸宮、雜記」，正是劉知幾所言《都邑志》應該記載的內容，正好列在《唐會要》卷三一《輿服》之上。由於《唐會要》中大的類目來自於蘇冕《會要》，可見蘇冕《會要》正如劉知幾所言將《都邑志》「列於《輿服》之上」。

所謂《方物志》，據《史通》卷三《內篇・書志第八》，當記載「金石、草木、縞紵、絲枲之流，鳥獸、蟲魚、齒革、羽毛之類，或百蠻攸稅，或萬國是供」，「凡爲國史者，宜各撰《方物志》，列於《食貨》之首」。今本《唐會要》沒有專列子目記載這些內容，但還是有諸多關於各地方物、諸國貢品的記載散見於各州、縣、府、軍和四夷諸國各相關子目中。

至於《氏族志》，《史通》卷三《內篇・書志第八》稱：「凡爲國史者，宜各撰《氏族志》，列於《百官》之下。」《唐會要》卷三六有《氏族》一目，所載史事起武德元年（618 年）迄大中六年（852 年），中有「蘇氏議曰」，則《氏族》一目當爲蘇冕原定。蘇冕雖然沒有如劉知幾所言將《氏族》列於《百官》之下，但此目下蘇冕記載劉知幾撰《劉氏》三卷，對劉知幾極爲讚譽，稱其「雖爲流俗所譏，學者服其該博」。

筆者認爲，蘇冕撰《會要》之時，部分參考過劉知幾《史通》中關於紀傳體史書書、志的意見，但並非全部吸納。

由《史通》成書的唐中宗之世至德宗朝，唐朝的典章制度經歷了巨大的變遷，無論是從學術研究的角度，還是出於現實政治的需要，皆對釐清典章制度的沿革有了更高、更急迫的要求。紀傳體史書的書、志以及其他一些記載典章制度的史書體裁已經不能滿足現實的需求，發展新體裁的典章制度專書可以說是當時史學發展的一個大方向。時人在這方面作出了多種嘗試，其中價值最高、影響最大的就是基本上同時成書的杜佑《通典》和蘇冕《會要》。蘇冕《會要》全面記載唐初至德宗朝典章制度的沿革，屬於當時人記當朝事。《會要》關於唐前期制度的記載學術價值很高，嚴耕望對比《唐會要》與《通典》關於唐前朝制度的記載後甚至指出：蘇冕作爲當時的制度史專家，對於唐前期的制度「尚能具體言之，瞭如指掌」，「不幸爲後世推重之杜佑，對於前期舊制亦無眞切之認識，不免以正在劇變中百弊叢生之當時現狀，上訾開

元以前之舊制」。〔註52〕

　　總的來看，《會要》的出現，對於紀傳體史書書、志是一大補充。即如南宋人劉才邵所言：

　　　　一代典章雖見於志而以理難詳載、遺落者多。至唐正元間蘇冕
　　始爲《會要》，考其纂述之意，豈非小補。〔註53〕

3. 蘇冕《會要》的史論性文字受到《史記》等史書的影響

　　在今本《唐會要》中，標明爲「蘇氏」或「蘇冕」所論的有25條，〔註54〕表明「崔氏」或「崔鉉」所論的有兩條，筆者尚未發現王溥所撰議論。經過王溥整理的《唐會要》仍然保留了如此之多的蘇冕的議論，可見蘇冕《會要》四十卷中當有大量蘇冕自撰的史論性文字。這種以「某某曰」的形式在史書撰寫中發論，在史部書籍中〔註55〕最明顯的源頭是司馬遷的《史記》。司馬遷《史記》以「太史公曰」的形式在正傳之外插入史論性文字，大體上看，這些史論或自明述作之旨趣，或考辨史事眞僞，或針砭時弊、臧否人物，具有很高的史學價值，廣爲後人所效法。即如劉知幾在《史通・內篇・論贊第九》所言：

　　　　《史記》云太史公，繼而班固曰贊，荀悅曰論，《東觀》曰序，
　　謝承曰詮，陳壽曰評，王隱曰議，何法盛曰述，揚雄曰譔，劉昞曰
　　奏，袁宏、裴子野自顯姓名，皇甫謐、葛洪列其所號玄晏先生、抱
　　朴子，史官所撰，通稱史臣。〔註56〕

〔註52〕嚴耕望：《唐僕尚丞郎表》卷一《述制》，上海古籍出版社2007年版，第1頁。

〔註53〕（明）楊士奇：《歷代名臣奏議》卷二七七《國史》，臺灣學生書局1965年版，第3627頁。

〔註54〕「蘇冕曰」1條，卷十三《親饗廟》；「蘇冕駁曰」1條，卷三《皇后》；「蘇氏曰」5條，卷二一《諸僭號陵》、卷三六《修撰》、卷三七《五禮篇目》、卷四二《月蝕》、卷五六《起居郎起居舍人》；「蘇氏駁議曰」1條，卷十八《配享功臣》；「蘇氏議曰」4條，卷三五《褒崇先聖》（四庫本《唐會要》此條作「蘇氏冕曰」）、卷三六《氏族》、卷四三《五星臨犯》、卷七四《選部上・論選事》；「蘇氏駁曰」10條，卷四四《雜災變》、卷五一《官號・名稱》、卷五三《雜錄》、卷五八《尚書省諸司中・吏部尚書》、卷五八《尚書省諸司中・戶部侍郎》、卷六十《御史臺上・御史臺》兩條、卷六十《御史臺上・監察御史》、卷七八《諸使中・諸使雜錄上》、卷七九《諡法上》；「蘇氏記曰」3條，卷三一《魚袋》、卷七三《安西都護府》、卷八一《階》；共25條。

〔註55〕劉知幾《史通・內篇・論贊第九》稱，經部書中：「《春秋左氏傳》每有發論，假君子以稱之。二傳云公羊子、穀梁子。」

〔註56〕（唐）劉知幾撰、（清）浦起龍釋：《史通通釋》卷四《內篇・論贊第九》，上海古籍出版社1978年版，第81頁。

　　從劉知幾的總結中可見，在史論性文字之前標以撰者身份的史書撰寫方式，從史記的「太史公曰」，到袁宏《後漢紀》的「袁宏曰」等等，再到唐初官修前代史《隋書》中的「史臣曰」，一體相承。蘇冕《會要》以「蘇氏曰」或「蘇冕曰」等形式發論，繼承了《史記》以來的這一編撰傳統。遍觀蘇冕所撰 25 條史論性文字，其類型也與《史記》「太史公曰」大體相若。有蘇冕自明述作之旨者，即如《唐會要》卷三六《修撰》：

　　　　蘇氏曰：今世之人，正惑於此，故載呂才駁議，用矯正之。庶乎惑者少悟也。

《唐會要》卷四二《月蝕》：

　　　　《會要》亦國史之支也，學於史，宜取法春秋。

有針砭時弊、臧否人物者，即如卷三五《五禮篇目》下「蘇氏曰」中直斥唐前期修禮之失、許敬宗之「妄」，等等。

　　蘇冕所撰 25 條史論性文字中，考辨史事真偽者更多，此不概舉。

　　與《史記》「太史公曰」略有差異的是，蘇冕《會要》除了「蘇氏曰」或「蘇冕曰」之外，尚以「蘇氏駁曰」、「蘇氏議曰」、「蘇氏記曰」等文字發論，一字之異，標明了該則史論的類型或者蘇冕所持的態度。

（四）「雜傳」對《會要》成書的影響

　　段公路《北戶錄》卷一《蛺蝶枝》中有一則《會要》引文：

　　　　《會要》云：大食國西鄰大海，嘗遣人乘船，經八年未極西岸，中有一方石。石上有樹，幹赤葉青，樹生小兒，長六七寸，見人皆笑，動其手腳，若著樹枝。其使摘取一枝，小兒即死。」〔註57〕

　　段公路乃唐懿宗時人，他所引的這條《會要》引文沒有明顯的時間標誌，而崔鉉《續會要》在一些史籍中也被稱作《會要》，那麼這則《會要》引文究竟是來自蘇冕《會要》還是來自崔鉉《續會要》呢？

　　此則引文亦見於今本《唐會要》卷一百《大食國》，置於唐高宗永徽二年（651 年）的一條史料之前，而《大食國》一目所載史事也截止於唐德宗貞元十四年（798 年），由此推斷，此則《會要》引文應該是唐前期的史料，來自蘇冕《會要》。此則引文的內容與今本《唐會要》完全一致，表明王溥整理時並未加以改動，乃蘇冕《會要》原文。

〔註57〕（唐）段公路：《北戶錄》，《景印文淵閣四庫全書》第 589 冊，第 38 頁。

這一則蘇冕《會要》原文明顯帶有魏晉以來盛行的「雜傳」風格。「雜傳」中多有虛誕怪妄的內容，阮孝緒《七錄·紀傳錄》列「雜傳」和「鬼神」，《隋書·經籍志》將「鬼神」併入「雜傳」。《隋書·經籍志·雜傳》小序稱：

> （雜傳）因其志尚，率爾而作，不在正史……魏文帝又作《列異》，以序鬼物奇怪之事，嵇康作《高士傳》以敘聖賢之風。因其事類，相繼而作者甚眾，名目轉廣，而又雜以虛誕怪妄之說，推其本源，蓋亦史官之末事也，載筆之士，刪採其要焉。〔註58〕

《隋書·經籍志》撰者認為一些帶有「虛誕怪妄」內容的史籍，雖然「因其志尚，率爾而作」，不在正史之列，但也屬於史書可以記載的範疇，是「史官之末事」。《隋書·經籍志》成書於唐前期，《隋書·經籍志》對史書中虛誕怪妄內容的態度代表唐前期一派史家的觀點。

將一些「虛誕怪妄之說」入史，也是受當時社會、歷史條件限制，無須苛求古人，但從這則《會要》原文可以窺見，蘇冕《會要》有一些虛誕怪妄的內容。這讓我們對蘇冕《會要》有了更多的瞭解。

第三節 蘇冕《會要》與會要體史書的創立

《會要》成書後，宋元所修的正史《藝文志》將之歸入「子部」：《新唐書》卷五九《藝文三》將之歸入子部「類書類」；《宋史》卷二○七《藝文六》將之歸入子部「類事類」。〔註59〕清修《四庫全書》將《會要》歸入史部「政書類」。上文考察紀傳體史書對《會要》的影響時已經言及，蘇冕自稱「《會要》亦國史之支也」，表明蘇冕自己就認為《會要》是史書。就已知《會要》的門類和內容來看，《四庫全書》將《會要》歸入史部方為允當，目前學界對於將《會要》歸入史部也無疑議。

周殿傑已經考證清楚，蘇冕《會要》是第一部以「會要」為名的典籍。〔註

〔註58〕（唐）魏徵等：《隋書》卷三三《經籍二》，中華書局1982年版，第982頁。

〔註59〕從蘇冕編撰第一部會要體史書《會要》開始，會要體史書就作為集中考察一朝典章制度沿革的專書，編撰目的主要是為便於處理朝政時尋檢以前的典章制度。從這個意義上講，它們本來就是一種工具書。會要體史書被歸入子部「類書類」或「類事類」，也有這方面的原因。

〔註60〕周殿傑：《關於〈唐會要〉的流傳和版本》（《史林》1989年第3期）：《宋史·藝文志》子部類事類著錄陸機《會要》一卷，似西晉時已有會要體史書，但這是靠不住的。陸機《會要》不見於《隋書》及兩《唐書》經籍、藝文志，

60〕對於蘇冕《會要》在會要體史書形成過程中的地位和作用，學界則存在較大爭議。瞿林東認爲，中唐史家蘇冕所撰《會要》一書標誌著會要體史書的創立。蘇冕之後，《會要》兩度續修的重點都是續補前書所記下限以後之事，《會要》在體制上不會有大的變動，可以據《唐會要》的體制一窺《會要》的大致面目。建議將來出版《唐會要》時，署爲「蘇冕、崔鉉、王溥撰」。〔註61〕朱仲玉則認爲：王溥之書稱之爲《新編唐會要》比較符合實際。王溥的《唐會要》，並不能理解爲蘇冕、崔鉉、王溥三人接力修成之書，而是王溥利用蘇冕、崔鉉原書提供的資料，經過一番整理抉擇工夫而重新加以編定的，在這部書中融鑄了王溥創造性的勞動，所以王溥堪稱會要體史書的實際創始人，是爲中國史學史開創了一種新體裁的功臣，而蘇冕則只是創造了「會要」這一個名詞，今本《唐會要》從內容到形式，未必與他當初的設想相吻合。〔註62〕

　　上述爭議的關鍵在於兩個問題：其一，今本《唐會要》的編纂過程及其著作性質。即《會要》、《續會要》和《唐會要》是接力式的，經過「兩次續修」而成《唐會要》的？還是《唐會要》的著作性質是以「新編」占主導的？其二，對蘇冕《會要》的評價。即蘇冕的《會要》是否名副其實的會要體史書，如何評價蘇冕《會要》在會要體史書創立過程中的地位和作用？

　　首先來看《唐會要》的編纂過程及其著作性質。蘇冕《會要》成書後，崔鉉等人奉敕續修《會要》，成《續會要》四十卷，這一點並無疑議。但對於王溥修《唐會要》是否也應看作一次「續修」，目前學術界則存在爭議。筆者認爲，雖然明清以後《會要》、《續會要》已經亡佚，但兩宋時期《會要》和《續會要》卻還分別行世（詳見第五章「《唐會要》的版本流傳」）。既然如此，宋代從事與會要體史書相關研究的學者，以及編撰宋朝《會要》的史官，他們對於《會要》、《續會要》和《唐會要》之間的異同應該比較熟悉，在《會

宋時公私目錄亦不見記載，唯獨元修《宋史》有此目，其來歷很成問題。陸機曾著有《要覽》一書，隋唐以來諸目錄書多有著錄。王應麟《玉海》卷五四錄其書云：「唐志雜家類作三卷，（中興館閣）書目作一卷。」又節錄陸機自序：「直省之暇，乃集要述三篇，上曰連璧，集其嘉名，取其連類；中曰述聞，實述予之所聞；下曰析名，乃搜同辨異也」。據此，則此書南宋時僅剩一卷，其內容宜歸入子部類事類。然宋志無《要覽》。頗疑《會要》一卷乃《要覽》一卷之誤。要之，晉時尚無會要體史書，似可斷言。

〔註61〕瞿林東：《蘇冕與會要——爲會要體史書創立1200週年而作》，安徽大學學報（哲社會版）2003年第5期。

〔註62〕朱仲玉：《王溥和會要體史書》，《晉陽學刊》1985年第6期。

要》、《續會要》和《唐會要》之間的學術源流問題上應更有發言權。

成書年代約在北宋神宗朝的《隆平集》卷一《館閣》云：

> 《唐會要》百卷，建隆二年宰相王溥進。德宗時蘇冕撰四十卷，
> 武宗時〔註63〕崔鉉又撰四十卷，溥採宣宗以來故事，廣成百卷。

四庫館臣撰寫的《隆平集》序稱該書「體似《會要》而又立傳」，則《隆平集》撰者對於會要體史書應該也是頗爲熟悉的。《隆平集》撰者所謂「廣成百卷」，與其他宋人「共成百卷」的說法稍異，但在記錄王溥撰《唐會要》時，都稱其對「宣宗以後故事」的增補，並沒有說王溥對宣宗以前故事有增補。

成書於南宋高宗朝紹興年間的鄭樵《通志》卷六五《藝文略第三》云：

> 《唐會要》一百卷，宋朝王溥撰，起宣宗至唐末，以蘇冕、崔
> 鉉二書合爲百卷。

鄭樵明確指出了王溥《唐會要》「起宣宗至唐末」，表明王溥沒有增補宣宗以前「故事」。他認爲《唐會要》是王溥自己以所撰宣宗以後的內容加上蘇冕《會要》、崔鉉《續會要》合爲百卷。鄭樵的這種觀點與瞿林東建議將《唐會要》署爲「蘇冕、崔鉉、王溥撰」的觀點是一致的。

成書約在南宋高宗朝紹興年間的晁公武《郡齋讀書志》卷十四云：

> 《唐會要》一百卷，右皇朝王溥撰。初，唐蘇冕敘高祖至德宗
> 九朝沿革損益之制；大中七年，詔崔鉉等撰次德宗以來事，至宣宗
> 大中七年，以續冕書；溥又採宣宗以後事，共成百卷。

成書於南宋末的陳振孫《直齋書錄解題》卷五《典故類》云：

> 《唐會要》一百卷……初，唐德宗時蘇冕撰四十卷，武宗朝崔
> 鉉續四十卷，至是溥又採宣宗以降故事共成百卷。

現存的宋代目錄學書籍中，唯晁公武《郡齋讀書志》和陳振孫《直齋書錄解題》詳載書籍的源流，馬端臨《文獻通考·經籍考》即據此二書而成。目前學界對於這兩部書的學術水平評價頗高。晁公武、陳振孫仍然把王溥的編撰看成對《會要》的又一次續修，也只稱王溥對「宣宗以後故事」有增補。

再如，南宋寧宗朝章如愚《群書考索後集》卷十一《官制門·會要所》云：

> 唐德宗貞元間蘇冕始爲唐《會要》四十卷，武宗時崔鉉又續四
> 十卷，宋建隆初王溥取自宣宗以後故事並蘇、崔所錄共爲一百卷。

〔註63〕崔鉉在武宗、宣宗朝皆曾爲相，但《續會要》的編撰在宣宗朝。

章如愚是一個大學者，四庫館臣在其書《群書考索》序言中稱「言必有徵，事必有據」。章氏關於《唐會要》成書過程的記載最詳，他明確將王溥《唐會要》區分為兩大部分，即「宣宗以後故事，並蘇、崔所錄。」也就是說，章氏指出王溥《唐會要》關於宣宗以前的「故事」皆來自「蘇、崔所錄」。此外，需要留意的是，章氏此段記載繫於《官制門・會要所》之下，宋代的官制中有所謂「會要所」，乃朝廷特設修宋朝《會要》之所，為求一代典章制度的完備，宋朝《會要》有過多次續修，續修時有時也對已修《會要》進行增損。章氏明顯把從蘇冕《會要》、崔鉉《續會要》到王溥《唐會要》的過程看作宋朝《會要》接力式的修撰方式的制度緣起。

總之，上述幾位宋人對於蘇冕《會要》、崔鉉《續會要》和王溥《唐會要》之間的編纂關係的觀點基本一致：蘇冕初撰《會要》四十卷，崔鉉等人和王溥兩次續修。此外，他們也只稱王溥對「宣宗以後故事」有增補。上述諸人要麼是宋代會要體史書的撰者，要麼是目錄學專家，他們的記載值得重視。

而且，今本《唐會要》的門類以及各子目下唐初至宣宗朝的內容，基本上是取自蘇冕《會要》、崔鉉《續會要》，很多還是《會要》、《續會要》的原文，也沒有確證表明王溥增補過宣宗以前的「故事」（詳見第三章第二節「《唐會要》的成書」）。將今本《唐會要》的上述情況結合宋代學者對於《唐會要》的編纂過程的一致記載來看，筆者認為將崔鉉和王溥的編撰行為皆看作對《會要》的續修，更符合《會要》、《續會要》和《唐會要》成書的實情。而且，這種對《會要》的續修，並非因蘇冕《會要》不是完稿，需要後人續修，而是指經過崔鉉等人和王溥兩次續修《會要》這類型的史書之後，由蘇冕《會要》、崔鉉《續會要》和王溥《唐會要》三部會要體史書共同構成的唐朝《會要》終於完備。

在釐清由《會要》、《續會要》、《唐會要》之間的編纂關係之後，進而可以對蘇冕《會要》在會要體史書創立過程中的地位和作用作出評價。

筆者認為考察蘇冕《會要》在會要體史書創立過程中的地位和作用，首先需要明確何謂會要體史書。目前學界對於會要體史書的定義表述上雖略有差異，但觀點基本一致，即會要體史書是斷代為史的制度史專書，全面記載一個朝代的典章制度沿革。

蘇冕《會要》是否名副其實的會要體史書？雖然蘇冕《會要》已經亡佚，但根據現有的史料完全可以瞭解《會要》的大體內容。

　　先從史籍關於蘇冕《會要》內容的記載來看。《唐會要》卷三六《修撰》稱《會要》四十卷乃「纘國朝故事爲是書」;《冊府元龜》卷六○七《學校部·撰集》稱蘇冕「纘國朝政事撰《會要》四十卷」,其他史籍記載皆同於此二者。無論是「纘國朝故事」還是「纘國朝政事」,都表明蘇冕《會要》正是斷代爲史,專門記載唐朝的典章制度沿革。

　　再從今本《唐會要》保留的蘇冕《會要》原文來看。《唐會要》中以「蘇氏曰」等形式標明乃蘇冕《會要》原文之處,涉及的典章制度類型已經遠遠多於《會要》成書以前任何一部紀傳體史書的書、志部分或其他一些記載典章制度的史書。今本《唐會要》絕大多數子目都包括了唐初至德宗朝的史事,就目前的研究來看,這些史料皆當取自蘇冕《會要》(詳見第三章「王溥對《會要》、《續會要》的繼承」)。爲了分門別類囊括這麼多的制度類型,蘇冕《會要》在體例上也當已較爲完備。因此無論從體例還是各子目下具體的內容來看,蘇冕《會要》已經具備了會要體史書的名和實。

　　總的來看,會要體史書之所以被當作一個新的史書體裁,原因在於會要體史書和此前紀傳體史書的書、志,「職官」,「儀典」(「儀注」),「法制」(「刑法」)等其他記載典章制度的史書體裁相比,紀傳體史書的書、志、「職官」、「儀注」、「刑法」等體裁不一的史書雖然都是專門記載典章制度,但各書都僅能反映一類或數類典章制度的面貌,會要體史書則斷代爲史,一書所能記載的制度類型遠遠多於此前任何一種史書體裁,會要體史書更能反映一個朝代典章制度的全貌,可以看作一個朝代典章制度的總史。從蘇冕《會要》的成書情況來看,蘇冕《會要》的體例已經較爲完備,書中記載的制度類型已經遠多於此前任何一種史書體裁。蘇冕《會要》的記載起唐初迄德宗,對於一個生活在德宗朝的唐人而言,這已經是他能做到的記載一朝典章制度沿革的最大時間限度,按會要體史書的定義來看,蘇冕《會要》已經是名、實俱副的會要體史書,應該把蘇冕《會要》的成書當作會要體史書創立的標誌。

　　後世的會要體史書對蘇冕《會要》的繼承、效法之處甚多。唐宣宗敕令接續蘇冕《會要》修《續會要》,且讓崔鉉以宰相的身份監修,可見蘇冕《會要》得到來自官方的認可和提倡。北宋初成書的王溥《唐會要》保留了蘇冕《會要》的主體,全書大部分史料也取自蘇冕《會要》。南宋徐天麟撰《西漢會要》、《東漢會要》,門類雖依《唐會要》,史事「無可隸者」仍然依蘇冕《會要》舊例列入《雜錄》,西漢《會要》不加論斷,《東漢會要》「間附以案語及

雜引他人論說，蓋亦用蘇冕駁議之例也。」〔註64〕從蘇冕《會要》對此後的幾部會要體史書的影響來看，蘇冕對會要體史書的首創之功也不應該被抹殺。

此外，從《唐會要》的成書詳情可知，雖然《唐會要》主要是在繼承《會要》、《續會要》的基礎上成書的，但經過王溥的整理，即使在唐初至宣宗朝這一相同的敘事時間斷限之內，《唐會要》有關的史事記載和《會要》、《續會要》相比已經有所不同。《會要》、《續會要》、《唐會要》至少在兩宋時期，都還各自行世。基於這些事實，應該將《會要》、《續會要》、《唐會要》看成三部獨立的會要體史書。

又，《唐會要》因為保存了許多此前撰史者不重視的經濟、社會方面的史料而受到推崇。這些史料大部分取自蘇冕《會要》。蘇冕《會要》與同時代的《通典》相比，記載的制度類型更多，更細微，更真切，蘇冕保存史料之首功亦應予以重視。

〔註64〕詳見《景印文淵閣四庫全書》第 609 冊《西漢會要》提要、第 449 冊《東漢會要》提要，四庫館臣據樓鑰《攻媿集》考證了《西漢會要》的成書情況。

第二章　關於編撰《續會要》的若干問題

　　唐宣宗大中七年（853年）十月，崔鉉《續會要》進獻於朝。這是第一部官修會要體史書，崔鉉既是監修，也參與了部分修撰工作，其餘諸修撰官以楊紹復爲首。《續會要》的記載上接蘇冕《會要》的下限，下止於大中六年（852年）。從已知《續會要》原文來看，《續會要》的體例基本承自蘇冕《會要》。

第一節　崔鉉、楊紹復等人生平事蹟考述

　　崔鉉，《舊唐書》卷一六三、《新唐書》卷一六〇皆有傳，內容大體相同。茲以《舊唐書·崔鉉傳》爲底本，參據其他資料，述其主要生平事蹟。

　　《舊唐書》卷一六三《崔元略傳附崔鉉傳》稱：

　　　　鉉字臺碩，登進士第，三辟諸侯府，荆南、西蜀掌書記。會昌初，入爲左拾遺，再遷員外郎，知制誥，召入翰林，充學士。累遷戶部侍郎承旨。會昌末，〔註1〕以本官同平章事。爲同列李德裕所

〔註1〕《新唐書》卷八《武宗本紀》、《新唐書》卷六十三《表三·宰相下》皆稱崔鉉於會昌三年（843年）五月十四日戊申，拜中書侍郎平章事；《舊唐書》卷一八上《武宗本紀》則將崔鉉拜相繫於會昌四年（844年）八月戊戌，《舊唐書·武宗本紀》誤。根據嚴耕望的考證，崔鉉在會昌四年（844年）八月三十庚戌以中書侍郎平章事兼戶部尚書，詳見嚴耕望：《唐僕尚丞郎表》卷三《通表中》，上海古籍出版社2007年版，第182頁。又，據《舊唐書》卷一七七《崔珙傳》、卷十八上《武宗本紀》，《新唐書》卷八《武宗本紀》，崔鉉此次爲相的同時，還兼任了一年的諸道鹽鐵轉運使。

嫉，罷相，爲陝虢觀察使、〔註2〕檢校刑部尚書。宣宗即位，遷檢校兵部尚書、河中尹、博陵縣開國子，食邑五百戶。大中三年，召拜御史大夫，尋加正議大夫、中書侍郎、同平章事。累遷金紫光祿大夫，守左僕射、〔註3〕門下侍郎、太清宮使、弘文館大學士、博陵縣開國公，食邑至二千戶。七年，以館中學士崔璩、薛逢等撰《續會要》四十卷，獻之。九年，檢校司徒、揚州大都督長史，進封魏國公、淮南節度使，〔註4〕宣宗於太液亭賦詩宴餞，有「七載秉鈞調四序」之句，儒者榮之。

咸通初，移鎮襄州。咸通八年，徐州戍將龐勳自桂管擅還，道途剽掠。鉉時爲荊南節度，聞徐州軍至湖南，盡率州兵，點募丁壯，分扼江、湘要害，欲盡擒之。徐寇聞之，逾嶺自江西、淮右北渡，朝議壯之。卒於江陵，子沇、汀、潭、沂。

崔鉉仕武宗、宣宗、懿宗三朝，在當時朝廷高官之間愈演愈烈的朋黨之爭中扮演了重要角色。《舊唐書》卷一七三《李紳傳》稱李宗閔、楊嗣復、崔鉉、白敏中爲一黨，《舊唐書》卷一七四《李德裕傳》亦稱：

崔鉉亦以會昌末罷相怨德裕。大中初，敏中復薦鉉在中書，乃相與掎摭構致。

崔鉉本人也刻意培植自己的勢力，《續會要》主要的修撰官楊紹復、薛逢等人，都是崔鉉的親信。《東觀奏記》（《新唐書·崔鉉傳》略同）記載，崔鉉曾因培植自己的勢力而爲宣宗所忌：

魏國公崔鉉秉政，鄭魯、楊紹復、段瓌、薛蒙一時俊造，鉉所取信，凡有補吏、議事，或與之參酌。時人語曰：「炙手可熱，楊、

〔註2〕據嚴耕望考證，崔鉉於會昌五年（845年）五月十六壬戌罷守戶部尚書，旋出爲陝虢觀察，《舊唐書·崔鉉傳》省崔鉉爲戶部尚書一歷。詳見嚴耕望：《唐僕尚丞郎表》卷十一《輯考四上·戶尚》，上海古籍出版社2007年版，第656頁。又，《舊唐書》卷一八上《武宗本紀》、《新唐書》卷八《武宗本紀》皆將此事繫於會昌五年（845年）三月，誤。

〔註3〕據嚴耕望考證，崔鉉於大中六年（852年）至大中九年（855年）二月二十五日爲右僕射，大中九年（855年）二月二十五日由右僕射兼門下侍郎、平章事遷左僕射，仍兼門下侍郎、平章事。詳見嚴耕望：《唐僕尚丞郎表》卷二《通表上》，上海古籍出版社2007年版，第69、70頁。

〔註4〕據《資治通鑒》卷二四九《唐紀六十五》、《新唐書》卷八《武宗本紀》，大中九年（855年）七月，崔鉉罷相，充淮南節度使。

鄭、段、薛；欲得命通，魯、紹、瓌、蒙。」時魯爲刑部侍郎，鉉
欲引以爲相，聖旨授河南尹，不測其事。赴後，上問：「鄭魯發後，
除改卿還自由否？」鉉驚恐，密以此事訪於左右，云：「御宸上題此
四句。」鉉益畏。〔註5〕

崔鉉現有少數詩文傳世。《類編長安志》卷十《石刻》稱，崔鉉爲翰林學
士承旨時撰寫了《唐左神策紀聖德碑》碑文。〔註6〕《全唐詩》卷五四七收錄
了崔鉉兩首詩：其一《進宣宗收復河湟詩》；其二《詠架上鷹》。〔註7〕《太平
廣記》述此詩來歷：

（崔鉉）爲童兒時隨父訪於韓公滉，滉見而憐之。父曰：「此子爾
來詩道頗長。」滉乃指架上鷹命詠焉。遂命箋筆，略無佇思，於是進
曰：「天邊心性架頭身，欲擬飛騰未有因。萬里碧霄終一去，不知誰是
解絛人。」滉益奇之，歎曰：「此兒可謂前程萬里也。」〔註8〕

不過，據岑仲勉考證，韓滉卒於貞元三年（787 年），崔鉉約卒於咸通九
年至十年（868～869 年），前後相去八十餘年，崔鉉所見必非韓滉。〔註9〕

《續會要》的其他修撰官，史籍記載詳略有差。《舊唐書·宣宗本紀》（《唐
會要》卷三六《修撰》、《冊府元龜》卷六〇七《學校部·撰集》略同）稱：

（大中七年十月）尚書左僕射、門下侍郎、平章事、太清宮使、
弘文館大學士崔鉉進《續會要》四十卷，修撰官楊紹復、崔瑑、薛
逢、鄭言等，賜物有差。〔註10〕

《新唐書》卷五九《藝文三》所記《續會要》修撰官名錄最詳：

《續會要》四十卷，楊紹復、裴德融、崔瑑、薛逢、鄭言、周
膚敏、薛廷望、于珪、于求〔註11〕等撰，崔鉉監修。

諸修撰官中，楊紹復居首。楊紹復生平略見於《舊唐書》卷一六四《楊

〔註5〕裴庭裕：《東觀奏記》中卷，中華書局 1997 年版，第 106 頁。
〔註6〕（元）駱天驤：《類編長安志》卷十《石刻》，三秦出版社 2006 年版，第 287 頁。
〔註7〕（清）彭定求等：《全唐詩》卷五四七，中華書局 1960 年版，第 6315 頁。
〔註8〕（宋）李昉等：《太平廣記》卷一七五《幼敏·崔鉉》，《景印文淵閣四庫全書》
　　　第 1044 冊，第 177 頁。
〔註9〕岑仲勉：《唐史餘瀋·崔鉉隨父訪韓滉》，中華書局 2004 年版，第 168 頁。
〔註10〕（後晉）劉昫等：《舊唐書》卷一八下《宣宗本紀》，中華書局 1975 年版，
　　　第 632 頁。
〔註11〕《玉海》卷五一《藝文》亦載此份《續會要》修撰官名單，但《玉海》作
　　　「於球」，當以「于球」爲是。

於陵傳》：其父楊於陵，穆宗朝戶部尙書、太常卿，後以左僕射致仕；其兄文宗朝宰相楊嗣復，牛黨中重要人物；〔註 12〕楊紹復本人「進士擢第，弘辭登科，位終中書舍人」。

前輩學者有時提及《續會要》直接稱之爲「楊紹復等《續會要》，〔註13〕強調了楊紹復作爲《續會要》主要修撰官的身份。

筆者觀今本《唐會要》，關於楊紹復之父楊於陵的記載多達十餘處，散見於各卷，記載極爲詳盡，常帶褒揚之意。即如《唐會要》卷六七《致仕官》：

> 大和元年四月，檢校右僕射兼太子少傅楊於陵以左僕射致仕，特恩令全給俸料，上疏云：「臣以年力衰退，陳乞休閒。伏蒙聖恩，特賜矜免，授尚書左僕射，致仕，全給俸料。臣伏以朝廷致祿，本爲職勞，衰病乞閒，自宜家食……謙光有終，雖君子之貞吉；當仁不讓，亦先哲之格言。宜體至懷。即斷來表。」明日，又更讓，從之。

此卷《致仕官》一目下，共 16 條記載，餘皆簡要，在百字以內，獨此條有三百多字，敘事詳盡。出現此種情況，一方面是因爲楊紹復對於自己父親的經歷、奏疏內容都更爲瞭解，另一方面楊紹復褒揚其父令行的用心也甚爲明顯。與此同時，對於有損楊於陵名譽之事，即如新舊《唐書》、《冊府元龜》等史籍皆載，楊於陵曾因任人不當以致供軍有闕而被貶職之事，〔註 14〕《唐會要》則未見記載。以《唐會要》對楊於陵其他事情記載之詳盡來看，不載此事，似有意迴護。《續會要》多載楊紹復之父楊於陵事蹟，多讚譽，亦有迴護楊於陵處，可證明楊紹復參與了《續會要》多卷的編撰工作。再結合各種史籍關於《續會要》的修撰官的記載，崔鉉之下，皆以楊紹復爲首，則楊紹復爲《續會要》主要修撰官當無疑議。

其他修撰官的生平事蹟略考於下：

〔註12〕 《舊唐書》卷一七六《楊嗣復傳》：「嗣復與牛僧儒、李宗閔皆權德輿貢舉門生，情誼相得，進退取捨多與之同。」

〔註13〕 韓國磐：《隋唐五代史稿》第十八章《隋唐五代的文化》，人民出版社 1979 年版，第 501 頁。（日）山根幸夫：《中國史研究入門》第五章《隋唐時代》，社會科學文獻出版社 1994 年版，第 327 頁。等等。

〔註14〕 《冊府元龜》卷五一一《邦計部·曠敗》（《舊唐書》卷一六四《楊於陵傳》、《新唐書》卷一六三《楊於陵傳》略同）：「楊於陵爲兵部侍郎判度支，淮西用兵，於陵用所親爲唐鄧供軍使，節度使高霞寓以供軍有闕，移牒度支，於陵不爲之易，供闕如舊。霞寓軍屢有摧敗，詔書督責之，乃奏以度支饋運不繼。憲宗怒貶於陵桂陽郡守。」

薛逢，《舊唐書》卷一九〇下《薛逢傳》稱：

> 薛逢字陶臣，河東人。父侚。逢會昌初進士擢第，釋褐祕書省校書郎。崔鉉罷相鎮河中，辟爲從事。鉉復輔政，奏授萬年尉，直弘文館，累遷侍御史、尚書郎。逢文詞俊拔，論議激切，自負經畫之略，久之不達⋯⋯既而沈詢、楊收、王鐸由學士相繼爲將相，皆逢同年進士，而逢文藝最優。楊收作相後，逢有詩云：「須知金印朝天客，同是沙堤避路人。威鳳偶時皆瑞聖，潛龍無水謾通神。」收聞，大銜之，又出爲蓬州刺史。收罷相，入爲太常少卿。給事王鐸作相，逢又有詩云：「昨日鴻毛萬鈞重，今朝山嶽一塵輕。」鐸又怨之。以恃才褊忿，人士鄙之。遷祕書監，卒。

從上述記載可見薛逢是《續會要》監修官崔鉉的親信，崔鉉罷相時，薛逢隨從崔鉉外放，崔鉉復起時，薛逢又因崔鉉之助得以升遷。作爲《續會要》的修撰官，薛逢雖然因爲「恃才褊忿」，與諸多高官結怨，但他本人確實是一個才學之士。《舊唐書・薛逢傳》稱其「文詞俊拔」，《唐才子傳》卷七《薛逢傳》又稱：

> （薛）逢天資本高，學力亦贍，故不甚苦思，而自有豪逸之態，
> 第長短皆率然而成，未免失淺露俗，有《詩集》十卷，又《別紙》
> 十三卷，《賦集》十四卷。

鄭言，《新唐書》卷五八《藝文二》稱其著《平剡錄》一卷，「字垂之，浙西觀察使王式從事，〔註15〕咸通翰林學士、〔註16〕戶部侍郎」。《淳熙三山志》卷二六《人物類一・科名》稱其爲會昌四年（844年）進士。〔註17〕

裴德融，高鍇知貢舉進士及第，除屯田員外郎。〔註18〕據《舊唐書》卷一六八《高鍇傳》，高鍇於開成元年（836年）至開成三年（838年）連續三年知貢舉，未知裴德融是此三年中哪一年的進士。

〔註15〕（宋）談鑰《吳興志》卷十八《碑碣》（《續修四庫全書》第704冊，第225頁）稱，鄭言曾書文宣王新廟碑文，當時鄭言爲「浙江西道觀察支使、試祕書省校書郎」。《東觀奏記》卷中又稱：「宣宗以左拾遺鄭言爲太常博士，鄭朗自御史大夫爲相；朗先爲浙西觀察使，左拾遺鄭言實居幕中。朗議：以諫官論時政得失，動關宰輔，請移言爲博士。」

〔註16〕據岑仲勉考證，咸通六年（865年）正月十日，鄭言自駕部員外郎充翰林學士。詳見岑仲勉：《郎官石柱題名新考訂》，中華書局2004年版，第360頁。

〔註17〕（宋）梁克家：《淳熙三山志》卷二六《人物類一・科名》，《景印文淵閣四庫全書》第484冊，第352頁。

〔註18〕（宋）李昉等：《太平廣記》卷一八一引《盧氏雜說》，中華書局1961年版，第1351頁。

薛廷望，又作薛庭望。《新唐書》卷七三下《宰相世系表三下》「薛氏」稱：「庭望字遂之，虢州刺史。」據郁賢皓考證，薛廷望爲虢州刺史在咸通（860～874 年）年間，咸通初，薛廷望爲郎州刺史。〔註 19〕

崔瑑，《唐會要》卷七六《貢舉中·進士》（《舊唐書》卷一八下《宣宗本紀》、《冊府元龜》卷六四一《貢舉部·條制三》略同）稱：

> 大中元年正月，禮部侍郎魏扶放及第二十三人，續奏堪放及第三
> 人：封彥卿、崔瑑、鄭延休等，皆以文藝爲眾所知，其父皆在重任，
> 不敢選，取其所試詩賦封進，奏進止。令翰林學士、戶部侍郎、知制
> 誥韋琮等考，盡合程度。其月二十五日，奉進止：「並付所司放及第……」

上述諸書皆作「崔瑑」。但是，《冊府元龜》卷六四四《貢舉部·考試二》、《文獻通考》卷二九《選舉考二》亦載此事，惟「崔瑑」作「崔琢」。「瑑」、「琢」傳抄時容易因形近而訛。《登科記考補正》認爲當以崔瑑爲正。〔註 20〕如此，《新唐書·宰相世系表二下》「崔氏」中，右金吾將軍崔鄯之子「琢，字子文」者，即當爲崔瑑。

于珪，《舊唐書》卷一四九《于休烈傳》稱，于休烈曾續撰唐朝國史，于休烈有子名肅，于肅之子名敖，于敖的四個兒子「球、珪、環、琮，皆登進士第」。據徐松考證，于珪是大中三年（849 年）狀元。〔註 21〕《唐代墓誌彙編》收錄了于珪的女婿在咸通六年（865 年）爲于珪的女兒撰寫的墓誌銘，其中簡要提及了于珪的生平事蹟，其文稱：

> 夫人于氏，河南人也，其始宗於漢，高門之所昌，厥後世有勳
> 哲，至唐滋用文顯科爵。高祖諱肅，入內庭爲給事中。祖諱敖，宣
> 歙道觀察使、父諱珪，不欺暗室，韜踐明節，其聲自騰逸於士大夫，
> 上期必相，時君康天下而壽不俟施，首擢第春官，赴東蜀周丞相辟，
> 〔註 22〕入藍簿，直弘文館，纂新《會要》，皆析析藻雅。〔註 23〕

〔註 19〕郁賢皓：《唐刺史考全編》卷五八、卷一七三，安徽大學出版社 2000 年版，第 827 頁、2500 頁。

〔註 20〕（清）徐松撰、孟二冬補正：《登科記考補正》中冊，燕山出版社 2003 年版，第 902 頁。

〔註 21〕（清）徐松撰、孟二冬補正：《登科記考補正》中冊，燕山出版社 2003 年版，第 905 頁。

〔註 22〕「東蜀周丞相」當指周墀。《舊唐書》卷一八下《宣宗本紀》稱：「（大中三年三月）銀青光祿大夫、中書侍郎、同平章事、監修國史、上柱國、汝南縣開國子、食邑五百戶周墀檢校刑部尚書、梓州刺史，充劍南東川節度使。」

〔註 23〕周紹良：《唐代墓誌彙編》下冊，上海古籍出版社 1992 年版，第 2409 頁。

此墓誌銘與《舊唐書・于休烈傳》的記載相吻合。墓誌銘中所言「新《會要》」無疑即為《續會要》。

于球，大中七年（853 年）進士，〔註24〕據《舊唐書・于休烈傳》，當為于珪之兄。

周膚敏，生平待考。

總的來看，《續會要》諸修撰官以楊紹復為首，大都是文才出眾、進士及第者。《續會要》的整個修撰團隊，學術水平應該是比較高的。《續會要》的諸修撰官還大都為弘文館的學士或直學士，〔註25〕《舊唐書・崔鉉傳》也稱「以館中（弘文館）學士崔瑑、薛逢等撰《續會要》四十卷」。大概因為《續會要》修撰於弘文館的緣故，《宋史》卷二〇七《藝文六》稱「崔鉉《弘文館續會要》四十卷」。

第二節　《續會要》的成書

與蘇冕《會要》、王溥《唐會要》不同的是，崔鉉《續會要》乃官修會要體史書。關於其成書主要有以下問題需要考察：《續會要》的編撰始末、截止時間、崔鉉是否實際參與《續會要》修撰工作？

《唐會要》卷六四《史館下・弘文館》中有一些線索可以用來考察《續會要》編撰工作開始的時間，如：

（大中）六年（852 年）六月，宏文館奏：「伏以三館制置既同，事例宜等，比來無事，未敢申論。今緣准敕修《續會要》以來，官僚入日稍頻，因緣費用，其數至多，紙筆雜物等，不敢別有申請，其廚料從前欠少，伏請准兩館流例增添，給用之間，庶得濟辦。」

敕旨：依，事畢日停。

從這段材料看來，《續會要》的編撰工作應該始於大中六年（852 年）六月之前不久，因為准敕修《續會要》，弘文館官僚「入日稍頻」，故奏請增添廚料。

〔註24〕（清）徐松撰、孟二冬補正：《登科記考補正》下冊，燕山出版社 2003 年版，第 1229 頁。

〔註25〕《唐六典》卷八《弘文館》云：「弘文館學士無常員」，「五品以上稱學士，六品以下稱直學士」。

筆者根據以下一組史料推測《續會要》的記載上接蘇冕《會要》的下限，可至唐德宗貞元二十一年（805年）。

韓愈《順宗實錄》卷二：

（貞元二十一年二月）乙丑，停鹽鐵使進獻。舊鹽鐵錢物，悉入正庫，一助經費。其後主此務者，稍以時市珍玩時新物充進獻，以求恩澤。其後益甚，歲進錢物，謂之「羨餘」。而經入益少。至貞元末，遂月有獻焉，謂之「月進」。

《唐會要》卷八八《鹽鐵》：

（貞元）二十一年二月，停鹽鐵使月進。舊錢總悉入正庫，以助經費，而主此務者，稍以時市珍玩時新物充進獻，以求恩澤。其後益甚，歲進錢物，謂之「羨餘」，而經入益少。及貞元末，遂月獻焉，謂之「月進」。及是而罷。

明顯可見，此處《唐會要》的記載取自韓愈《順宗實錄》。韓愈《順宗實錄》成於憲宗元和十年（815年），〔註26〕蘇冕《會要》不可能引用《順宗實錄》，王溥也沒有增補宣宗以前的內容，最有可能就是《續會要》引用了《順宗實錄》的這段記載，則《續會要》記載的上限至少可至貞元二十一年（805年）。《續會要》是為接續蘇冕《會要》所作，《續會要》記載的上限可至貞元二十一年（805年），與筆者在第一章中對蘇冕《會要》的下限的考察結論（貞元十九年至貞元二十一年之間，803～805年）也相吻合。

《續會要》載事的截止時間，見於《玉海》卷五一《藝文》「《續會要》」條下注文所引《中興書目》：

（《續會要》)記德宗以後至大中六年事蹟，補蘇冕前錄之缺。」

〔註27〕

從《中興書目》的記載來看，《續會要》的內容迄於大中六年（852年）。《續會要》的修撰既始於大中六年（852年），編撰工作開始後新出現的典章制度內容不再編入《續會要》，這是合乎編撰常情的。

《續會要》成書四十卷，大中七年（853年）十月進獻於朝。〔註28〕

〔註26〕 瞿林東：《韓愈與〈順宗實錄〉》，《社會科學戰線》1979年第3期。

〔註27〕 （宋）王應麟：《玉海》，廣陵書社2003年版，第973頁。

〔註28〕 （後晉）劉昫等：《舊唐書》卷一八下《宣宗本紀》，中華書局1975年版，第632頁。

　　崔鉉以宰相的身份監修《續會要》，成書之後又領銜進獻於朝，舊史提及《續會要》時多稱崔鉉《續會要》。由於唐朝宰相監修國史，多是虛掛其名，由此引發後人關於崔鉉是否實際參與《續會要》的編撰工作的疑問。從今本《唐會要》卷四六《封建》、卷五二《識量下》之下保留的「崔氏曰」來看，崔鉉實際參與了編撰《續會要》的部分工作，即如黃永年所言：「今本《會要》四六有「崔氏曰」，云蘇冕所載封建篇如何，今如何，可知崔鉉曾躬身其事，非徒掛名。」〔註29〕崔鉉既在一定程度上親自參與了《續會要》的編撰，他所撰寫的還是比較有創見的史論性文字，故本文有時提及《續會要》時，仍按舊史習慣稱崔鉉《續會要》。

　　從已知《續會要》原文來看，《續會要》的體例基本承自蘇冕《會要》。

　　首先，今本《唐會要》中約有三分之一的子目之下都有唐初至宣宗朝的記載，這些史料皆當取自蘇冕《會要》和崔鉉《續會要》，這表明《續會要》是在繼承蘇冕《會要》門類的基礎上，續以德宗至宣宗朝的史事。

　　其次，崔鉉以「崔氏曰」的形式撰寫《續會要》中的史論性文字，也是用蘇冕《會要》的舊例。蘇冕《會要》的史事記載多鈔錄舊史，不加改動，其下再以「蘇氏曰」、「蘇冕曰」的形式發表自己的意見，「崔氏曰」亦如是。即如《唐會要》卷五二《識量下》：

　　　　（元和五年）其年十月，以前河東節度使王鍔爲檢校司徒，充太原節度使。初，鍔以錢千萬賂中貴，求兼相位。宰相李藩與權德輿奉密旨曰：「王鍔可兼宰相，宜即擬來。」藩以爲不可，遂以筆塗「兼相」字，覆奏上。德輿失色曰：「縱不可，別宜作奏，豈可以筆塗詔耶！」藩曰：「勢迫矣，出今日，便不可止。日且暮，何暇別作奏。」權德輿又續有疏曰：「夫平章事，非序進而得。國朝方鎮帶相者，蓋有大忠大勳。大曆已來，又有跋扈難制者，不得已而與之。今王鍔無大忠大勳，又非姑息之時，欲假此名，實恐不可。」從。

　　此處上文所載李藩以筆塗詔之事，當鈔自舊史原文，其下有「崔氏曰」：

　　　　此乃不諳事故者之妄傳，史官之謬記耳。既稱奉密旨，宜擬來，則是得擬狀中陳論，固不假以筆塗詔矣。凡欲降白麻，若商量於中書門下，皆前一日進文書，然後付翰林草麻制。又稱藩曰：「勢迫矣，出今日，便不可止。」尤爲疏闊。蓋由史氏以藩有直亮之名，欲委

_____

〔註29〕黃永年：《唐史史料學》，上海書店出版社 2002 年版，第 69 頁。

曲成其美，豈所謂直筆哉。

此爲《會要》、《續會要》體例相承的明證。崔鉉在朝多年，官至宰相，自然諳熟朝中公文程序。崔鉉所言「豈所謂直筆哉」，也反映崔鉉史學思想有尚「直筆」的一面。崔鉉稱「史官之謬記耳」，表明此處《續會要》的史料來源當爲一官修史書。《舊唐書》卷一四八《李藩傳》亦載李藩以筆塗詔之事，同於「崔氏曰」上所引舊史。蘇冕《會要》、崔鉉《續會要》都是《舊唐書》的重要史料來源，此處「降白麻」的程序當以「崔氏曰」爲正，《舊唐書》不取《續會要》「崔氏曰」，仍用舊史之「謬記」，誤。《會要》和《續會要》爲當時人記當朝事，可用以糾新舊《唐書》之謬。

筆者在逐卷考察今本《唐會要》的過程中，也發現疑爲《續會要》新定的子目。如《唐會要》卷二一《皇后諸陵議》，此子目下記載的內容全無貞元二十一年（805 年）以前事，且止於大中六年（852 年）以前。從這種情況來看，這一子目應非蘇冕《會要》舊有。出現此種情況，一種可能是《續會要》的撰者並沒有全依《會要》門類，而新定了這個子目，王溥《唐會要》則原封未動地繼承這一新子目及其內容；另有一種可能是王溥編撰《唐會要》時從《續會要》中抽出一類史事新立一個子目，但他爲什麼不像其他子目那樣增補宣宗至唐末的史事呢？看來前一種可能性較大。不過，因缺乏旁證，此條子目的來源問題尚須存疑。由於有關《續會要》的史料相對較少，崔鉉《續會要》在繼承蘇冕《會要》的同時，是否還有別的創新，這個問題尚需留待日後進一步研究。

第三章 關於王溥及其編撰《唐會要》的若干問題

　　王溥《唐會要》是在蘇冕《會要》四十卷、崔鉉《續會要》四十卷的基礎上，續以宣宗至唐末之事，「共成百卷，建隆二年（961 年）正月奏御，詞簡禮備，太祖嘉之，詔藏於史閣，賜物有差」。〔註 1〕蘇冕《會要》、崔鉉《續會要》今已失傳，王溥《唐會要》成為現存最早的一部會要體史書。

　　本章將分為三節對《唐會要》進行考察，首先考述《唐會要》編撰者王溥的生平事蹟，繼而考察《唐會要》對《會要》、《續會要》的繼承與創新，最後評述《唐會要》成書的意義、從《會要》到《唐會要》會要體史書的發展。

第一節 王溥生平事蹟考述

一、《宋史‧王溥傳》駁正輯補

　　今本《唐會要》一百卷撰者皆署名為王溥。王溥對於《唐會要》的成書和「會要體」史書的發展作出了極大貢獻。《宋史》卷二四九有《王溥傳》，然其記述多有疏漏錯訛之處，本文以中華書局標點本《宋史‧王溥傳》為文本，駁正輯補其生平事蹟。

〔註 1〕（宋）趙希弁：《郡齋讀書志後志》卷二《類書類》，《景印文淵閣四庫全書》第 674 冊，第 401 頁。

　　王溥字齊物，并州祁人。〔1〕

　　父祚，爲郡小吏，有心計，從晉祖入洛，掌鹽鐵案，以母老解職歸。漢祖鎮并門，統行營兵拒契丹，委祚經度芻粟；即位，擢爲三司副使。〔2〕歷周爲隨州刺史。漢法，禁牛革，〔3〕輦送京師，遇暑雨多腐壞，祚請班鎧甲之式於諸州，令裁之以輸，民甚便之。移刺商州，以奉錢募人開大秦山岩梯路，行旅感其惠。顯德初，置華州節度，以祚爲刺史。未幾，改鎮潁州。〔4〕均部内租稅，補實流徙，以出舊籍。〔5〕州境舊有通商渠，距淮三百里，歲久湮塞，祚疏導之，遂通舟楫，郡無水患。〔6〕歷鄭州團練使。宋初，升宿州爲防禦，以祚爲使。課民鑿井修火備，築城北堤以禦水災。因求致政，至闕下，拜左領軍衛上將軍，致仕。〔7〕

〔1〕并州祁，今山西祁縣。

　　　　關於王溥的籍貫還有兩種說法，錄以存疑：

　　　　其一，《資治通鑑》卷二八八《後漢紀三》「乾祐二年（949年）七月」條下稱王溥爲「秘書郎榆次王溥」，榆次，今山西晉中市榆次區。

　　　　其二，《直齋書錄解題》卷四《周世宗實錄》」條下稱王溥爲「晉陽王溥齊物」，晉陽，今山西太原西南。

〔2〕王溥之父王祚在後晉高祖石敬瑭入洛陽以後「掌鹽鐵案」，屬於三司使下的判官。據《舊五代史》卷九九《漢書一·高祖本紀上》，開運元年（944年）正月，時任幽州道行營招討使的劉知遠率軍擊退了契丹軍隊。而從《宋史·王溥傳》的記載來看，在劉知遠與契丹軍隊作戰之時，負責糧草供給的就是王祚。開運元年（944年）三月，劉知遠被封爲太原王，故《澠水燕談錄》稱：「宰相王溥父祚，少爲太原掾屬。」〔註2〕

　　　　947年，劉知遠建立後漢，是爲後漢高祖。王祚被擢升爲「三司副使」。三司指戶部、鹽鐵、度支，三司置三司使。據李軍考察，〔註3〕三司使肇始於唐末，五代時發展壯大，北宋完善，與中書、樞密院並重，「天下財賦，內廷諸司，中外莞庫，悉隸三司」（《宋史》卷一六〇《職官一》）。

　　　　王祚所任三司副使是三司使屬下官員中職位最高者，即如（宋）章如愚《群書考索後集》卷八《官制門》引宋朝《會要》所稱：

〔註2〕（宋）王闢之《澠水燕談錄》卷二《名臣》，中華書局1981年版，第10頁。
〔註3〕李軍：《五代三司使考述》，《人文雜誌》2003年第5期。

三司使即今尚書，三司副使即今侍郎，權發遣副使即今權
侍郎，三司判官、推官及判子司官即今郎中、員外郎之任也。

〔3〕《冊府元龜》卷六一六《刑法部·議讞三》稱：

乾祐二年十二月，鄧州節度判官史在德棄市，以其誤斷民
崔彥等八人犯牛皮禁罪皆至死刑故也。時朝廷方務積甲，故牛
革之禁甚峻。

從上述記載可見，由於五代時製作甲、盾等防禦武器需要用大量的
牛革，後漢朝廷爲了加強軍備，嚴格限制民間私用牛革。

〔4〕《資治通鑒》卷二九三《後周紀四》記載了王祚爲潁州團練使的具體時
間：

（顯德四年六月）丁丑，以前華州刺史王祚爲潁州團練使。

王祚顯德初爲華州刺史（今陝西華縣），顯德四年（957年）六月爲
潁州（今安徽阜陽）團練使。除此之外，王祚在周世宗顯德年間（955
～959年）還曾居於洛陽，與柴守禮等人並稱「十阿父」，詳見《新五代
史》卷二十《周世宗家人傳第八》（《資治通鑒》卷二九三《後周紀四》
略同）：

周太祖聖穆皇后柴氏，無子。養后兄守禮之子以爲子，是
爲世宗……（世宗）第以元舅禮之，而守禮亦頗恣橫，嘗殺人
於市，有司以聞，世宗不問。是時，王溥、王晏、王彥超、韓
令坤等同時將相，皆有父在洛陽，與守禮朝夕往來，惟意所爲。
洛陽人多畏避之，號「十阿父」。〔註4〕

〔5〕顯德五年（958年），後周世宗柴榮下詔「均定田租」，使土地頃畝與稅
額一致，使兩稅負擔合理一些。從《宋史·王溥傳》的此處記載和《宋
史》其他一些傳記裏的資料來看，後周的「均定田租」是實行了的。〔註5〕

〔6〕（乾隆）《江南通志》將疏導通商渠之事誤繫在王溥名下。〔註6〕

〔註4〕（宋）歐陽修：《新五代史》卷二十《周世宗家人傳第八》，中華書局1974年版，
第201頁。
〔註5〕鄭學檬：《五代十國史研究》，上海人民出版社1991年版，第153～155頁。
〔註6〕（乾隆）《江南通志》卷六六《河渠志·潁州府》，《景印文淵閣四庫全書》
第508冊，第850頁。

〔7〕《續資治通鑒長編》卷五《太祖》稱：

> （乾德二年六月）左僕射王溥數勸其父宿州防禦使祚請
> 老，祚不得已乃上章，且意朝廷未之許也。己未，以祚爲左領
> 軍衛上將軍致仕。

按：乾德二年（964年）正月，王溥、魏仁浦等人罷相，王溥罷爲
太子太保，魏仁浦爲左僕射（詳見〔24〕）。《續資治通鑒長編》言乾德
二年（964年）六月王溥爲左僕射，誤。

溥，漢乾祐中舉進士甲科，爲秘書郎。〔8〕時李守貞據河中，趙思綰反
京兆，王景崇反鳳翔，周祖將兵討之，辟溥爲從事。河中平，得賊中文書，
多朝貴及藩鎮相交結語。周祖籍其名，將按之，溥諫曰：「魑魅之形，伺夜
而出，日月既照，氛沴自消。願一切焚之，以安反側。」周祖從之。〔9〕
師還，遷太常丞。〔10〕從周祖鎮鄴。廣順初，授左諫議大夫、樞密直學士。
〔11〕二年，遷中書舍人、翰林學士。〔12〕三年，加戶部侍郎，改端明殿學
士。周祖疾革，召學士草制，以溥爲中書侍郎、平章事。宣制畢，周祖曰：
「吾無憂矣。」即日崩。〔13〕

〔8〕「乾祐中」當作「乾祐元年（948年）」。

> 從《文獻通考》卷三十《選舉考三》所錄《五代登科記總目》來看，
> 後晉出帝開運三年（946年）至乾祐三年（950年）每年都曾開科舉士，
> 史籍關於王溥舉進士的時間則有兩種說法。一爲《宋史·王溥傳》所
> 稱「乾祐中」。據《舊五代史·周太祖本紀》（《冊府元龜》卷八《帝王
> 部·創業四·周太祖》略同）記載：
>
> > （乾祐元年七月）十三日，制授帝（周太祖）同平章事，
> > 即遣西征，以安慰招撫爲名，詔西面諸軍，並取帝節度……八
> > 月六日，帝發離京師。二十日，師至河中……（乾祐二年七月）
> > 二十一日，城陷，貞舉家自焚而死。〔註7〕
>
> 乾祐元年（948年）七月至乾祐二年（949年）七月，王溥從周太
> 祖征李守貞，則王溥舉進士甲科，爲秘書郎當在乾祐元年（948年）七
> 月之前，《宋史·王溥傳》所稱「乾祐中」不準確。

〔註7〕（宋）薛居正等：《舊五代史》卷一一〇《周書一·太祖本紀第一》，中華書局
1976年版，第92頁。

關於王溥舉進士時間的另一種說法爲「乾祐元年（948 年）」，見《廣卓異記》：

> 乾祐元年（948 年），戶部侍郎王仁裕放王溥狀元及第。五
> 代王溥少年拜相，二親在堂。溥自序云：予年二十六，狀元及
> 第，榜下除秘書郎。其年從周太祖征河東。〔註8〕

周太祖征河東始自乾祐元年（948 年）七月，而據《舊五代史》卷
一〇〇《漢書二・高祖本紀下》、《舊五代史》卷一〇一《漢書三・隱帝
本紀上》記載，王仁裕爲戶部侍郎在天福十二年（947 年）六月至乾祐
元年（948 年）四月之間，印證了《廣卓異記》的記載。《五代史補》亦
稱：

> 王尚書仁裕，乾祐初放一榜，二百一十四人。〔註9〕

當以《廣卓異記》和《五代史補》所載王溥於乾祐元年（949 年）
舉進士爲是。

王溥舉進士的年齡亦有兩種說法：

其一，王溥二十六歲舉進士。上文《廣卓異記》所載王溥自序云「予
年二十六，狀元及第」。《宋朝事實類苑》亦曰：

> 先公嘗言，同年相國王溥，二十六歲狀元及第。〔註10〕

其二，王溥二十五歲舉進士。（宋）洪邁《容齋三筆》收錄的王溥
《自問詩》序文中，王溥自稱：

> 予年二十有五，舉進士甲科，從周祖征河中。〔註11〕

按：王溥生日不詳，卒於宋太平興國七年（982 年）八月，年六十
一（《宋史・王溥傳》），古人年紀多爲虛歲，依照《廣卓異記》等史籍
所載王溥年二十六狀元及第推算，王溥舉進士正是在後漢高祖天福十二
年（947 年）至乾祐元年（948 年）之間。上文已經考證王溥舉進士在
乾祐元年（948 年），史籍中記載與王溥同年登科的李昉（《宋史》卷二
六五《李昉傳》）、李憚（《宋史》卷四八二《世家五・北漢劉氏》）等人

〔註8〕（宋）樂史《廣卓異記》卷四《宰相有二親》，齊魯書社 1996 年版，第 541 頁。

〔註9〕（宋）陶岳《五代史補》卷四《王仁裕賊頭》，《景印文淵閣四庫全書》第 508 冊，
　　　　第 674 頁。

〔註10〕（宋）江少虞《宋朝事實類苑》卷二四《衣冠盛事・王相國》，上海古籍出
　　　　版社 1981 年版，第 286 頁。

〔註11〕（宋）洪邁《容齋三筆》卷九《馮道、王溥》，嶽麓書社 2006 年版，第 404 頁。

舉進士的時間也都在乾祐年間。倘依照《容齋三筆》所載王溥年二十五舉進士推算，王溥舉進士是爲後晉出帝開運三年（946 年）至後漢高祖天福十二年（947 年）之間，與上文的考證不符。故當以《廣卓異記》等史籍所錄王溥年二十六舉進士爲是。

又，《宋史·王溥傳》、《容齋三筆》所錄王溥《自問詩》序文稱王溥舉進士甲科；《廣卓異記》、《宋朝事實類苑》等史籍又稱王溥爲狀元。據《文獻通考》卷二九《選舉考二·舉士》，「進士則甲乙二科」，「凡進士試時務策五道，帖一大經，經策全通爲甲第，策通四、帖過四以上爲乙第」。進士甲科和狀元的區別當在於，進士甲科指進士科考試中排名靠前者，即甲第；從唐、五代開始，甲第中的頭名稱狀頭或狀元。《廣卓異記》的編撰者樂史在北宋曾與王溥同朝爲官（見《東都事略》卷一一五《樂史傳》），樂史本人又是當時著名學者，熟知貢舉故事，曾撰《唐登科文選》、《貢舉故事》（見《宋史》卷二〇九、二〇三《藝文志》），樂史《廣卓異記》稱王溥爲狀元，應該是可信的。

〔9〕《資治通鑑》卷二八八《後漢紀三》、《東都事略》卷十八《王溥傳》略同於《宋史·王溥傳》。此條之後，胡三省注曰：「王溥之進用於周，由此言也。」

〔10〕《廣卓異記》卷四《宰相有二親》王溥自序云：

> 予年二十六，狀元及第，榜下除秘書郎。其年從周太祖征河東。次年獻捷闕下，除太常丞，加朱紱。

《舊五代史》卷一一〇《周書一·太祖本紀第一》又云：

> （乾祐）二年八月五日，帝自河中班師，其月二十七日入朝。

周太祖班師還朝在（乾祐）二年（949 年）八月二十七日，則王溥自秘書郎遷太常丞當在乾祐二年（949 年）八月二十七日至年底這段時間之內。

查新舊《五代史》、《五代會要》等相關史籍，皆未載秘書郎、太常丞品級。五代多因唐制，《唐六典》卷十四《太常寺》稱，太常寺置太常丞二人，從五品上；《唐六典》卷十《秘書省》、《舊唐書》卷四三《職官二》皆曰，秘書省設秘書郎四員，從六品上。《宋史》卷二六三《竇

儀傳》附其弟《竇儼傳》，竇儼上疏時曾提到「太常丞以下五品等」，知
後周時太常丞仍與唐制相同，皆爲五品。則王溥在後漢自秘書郎遷太常
丞，大致應該是由從六品升爲五品。

〔11〕（宋）樂史《廣卓異記》卷四《宰相有二親》王溥自序稱：

> 次年（乾祐二年，949年）獻捷闕下，除太常丞，加朱紱。
>
> 又一年（乾祐三年，950年），留守判官……

《舊五代史》卷一一〇《周書一·太祖本紀第一》亦稱：

> （乾祐三年）三月十七日，制授（周太祖）鄴都（今河北
> 大名東北）留守，樞密使如故……（廣順元年正月壬申）鄴都
> 留守判官王溥爲左諫議大夫，並充樞密院直學士。

王溥在乾祐二年（949年）八月二十七日至年底開始擔任京師太常
丞（詳見〔10〕）。乾祐三年（950年）三月，周太祖郭威出鎮鄴都，王
溥隨從爲鄴都留守判官。廣順元年（951年）正月，周太祖正式稱帝建
國，以鄴都留守判官王溥爲「左諫議大夫、樞密直學士」。

諫議大夫，《舊五代史》卷七九《晉書五·高祖本紀第五》云：「諫
議大夫、御史中丞爲清望正四品。」

《舊五代史》卷一四九《職官志·兩省》又云：

> 周顯德五年六月敕：「諫議大夫宜依舊正五品上，仍班位
> 在給事中之下。」按《唐典》，諫議大夫四員，正五品上，皆隸
> 門下省，班在給事中之下。至會昌二年十一月，中書門下奏，
> 升爲正四品下，仍分爲左右，以備兩省四品之闕，故其班亦升
> 在給事中之上。近朝自諫議大夫拜給事中者，官雖序遷，位則
> 降等，至是以其遷次不備，故改正焉。

由是觀之，諫議大夫在唐五代的品級有一個先升復降的過程：唐前
期爲正五品上，會昌二年（842年）升爲正四品下，五代因之爲正四品，
至後周顯德五年（958年）復降爲正五品上。則王溥爲左諫議大夫時，
此官仍然是正四品清望官。

王溥升爲正四品的左諫議大夫，並充樞密院直學士，乃周太祖酬其
元從之功。根據學界對五代樞密院直學士的研究，樞密直學士沒有固定
的品秩，是五代最具實權的樞密院主要屬官之一。五代以來，樞密直學
士主要職權不斷加重，從「承領文書、參掌庶務」到「升殿侍立、以備

顧問」、進而又到「宿於禁中」、「主謀議」，與皇帝的關係非常密切。」
〔註12〕

〔12〕《舊五代史》卷一一二《周書三‧太祖本紀第三》將此事繫於廣順二年
（952年）三月戊辰之下。

〔13〕此爲王溥初次拜相。《東都事略》卷十八《王溥傳》、《資治通鑒》卷二
九一《後周紀二》與《宋史‧王溥傳》略同。《舊五代史》卷一一三《周
書四‧太祖本紀第四》也稱：

> （顯德元年正月）壬辰，以端明殿學士、尚書戶部侍郎王
> 溥爲中書侍郎、平章事……是日巳時，帝崩於滋德殿。

王溥初次拜相的年齡見於《宋朝事實類苑》卷二四《王相國》：

> 同年相國王溥，二十六歲狀元及第。後六年拜相，時年三
> 十二。

王溥卒於宋太平興國七年（982年）八月，年六十一（詳見〔26〕），
照此推算，王溥初次拜相時正是三十二歲。

又，《冊府元龜》卷七四《帝王部‧命相四》云：

> 顯德元年正月制曰……端明殿學士、通議大夫、尚書戶部
> 侍郎、上柱國、太原縣開國男、食邑三百戶、賜紫金魚袋王溥
> 智出於眾，行高於人，茂學懿文而策名，長才廣度以成器。始
> 歸霸府，當效折衝，洎翔造邦，尋參宥密，摛禁林之詞翰，伸
> 秘殿之論思，履順持謙，奉公處正……可紫金光祿大夫、中書
> 侍郎、平章事。〔註13〕

此即《宋史‧王溥傳》和《東都事略‧王溥傳》所稱後周太祖臨終
之日命王溥爲相的制書。此制所言王溥官銜與《宋史‧王溥傳》等的記
載可以互相印證。制文所稱「端明殿學士……賜紫金魚袋」當爲王溥首
次命相前的正式銜名。

後周太祖葬於高陵，「哀冊文」爲王溥所撰（《舊五代史》卷一一三
《周書四‧太祖本紀第四》）：

〔註12〕樊文禮：《五代的樞密直學士》，《煙台師範學院學報》（哲社版）2003年第4期。
〔註13〕（宋）王欽若等：《冊府元龜》卷七四《帝王部‧命相四》，中華書局1960年版，
第860頁。

世宗將親征澤、潞，馮道力諫止，溥獨贊成之。凱還，[14]加兼禮部尚書，監修國史。[15]世宗嘗從容問溥曰：「漢相李崧以蠟書與契丹，猶有記其詞者，信有之耶？」溥曰：「崧爲大臣，設有此謀，肯輕示外人？蓋蘇逢吉誣之耳。」世宗始悟，詔贈其官。世宗將討秦、鳳，求帥於溥，溥薦向拱。事平，世宗因宴酌酒賜溥曰：「爲吾擇帥成邊功者，卿也。」從平壽春，制加階爵。[16]顯德四年，丁外艱。起復，表四上，乞終喪。[17]世宗大怒，宰相范質奏解之，溥懼入謝。六年夏，命參知樞密院事。[18]恭帝嗣位，加右僕射。[19]是冬，表請修《世宗實錄》，[20]遂奏史館修撰、都官郎中、知制誥扈蒙，右司員外郎、知制誥張淡，[21]左拾遺王格，直史館、左拾遺董淳，同加修纂，從之。

[14]「凱還」乃《宋史・王溥傳》迴護周世宗之處，周世宗因爲忻口戰敗，先鋒史彥超戰死而倉促班師。詳見《新五代史》卷三三《死事傳・史彥超傳》。

[15]「監修國史」當爲「集賢殿大學士」。

　　證據之一，據《文獻通考》卷四九《職官考三・宰相》（（宋）宋敏求《春明退朝錄》卷上略同）：

　　　　宋承唐制，以同平章事爲宰相之職，無常員……其上相爲
　　昭文館大學士、監修國史，其次爲集賢殿大學士。或置三相，
　　則昭文、集賢兩學士並監修國史並除焉。

　　關於宰相的排位既然「宋承唐制」，五代當無大的變化。而據《舊五代史》卷一一四《周書五・世宗本紀第一》記載：

　　　　（顯德元年正月）壬辰，（宰臣）李谷加右僕射、集賢殿
　　大學士；以端明殿學士、尚書戶部侍郎王溥爲中書侍郎、平章
　　事……（顯德元年七月）癸巳，以左僕射兼門下侍郎、平章事、
　　監修國史范質爲守司徒兼門下侍郎、平章事、弘文館大學士；
　　以左僕射兼中書侍郎、平章事、集賢殿大學士，判三司李谷爲
　　守司徒兼門下侍郎、平章事，監修國史；以中書侍郎、平章事
　　王溥爲中書侍郎兼禮部尚書、平章事、集賢殿大學士。

　　根據上述記載，顯德元年（954年）正月，王溥初次入相之時，另一個宰相李谷爲集賢殿大學士，位在王溥之上。至當年七月，原監修國

史范質升爲弘文館大學士，原集賢殿大學士李谷升爲監修國史。按照當時的宰相制度，王溥不應與李谷同爲監修國史，而應接替李谷爲集賢殿大學士。

證據之二，據《舊五代史》卷一一四《周書五·世宗本紀第一》所載，周世宗下詔班師在顯德元年（954 年）六月癸卯朔，回師尙需時日，故《宋史·王溥傳》所謂「凱還，加兼禮部尙書，監修國史」與《周書五·世宗本紀第一》所載顯德元年七月，954 年）癸巳以王溥爲「禮部尙書、平章事、集賢殿大學士」當指同一件事。當以《周書五·世宗本紀第一》所記「集賢殿大學士」爲正。

〔16〕此事詳見《舊五代史》卷一一七《周書八·世宗本紀第四》：周世宗平壽春在顯德四年（957 年）三月，當月即「詔移壽州於下蔡，以故壽州爲壽春縣」；顯德四年（957 年）五月，「辛丑，宰臣范質、李谷、王溥並加爵邑，改功臣」。

〔17〕「丁外艱」當作「丁內艱」。證據有三：

其一，外艱爲父或祖父之喪，內艱爲母或祖母之喪。高官丁憂一般僅限於父母之喪。王溥之父王祚至宋初尙健在，爲宿州防禦使（詳見〔7〕），可以排除王溥逢父喪的可能。

其二，《舊五代史》卷一一七《周書八·世宗本紀第四》稱：顯德四年（957 年）九月，宰臣王溥「丁內艱，並起復舊位」。

其三，（宋）樂史《廣卓異記》卷四《宰相有二親》錄王溥自序云：
歷事四朝，除太子太保，罷相。十五年間，官榮過分。今甲子四十二年矣。時父祚宿州防禦使、母吳國太夫人俱在。後父祚自防禦使除左領軍衛上將軍致仕。〔註14〕

雖然從上述記載看來，王溥乾德二年（964 年）正月罷相（詳見〔23〕）時父母尙健在，但（宋）王得臣《麈史》對此作了解釋：
世言國初王丞相溥作相日，在具慶下……蓋繼母也。〔註15〕

王溥的生母很可能在顯德四年（957 年）去世，至宋初再次爲相時，雖曰父母具慶，「蓋繼母也」。

〔註14〕（宋）樂史：《廣卓異記》卷四《宰相有二親》，齊魯書社 199 年版，第 541 頁。

〔註15〕（宋）王得臣：《麈史》卷下《盛世》，上海古籍出版社 1986 年版，第 77 頁。

〔18〕詳見《舊五代史》卷一四九《職官志》：

> （周顯德六年六月己丑）命司徒、平章事范質，禮部尚書、平章事王溥並參知樞密院事。以樞密使魏仁浦為中書侍郎、平章事、集賢殿大學士，依前充樞密使。

〔19〕《舊五代史》卷一二〇《周書一一‧恭帝本紀》詳載此事：

> （顯德六年八月）甲午，守司徒、同平章事、弘文館大學士、參知樞密院事范質加開府儀同三司，進封蕭國公；門下侍郎兼禮部尚書、同平章事、監修國史、參知樞密院事王溥加右僕射，進封開國公；樞密使、中書侍郎、同平章事、集賢殿大學士魏仁浦加兼刑部尚書，依前樞密使。

按：上述記載中王溥帶監修國史銜。據前文，王溥顯德元年（954年）七月為集賢殿大學士（詳見〔15〕），王溥何時由集賢殿大學士升為監修國史，未見明文記載。然據《舊五代史》卷一一七《周書八‧世宗本紀第四》：

> （顯德四年八月）乙亥，宰臣李谷罷相，守司空，加食邑實封。

原本帶監修國史銜的宰臣李谷在顯德四年（957年）八月罷相，按照當時的宰相制度，原來位在李谷之下，為集賢殿大學士的宰臣王溥，在李谷罷相之後，很可能由集賢殿大學士進為監修國史。

而且，可以肯定的是，至少在顯德六年（959年）六月，周世宗以魏仁浦為集賢殿大學士之時（詳見〔18〕），王溥已經是監修國史了。按其所帶銜名，當時的三個宰相，范質為首（帶弘文館大學士銜）、王溥次之（帶監修國史銜）、魏仁浦居末（帶集賢殿大學士銜）。

〔20〕《宋史》卷一《太祖本紀》云：

> （建隆二年八月庚申，961年）《周世宗實錄》成。

《周世宗實錄》自顯德六年（959年）冬始撰，至宋太祖建隆二年（961年）八月成書，歷時近兩年。

（宋）陳振孫《直齋書錄解題》卷四稱，《周世宗實錄》四十卷，「監修官晉陽王溥齊物，修撰范陽扈蒙日用撰。

《續資治通鑒長編》卷二《太祖》又稱（建隆二年八月）庚申，史

館上周世宗實錄四十卷，賜監修國史王溥、修撰官扈蒙器幣有差。王溥在《周世宗實錄》修撰期間爲宰相加監修國史，故《直齋書錄解題》稱其爲《周世宗實錄》的監修官。王溥是否參與《周世宗實錄》的實際修撰工作，於史無徵。

〔21〕「張淡」疑當作「張澹」。據《宋史》卷二六九《張澹傳》，張澹於周世宗朝「充史館修撰」，「周恭帝初，拜右司郎中，知制誥」。周恭帝嗣位在顯德六年（959 年）八月，同年冬，王溥請修《周世宗實錄》，則《宋史·王溥傳》所稱「知制誥張淡」疑即「張澹」。

宋初，進位司空，罷參知樞密院。〔22〕乾德二年，罷爲太子太保。〔23〕舊制，一品班於臺省之後，太祖因見溥，謂左右曰：「溥舊相，當寵異之。」即令分臺省班於東西，遂爲定制。五年，丁內艱。服闋，加太子太傅。〔24〕開寶二年，遷太子太師。〔25〕中謝日，太祖顧左右曰：「溥十年作相，三遷一品，福履之盛，近世未見其比。」太平興國初，封祁國公。七年八月，卒，年六十一。〔26〕輟朝二日，贈侍中，諡文獻。〔27〕

〔22〕《宋史》卷二一〇《表第一·宰輔一》記載了王溥拜相、罷參知樞密院事的具體時間：

（建隆元年二月乙亥）王溥自尚書右僕射兼門下侍郎、同中書門下平章事、監修國史、參知樞密院事加守司空兼門下侍郎、同平章事……（建隆元年）二月乙亥，范質、王溥並罷參知樞密院事。

〔23〕詳見《續資治通鑑長編》卷五《太祖》：

乾德二年正月，宰相范質、王溥、魏仁浦等再表求退，戊子，以質爲太子太傅，溥爲太子太保，仁浦爲左僕射，皆罷政事。

又，古人常以官職爲他人之敬稱，王溥曾爲太子太保，時人或稱他爲王宮保，見（宋）文瑩《玉壺清話》卷二《王宮保溥》。〔註16〕

〔24〕「丁內艱」疑誤，王溥此次丁憂很可能是逢父喪（參見〔17〕）。

〔註16〕 （宋）文瑩：《玉壺清話》卷二《王宮保溥》，中華書局 1984 年版，第 13 頁。

又，《容齋三筆》卷九《馮道、王溥》所錄王溥《自問詩》序文中，王溥自稱：「去春（乾德二年正月）恩制改太子太保」，「今（乾德三年）行年四十三歲，自朝請之暇，但宴居讀佛書，歌詠承平」，據其文義，似乎乾德三年（964 年）時亦未居喪。而據《宋史》卷二《太祖本紀》，知王溥服闋、「加太子太傅」在乾德五年（967 年）五月。按禮，父母之喪須持服三年，實際上，據上述記載，王溥肯定沒有服滿三年。今人祝建平認為，宋初明確規定文臣一般在諫舍以上皆卒哭（父母喪後一百日）後恩制起復，其在切要者，不俟卒哭。宋代對於高級文官經常實行奪情起復，因此北宋上層文官實際上處於不持服狀態。〔註17〕

〔25〕《宋史》卷二《太祖本紀》將王溥遷太子太師繫於開寶二年（969 年）十月庚子。

〔26〕《宋史》卷四《太宗本紀》亦曰：「（太平興國七年）八月庚申朔，太子太師王溥薨。」

按：古人年紀多為虛歲，王溥卒於宋太宗太平興國七年（982 年），年六十一，約為 60 周歲，則其生年約在後梁末帝龍德二年（922 年）。

〔27〕王溥的諡號曾有改易。《東都事略》卷十八《王溥傳》、《隆平集》卷四皆曰王溥初諡文獻，改曰文康。《續資治通鑑》卷五二《宋紀五十二》將此次改諡繫於宋仁宗皇祐三年（1051 年）九月丙子條下。

按：王溥為雙諡，其諡為「文」，宋人對此並無異議。《宋史》卷二六四《沈倫傳》中，判太常禮儀院趙昂、判考功張洎皆稱王溥「奮跡辭場，歷典誥命，以『文』為諡，允合國章」。

關於王溥諡號的第二個字，宋朝朝臣曾有過爭議。《宋史》卷二九四《王洙傳》稱：

> 夏竦卒，賜諡文獻。洙當草制，封還其目曰：「臣下不當與僖祖同諡。」因言：「前有司諡王溥為文獻，章得象為文憲，字雖異而音同，皆當改。」於是太常更諡竦文，而溥、得象皆易諡。

《宋史》卷二九四《張揆傳》又記載，當時詔改王溥諡，有欲議為文忠者，張揆曰：「溥，周之宰相，國亡不能死，安得為忠？」乃諡為

〔註17〕祝建平：《北宋官僚丁憂持服制度初探》，《學術月刊》1997 年第 3 期。

文康。（清）厲鶚《宋詩紀事》卷二稱王溥「諡康獻」，〔註18〕誤。

溥性寬厚，美風度，好汲引後進，其所薦至顯位者甚眾。頗吝嗇。〔28〕祚頻領牧守，能殖貨，所至有田宅，家累萬金。溥在相位，祚以宿州防禦使家居，每公卿至，必首謁。祚置酒上壽，溥朝服趨侍左右，坐客不安席，輒引避。祚曰：「此豚犬爾，勿煩諸君起。」〔29〕溥諷祚求致政，祚意朝廷未之許也，既得請，祚大罵溥曰：「我筋力未衰，汝欲自固名位，而幽囚我。」舉大梃將擊之，親戚勸諭乃止。〔30〕

溥好學，手不釋卷，嘗集蘇冕《會要》及崔鉉《續會要》，補其闕漏，爲百卷，曰《唐會要》。又採朱梁至周爲三十卷，曰《五代會要》。有集二十卷。〔31〕

子貽孫、貽正、貽慶、貽序。貽正至國子博士。貽慶比部郎中。貽序，景德二年進士，後改名貽矩，至司封員外郎。貽正子克明，尚太宗女鄭國長公主，改名貽永，令與其父同行。見《外戚傳》。〔32〕

貽孫字象賢，少隨周祖典商、穎二州，署衙內都指揮使。顯德中，以父在中書，改朝散大夫、著作佐郎。宋初，遷金部員外郎，賜紫，累遷右司郎中。〔33〕淳化中，卒。太祖平吳、蜀，所獲文史副本分賜大臣。溥好聚書，至萬餘卷，貽孫遍覽之；又多藏法書名畫。太祖嘗問趙普，拜禮何以男子跪而婦人否，普問禮官，不能對。貽孫曰：「古詩云『長跪問故夫』，是婦人亦跪也。唐太后朝婦人始拜而不跪。」普問所出，對云：「大和中，有幽州從事張建章著《渤海國記》，備言其事。」普大稱賞之。端拱中，右僕射李昉求郡省百官集議舊儀，貽孫具以對，事見《禮志》，時論許其諳練云。

〔28〕（宋）杜大珪《名臣碑傳琬琰之集》下卷三收錄曾鞏所作《王文康公溥》認爲王溥吝嗇之名源於其父王祚，其文稱：「祚徇貨殖，溥亦獲悋嗇譏。」〔註19〕

〔29〕《資治通鑒》卷二九三《後周紀四》、（宋）王闢之《澠水燕談錄》卷二、（宋）江少虞《宋朝事實類苑》卷二四《衣冠盛事》等史籍關於王溥

〔註18〕 （清）厲鶚：《宋詩紀事》卷二，上海古籍出版社1983年版，第25頁。

〔註19〕 （宋）杜大珪：《名臣碑傳琬琰之集》下卷三，文海出版社1969年版，第1309頁。

朝服侍立之事的記載略同。

〔30〕《續資治通鑑長編》卷五《太祖》亦載王溥勸其父致仕之事，將其繫於乾德二年（964）六月。

〔31〕《通志》卷七十《藝文略第八》、《宋史》卷二○八《藝文志》亦稱有《王溥集》二十卷。

〔32〕王貽永事蹟詳見《東都事略》卷十八《王溥傳》附《王貽永傳》、《宋史》卷四六四《王貽永傳》等。

〔33〕《宋史》卷一五三《輿服志》云：

> 宋因唐制，三品以上服紫，五品以上服朱，七品以上服綠……官應品而服色未易，與品未及而已易者，或以年格，或以特恩。

　　根據《宋史》卷一六八《職官志八》的記載，「朝散大夫」、「尚書省左、右司員外郎」為從六品，「尚書左、右司郎中」為正六品。王貽孫為六品官，本當服綠，其「賜紫」，乃《宋史·輿服志》所言「以特恩」。

二、王溥生平評述

（一）政績述評

　　王溥在後漢乾祐元年（948年）狀元及第，時年二十六歲，榜下除秘書郎，這是王溥仕途的起點。《冊府元龜》卷六二○《卿監部·總序》曰，按唐制，秘書郎「掌四部之圖籍，分庫以藏之，以甲乙丙丁為之部目」。此一段為秘書郎的經歷，對於王溥編撰《唐會要》必然有較大影響。

　　乾祐元年（948年）七月至乾祐二年（949年）七月，王溥跟從郭威征李守貞，諫阻郭威追究曾與李守貞等人結交的朝貴和藩鎮大員，表現出極高的政治智慧，郭威聽從他的意見，王溥也因此得到郭威的注意，王溥進用於周由此言。

　　班師回朝後，王溥升任太常丞。據《唐六典》卷十四《太常寺》，太常寺正官太常卿掌「邦國、禮樂、郊廟、社稷之事」，其屬官太常丞「掌判寺事，凡大享太廟則修七祀於太廟西門之內，若祫享則兼修配享功臣之禮」，任職太

常丞，既表明王溥諳熟故事，對其日後編撰《唐會要》亦有助益。

此後，王溥又隨從郭威出鎮鄴都。廣順元年（951 年），郭威稱帝，建立後周，是爲後周太祖。王溥升爲正四品的左諫議大夫，並充樞密院直學士，乃後周太祖酬其元從之功。這是王溥政治生涯中一次非常重要的升遷，自此成爲後周太祖的心腹大臣。王溥以其智、行、才、學，受到後周太祖的提拔和重用。顯德元年正月（954 年），後周太祖臨終前宣制，命王溥爲相，王溥時年三十二歲。

後周世宗柴榮即位後，王溥爲相，從王溥爲漢相李崧辯白、推薦將軍向拱等事情上可見，王溥有知人之明、識人之智。王溥支持周世宗親征，雖然最後周世宗親征受挫，王溥仍然得到擢升，可見周世宗對王溥的倚重。

周顯德六年（959 年）六月，周世宗在以范質、王溥等參知樞密院事的當月即病死，世宗七歲幼子恭帝即位。宰相范質、王溥參知樞密院事，手中握有兵權，樞密使魏仁浦掌兵，又兼宰相，范質、王溥、魏仁浦三人控制了後周的朝政大權。當時，宋太祖趙匡胤的勢力也日益壯大，宋人筆記中有王溥與趙匡胤結交之事。蘇轍《龍川別志》即稱：

> 周顯德中，以太祖在殿前點檢，功業日隆，而謙下愈甚，老將大校多歸心者，雖宰相王溥亦陰效誠款。今淮南都圃，則溥所獻也。
> 〔註20〕

宋人認爲陳橋兵變是范質、王溥等用人不力之故。司馬光《涑水記聞》卷一稱：

> 周恭帝之世，有右拾遺、直史館鄭起上宰相范質書，言太祖（趙匡胤）得眾心，不宜使典禁兵，質不聽。〔註21〕

《東都事略·范質傳》亦稱：

> 范質、王溥聞變，范質執王溥手曰：「倉卒遣將，吾儕之罪也。」
> 「爪入溥手幾齣血。溥無語。」〔註22〕

自宋以後，士人對於范質、王溥等人改仕宋太祖頗有非議。《宋史》卷二四九《范質傳》記載了宋太宗對范質的評價，稱：「宰輔中能循規矩、慎名器、持廉節，無出質右者，但欠世宗一死，爲可惜爾。」

〔註20〕　（宋）蘇轍：《龍川別志》卷上，三秦出版社 2003 年版，第 161 頁。
〔註21〕　（宋）司馬光：《涑水記聞》卷一，中華書局 1997 年版，第 2 頁。
〔註22〕　（宋）王稱：《東都事略》卷十八《范質傳》，齊魯書社 1998 年版，第 141 頁。

《宋史》卷四四六《忠義傳》序文也稱：「宋之初興，范質、王溥，猶有餘憾。」

王溥降宋，的確算不上忠義，而隨著北宋代周，王溥的政治生涯實際上已經由盛而衰。宋太祖初受周禪，為了籠絡人心、穩定局勢，建隆元年（960年）二月初，仍然以後周宰相范質、王溥、魏仁浦為相。宋太祖表面對於范、王等人也倍加榮寵。《續資治通鑑長編》稱：

> （建隆二年）宰相范質、王溥相繼臥疾，上命翰林醫官王襲、米瓊視之，質、溥皆瘳。上喜，於是以襲為光祿寺丞，瓊為都水監主簿。〔註23〕

宋太祖升遷治癒范質、王溥的翰林醫官，以示對范、王二人的重視。

范質、王溥雖為宰相，但既有降臣這樣的尷尬身份，又知宋太祖的性情，他們的行事都是低調而謹慎的。從范質、王浦等人開始，宰相見皇帝時坐議賜茶的舊制被廢除。其事詳見《續資治通鑑長編》卷五《太祖》（《宋史》卷二四九《范質傳》略同）：

> 質等自以前朝舊臣，稍存形跡，且憚上英武，每事輒具箚子進呈，退即批所得聖旨，而同列署字以志之。嘗言於上曰：「如此，則盡稟承之方，免妄誤之失矣。」上從之。由是，奏御寖多，或至旰昃，賜茶之禮尋廢，固弗暇於坐論矣。後遂為定式，蓋自質等始也。

從史籍的記載來看，王溥在宋初為相期間，並不像在後周世宗、恭帝朝那樣手握重權。實際上，北宋建隆元年（960年）二月，拜相的同月，王溥已經被「罷參知樞密院事」，失去知兵事的權力。乾德二年（964年）正月，王溥罷相，為太子太保。太子太保雖貴為一品，但並無實權，王溥等人自此被排斥出北宋朝廷的權力中心。當時王溥四十二歲，正當盛年。

（二）「茂學懿文」

乾德三年（965年），即王溥罷相、改太子太保的次年，王溥曾作《自問詩》回顧平生經歷，其序云：

> 予年二十有五，舉進士甲科，從周祖征河中，改太常丞登朝，時同年生尚未釋褐。不日作相，在廊廟凡十有一年，歷事四朝，去春恩制改太子太保。每思菲陋，當此榮遇，十五年間遂躋極品，儒

〔註23〕（宋）李燾：《續資治通鑑長編》卷二《太祖》，中華書局1986年版，第4頁。

者之幸殆無以過，今行年四十三歲，自朝請之暇，但宴居讀佛書，

歌詠承平，因作《自問詩》十五章以誌本末。〔註24〕

除「年二十有五，舉進士甲科」當爲「年二十六」之外（詳見「箋證」〔
8〕），此《自問詩》所述生平無誤。王溥壯年罷相，宴居讀佛書，有其不得已
處，但王溥好佛、道之學，亦見它書記載。《宋史》卷四五七《陳摶傳》稱：

（陳摶）著《指玄篇》八十一章，言導養及還丹之事，王溥亦

著八十一章以箋其指。

陳摶是五代末、宋初著名的道家，宋太祖下詔賜號「希夷先生」，王溥能
箋《指玄篇》之旨要，亦當諳熟「導養及還丹之事」，可見王溥的「茂學懿文」
〔註25〕。

王溥還是當時有名的藏書家。王溥聚書有兩大優勢。其一，王溥歷事四
朝，從最初的秘書郎到後來的禮部尙書，再至宰相加監修國史，都能接觸到
大量收藏於秘府的公文、典籍，這爲王溥聚書乃至編撰《唐會要》提供了有
利條件。而他長期擔任高官，還有機會獲得皇帝賞賜的書籍，即如《宋史‧
王溥傳》所稱：

太祖平吳、蜀，所獲文史副本分賜大臣。溥好聚書，至萬餘卷。

王溥官高爵顯，又「好汲引後進，其所薦至顯位者甚眾」，〔註26〕王溥的
下屬、門生故舊或者受過王溥提攜的人，知道王溥好聚書，也會投其所好。《苕
溪漁隱叢話後集》即稱：

苕溪漁隱曰，予嘗記一小說云：王溥嘗薦向拱討鳳翔有功。拱

鎮京兆，思有以報溥，詢其所欲。溥曰：「長安故都碑篆高文，願悉

見之。」拱至遣使督匠摹打，深林邃谷，無不詣之。凡得石本三千

〔註24〕 （宋）洪邁《容齋三筆》卷九《馮道、王溥》。洪邁又稱，王溥《自問詩》之
「序見三朝史本傳而詩不傳」。（宋）樂史《廣卓異記》卷四《宰相有二親》
所錄王溥自序可與上述王溥自序文互相補正：「予年二十六，狀元及第，榜下
除秘書郎。其年從周太祖征河東。次年獻捷闕下，除太常丞，加朱紱。又一
年，留守判官，除密直學士，入翰林。又除端明殿學士。不日作相，自居廊
廟幾十年，歷事四朝，除太子太保，罷相。十五年間，官榮過分。今甲子四
十二年矣。時父祚宿州防禦使、母吳國太夫人俱在。後父祚自防禦使除左領
軍衛上將軍致仕。在洛初入北闕，侍奉肅然，百僚下拜，兼座主王仁裕爲太
子太保在朝，溥在翰林時有詩云：兩制職官三十客，自慚榮耀老萊衣。」

〔註25〕 （宋）王欽若等：《冊府元龜》卷七四《帝王部‧命相四》，中華書局1960年版，
第860頁。

〔註26〕 《宋史‧王溥傳》

餘，以獻。溥命善書者分隸爲《琬琰集》一百卷。〔註27〕

其二，王溥的「茂學懿文」，〔註28〕使其聚書多善本；王溥「家累萬金」，〔註29〕又使其能多方求購書籍善本。宋太宗太平興國之初，天下初定，朝廷重建官府藏書制度，建崇文院、秘閣，編《崇文總目》，當時曾在民間徵求善本，（宋）江少虞《宋朝事實類苑》卷三一《詞翰書籍·藏書之府十一》稱：

> 京師藏書之家，惟故相王溥家爲多，官嘗借本傳寫。

（宋）洪邁《容齋續筆》卷十五《書籍之厄》亦稱：

> 本朝王文康（王溥改諡文康），初相周世宗，多有唐舊書。

王溥死後，其所藏的書籍字畫，曾被其子孫售賣於外。（宋）米芾《書史》（不分卷）記載，檢較太師李瑋曾從王溥之子王貽永家購得「西晉晉賢十四貼」，「第一帖張華眞楷」，其次尙有陸機、王戎、謝安、王羲之等名家之作。謝安等人的帖上還印有「王溥之印」。《四庫全書總目》卷一四九《集部二·李太白集》也稱，王溥家藏《李太白集》，後來爲北宋宋敏求所得。

（三）學術交遊

王溥歷事四朝、十年爲相，交遊者甚眾。此處重點關注其與學術交流相關的交遊。

1. 座主王仁裕

王仁裕，新、舊《五代史》皆有傳，《新五代史》卷五七《王仁裕傳》略詳：

> 王仁裕，字德輦……年二十五，始就學，而爲人俊秀，以文辭知名秦、隴間……漢高祖時，復爲翰林學士承旨，累遷戶部尚書，罷爲兵部尚書、太子少保。顯德三年卒。年七十七，贈太子少師。仁裕性曉音律……喜爲詩。其少也，嘗夢剖其腸胃，以西江水滌之，顧見江中沙石皆爲篆籀之文，由是文思益進。乃集其平生所作詩萬餘首爲百卷，號《西江集》。仁裕與和凝於五代時皆以文章知名，又嘗知貢舉，仁裕門生王溥，凝門生范質，皆至宰相，時稱其得人。

〔註27〕 （宋）胡仔：《苕溪漁隱叢話後集》卷二二，《景印文淵閣四庫全書》第1480冊，第521頁。

〔註28〕 （宋）王欽若等：《冊府元龜》卷七四《帝王部·命相四》，中華書局1960年版，第860頁。

〔註29〕 《宋史·王溥傳》

　　乾祐元年（948 年），王仁裕知貢舉，取王溥爲狀元。（宋）葉夢得《石林詩話》稱：

　　　　溥初拜相，仁裕猶致仕無恙，嘗以詩賀溥。溥在位，每休沐必詣仁裕，從容終日。〔註30〕

　　（宋）樂史《廣卓異記》卷四《宰相有二親》又稱：

　　　　乾祐元年，戶部侍郎王仁裕放王溥狀元及第。溥不數年拜相。仁裕時爲太子少保，有詩賀曰：「一戰文場拔趙旗，便調金鼎佐無爲。白麻驟降恩何極，黃髮初聞喜可知。跋敕案前人到少，築沙堤上馬歸遲。立班始得遙相見，親洽爭如未貴時。」溥和曰：「揮毫文戰偶搴旗，待詔金華亦偶爲。白社遽當宗伯選，赤心旋遇聖人知。九霄得路榮雖極，三接承恩出每遲。職在臺司多少暇，親師不及舞雩時。

　　王溥爲相，休假時「必詣仁裕，從容終日」，師生間詩歌唱和，可見二人私交甚篤。

　　王仁裕是當時著名的學者，一生著述甚多。岑仲勉先生認爲，《唐末三朝（僖、昭、莊）見聞錄》乃王仁裕所撰。〔註31〕晚唐史料缺乏，王溥爲後人所推崇的原因之一就是《唐會要》保存了部分晚唐的重要史料，王溥編撰《唐會要》，續以宣宗至唐末之事，或有參考王仁裕《唐末三朝見聞錄》之處。蒲嚮明曾撰文考述了王仁裕的著作：詩集《西江集》、《紫泥集》、《紫閣集》等，音樂著作《國風總類》，書法作品《送張禹假詩》，遊記《入洛記》、《南行記》，小說《開元天寶遺事》、《玉堂閒話》、《見聞錄》、《王氏見聞錄》、《唐末見聞錄》、《續玉堂閒話》等等。〔註32〕王溥作爲王仁裕的得意門生，其學術一定程度上會受到王仁裕的影響。

　　2. 同年李昉

　　宋初的大學者李昉於乾祐元年（948 年）舉進士，是王溥的同年。《輿地紀勝》稱：

　　　　王仁裕知貢舉時，所取進士三十三人，皆一時名公卿，李昉、王溥爲冠。〔註33〕

〔註30〕（宋）葉夢得：《石林詩話》，《叢書集成初編》，中華書局 1991 版，第 29 頁。

〔註31〕岑仲勉：《隋唐史》下冊，中華書局 1982 年版，第 475 頁。

〔註32〕蒲嚮明：《王仁裕生平著作考》，《甘肅高師學報》2006 年第 3 期。

〔註33〕《舊五代史》卷一二八《王仁裕傳》注文稱引自（宋）王象之《輿地紀勝》，查中華書局 1992 年版《輿地紀勝》未見此段記載。

根據《宋史》卷二六五《李昉傳》：李昉「漢乾祐舉進士，爲秘書郎」，王溥爲該科狀元，李昉的名次也靠前，兩人皆授秘書郎。

李昉生平事蹟詳見《宋史·李昉傳》。他最高曾官至宋太宗朝宰相，至道二年（996 年）薨，年七十二，贈司徒，諡文正。

李昉爲後世所稱道的主要成就是在宋太宗朝主持編纂了宋代四大類書之三：《太平御覽》一千卷、《太平廣記》五百卷、《文苑英華》一千卷。李昉亦曾「受詔與扈蒙、李穆、郭贄、宋白同修《太祖實錄》」。〔註 34〕李昉的私人撰述則包括：《歷代年號》一卷、〔註 35〕《歷代宮殿名》一卷、〔註 36〕《圖經》，〔註 37〕《李昉文集》五十卷，〔註 38〕等等。《宋史·李昉傳》還記載了李昉的文風，稱其「爲文章慕白居易，尤淺近易曉」。

觀李昉著述研究的內容，與王溥《唐會要》和《五代會要》多有交叉。李昉主持編纂《太平御覽》、《太平廣記》和《文苑英華》時，部分吸納了王溥監修的《周世宗實錄》的編纂人員（詳見下文）。

3. 與王溥共同修纂《周世宗實錄》的扈蒙、董淳、張澹等人

周恭帝顯德六年（959 年）冬，王溥「表請修《世宗實錄》，遂奏史館修撰、都官郎中、知制誥扈蒙，右司員外郎、知制誥張淡，左拾遺王格，直史館、左拾遺董淳，同加修纂，從之。」〔註 39〕

扈蒙字日用，生平詳見《宋史》卷二六九《扈蒙傳》。扈蒙是五代末、宋初的文學名流，又是典章儀注的專家。《宋史·扈蒙傳》稱：

> 自張昭、竇儀卒，典章儀注，多蒙所刊定。

董淳，《宋史》卷四三九《鄭起傳》稱董淳善爲文章，曾爲工部員外郎、直史館，奉詔撰《孟昶紀事》。《宋史》卷二〇四《藝文志》記載董淳撰有《後蜀孟氏記事》三卷。

「張淡」疑當作「張澹」（參見箋證〔21〕）。張澹，字成文，《宋史》卷二六九有傳，稱其「有才藻」。

〔註 34〕《宋史·李昉傳》
〔註 35〕（元）脫脫：《宋史》卷二〇三《藝文二》，中華書局 1977 年版，第 5097 頁。
〔註 36〕（元）脫脫：《宋史》卷二〇四《藝文三》，中華書局 1977 年版，第 5160 頁。
〔註 37〕（元）馬端臨《文獻通考》卷二〇四《經籍考》，《景印文淵閣四庫全書》第 614 冊，第 426 頁。
〔註 38〕《宋史·李昉傳》
〔註 39〕《宋史·王溥傳》

　　《宋史》卷二〇三《藝文志》記有《顯德日曆》一卷，乃扈蒙與董淳、賈黃中共撰，當爲編纂《周世宗實錄》而作。《周世宗實錄》在建隆二年（961年）八月完成，王溥《唐會要》也在建隆二年正月進獻於朝，則王溥在與扈蒙等人共同編纂《周世宗實錄》的時候，很可能也正在進行《唐會要》的編撰工作，相互的影響在所難免。

　　王溥選拔參與編纂《世宗實錄》的人員中，扈蒙、董淳、張澹這三人入宋以後也是《舊五代史》、《太祖實錄》、《太平御覽》、《太平廣記》等重要典籍的編纂官，由此形成一個從後周末延續到宋初的編纂群體。宋太祖開寶（968～976年）中，薛居正監修《舊五代史》時，主要的編纂官即爲「盧多遜、扈蒙、張澹、李昉、劉兼、李穆、李九齡」〔註40〕。太平興國二年（977年），詔修《太平御覽》，各修纂官中，李昉以翰林學士居首，其次爲「知制誥」扈蒙。〔註41〕太平興國三年（978年），《太平廣記》五百卷成書，李昉監修，扈蒙、董淳等十二人爲修撰官。〔註42〕太平興國五年（980年），李昉與扈蒙共撰《太祖實錄》五十卷。〔註43〕太平興國七年（982年），宋太宗又下詔以翰林學士承旨李昉、翰林學士扈蒙爲首的一眾官員始撰《文苑英華》。後來李昉、扈蒙改他任，翰林學士蘇易簡等人接替他們的工作，繼續修纂完成《文苑英華》一千卷。〔註44〕

　　扈蒙、董淳、張澹三人之中，扈蒙的影響力最大。今人何振作簡述了扈蒙對宋初文化建設的貢獻。〔註45〕扈蒙除參與編纂上述典籍以外，還參與刊定了宋初典章禮儀制度，包括與李昉、盧多遜等人以唐《開元禮》爲基礎刊定禮儀，纂《開寶通禮》二百卷；參與制定《長年格》、《循資格》等條文，完善宋初職官銓選制度；改定謚法等。

〔註40〕（宋）趙希弁：《郡齋讀書後志》卷一《小學類》，《景印文淵閣四庫全書》第674冊，第390頁。

〔註41〕（宋）李昉等：《太平御覽原序》，中華書局1985年版，第1頁。

〔註42〕四庫館臣：「《太平廣記》提要」，《景印文淵閣四庫全書》第1044冊。

〔註43〕《宋史》卷二六四《沈倫傳》云：「太平興國五年，史館李昉、扈蒙撰《太祖實錄》，倫以監修以獻。」故此，《宋史》卷二〇三《藝文二》「《宋太祖實錄》」作「李沆、沈倫修」。

〔註44〕（宋）李昉等：《文苑英華·纂修文苑英華事始》，中華書局1966年版，第8～9頁。

〔註45〕何振作：《簡述扈蒙對宋初文化建設的貢獻》，《江西社會科學》1997年第11期。

4. 同僚范質

范質，字文素。生平詳見《宋史》卷二四九《范質傳》。范質乃高才博學之士，尤其諳熟律條。《宋史・范質傳》稱：

> （范質）力學強記，性明悟……後周世宗征淮西，詔令多出其
> 手，吳中文士莫不驚伏。質每下制敕，未嘗破律，命刺史縣令，必
> 以戶口版籍爲急……建議以律條繁冗，輕重無據，吏得因緣爲奸。
> 世宗特命詳定，是爲《刑統》……有集三十卷，又述朱梁至周五代
> 爲《通錄》六十五卷，行於世。〔註46〕

范質與王溥長期同爲宰相。後周世宗朝開始，范質爲首相，王溥爲次相。入宋後，范、王二人亦同時拜相、同時罷參知樞密院事、同時罷相。范質可以算是王溥的同舟共濟兼同病相憐者。范質、王溥也算「同好」，范質撰《刑統》、《通錄》，王溥撰《五代會要》、皆是述五代典制之書。

5. 下屬竇儼

竇儼字望之，生平詳見《宋史》卷二六三《竇儼傳》。該傳稱竇儼是五代末宋初通曉禮、樂的著名學者，在周世宗朝曾「考正雅樂」，「拜翰林學士，判太常寺」，宋初「轉禮部侍郎」；「當是時（宋初），祠祀樂章、宗廟謚號多儼撰定，議者服其該博」。《宋史》卷一二六《樂志》則稱宋初竇儼「仍兼太常」。禮部和太常寺皆事關禮、樂，在禮儀、祭祀等事務上既有分工，又須合作。周世宗顯德元年（954 年）七月至周恭帝朝，禮部尚書一直由王溥兼任。竇儼既判太常寺，又是禮、樂專家，與作爲禮部尚書的王溥之間當有較多的接觸和交流機會。竇儼還曾上奏請依《唐會要》門類修《大周通禮》（詳見下文）。

竇儼與李昉、扈蒙等人亦有交際，《宋史・李昉傳》稱有「相國寺《文英院集》，乃昉與扈蒙、崔頌、劉兊、竇儼、趙逢及昉弟載所題」。

6. 後輩王定保

《唐摭言》撰者、五代人王定保是王溥家族的後輩，他稱王溥爲「從翁」。四庫館臣評價《唐摭言》「述有唐一代貢舉之制特詳，多史志所未及」，「不似他家雜錄，但記異聞」；王定保自述《唐摭言》所錄蓋聞自王溥等多人「所談云」。〔註47〕

〔註46〕《（元）脫脫：《宋史》卷二四九《范質傳》，中華書局 1977 年版，第 8793 頁。
〔註47〕王定保：《唐摭言》序，《景印文淵閣四庫全書》第 1035 冊，第 695 頁。

7. 詩友陶晟、張翼

陶晟，根據《洛陽搢紳舊聞記》記載：陶晟曾爲後漢高祖朝虢州刺史，能詩，與王溥善，「常有詩往來屬和」。陶晟晚年知進士張翼能詩，召置門下，厚待之。常曰：「七言詩我不如翼，五言詩翼不如我」。張翼曾經投詩兩軸於王溥，王溥也以詩謝云：「清河詩客本賢良，惠我新吟六十章。格調宛同羅給事，工夫深似賈司倉。登山始覺天高廣，到海方知浪渺茫。好去蟾宮是歸路，明年應折桂枝香。」〔註48〕

（四）王溥個人經歷對編撰《唐會要》產生的影響

從上文對於王溥生平事蹟的詳細考述來看，王溥的個人經歷對於《唐會要》的成書有著重要影響。王溥既有「茂學懿文」，也勤於鑽研、「手不釋卷」，爲《唐會要》的成書提供了個人才學方面的準備。王溥仕途通達，歷事四朝，「十年作相，三遷一品」，豐富的從政經歷讓王溥更加熟知唐五代的各類典章制度的沿革。王溥好聚書，從最初的秘書郎到後來的禮部尚書、宰相加監修國史，都能接觸到大量收藏於秘府的公文、典籍；王溥長期擔任高官，還有機會獲得皇帝賞賜的書籍，這些有利條件使王溥的私人藏書多達萬卷，豐富了《唐會要》的史料來源。這一切，都爲《唐會要》的成書提供了有利條件。

必須指出，在王溥交遊的諸人當中，竇儼請依《會要》、《續會要》門類修《大周通禮》一事是王溥《唐會要》成書的重要背景之一。

在王溥《唐會要》成書以前，蘇冕《會要》、崔鉉《續會要》在五代一直頗受重視。五代的典章制度多承自唐朝舊典，史籍中常見大臣請事、朝廷制定法令援據《會要》和《續會要》的記載。〔註49〕然而唐末、五代長期的割據和戰亂使得部分典籍散佚，社會上現存的典籍數量也遠遠少於承平時日。朝官對於舊典也不是很熟悉。唐朝宣宗以前的制度還有《會要》、《續會要》和《開元禮》、《通典》等加以記載，宣宗以後的則無流傳較廣的典章制度專書可供援據。後周世宗朝竇儼正是在這種情況下，上奏請依《會要》、《續會要》門類修《大周通禮》。

〔註48〕 （宋）張齊賢：《洛陽搢紳舊聞記》卷一《陶副車求薦見忌》，《景印文淵閣四庫全書》第1036冊，第140頁。

〔註49〕 即如《舊五代史》卷一四九《職官志》所載，後唐長興四年（933年）關於官品的敕令，主要制定依據就是唐《官品令》、《會要》和《續會要》。《舊五代史》卷一四二《禮志上》亦載，後晉天福七年（942年）七月，太常禮院奏按《會要》所載唐高祖故事，升祔先帝神主，從之。

　　當時竇儼在奏疏中提出「明禮」、「崇樂」、「熙政」、「正刑」、「勸農」、「經武」是治國的六綱。單就「明禮」而言，竇儼認爲唐朝「典章頗盛」，《開元禮》、《通典》、《會要》都是「聖教經制、國之大綜」。然而五代後梁以來，由於禮典的缺乏，「禮直之吏悉昧昏於撿按，至今每有戎祀之事、朝會之期，多於市廛草議定注，前後矛楯，卒多粃稗」。爲了改變這種連朝廷的禮官也不「明禮」的狀況，竇儼請依《唐會要》(《會要》、《續會要》)門類修《大周通禮》，包綜《開元禮》、《通典》於其內，主旨在於「闡崇令猷以立國典，綴敘舊書以爲邦紀」。〔註50〕後周朝廷認爲竇儼的奏疏「陳備政要，舉當今之急務，疾近世之因循，器識可嘉，辭理甚當」，〔註51〕批准了他的建議。顯德五年（958 年）十一月詔曰：「令於內外職官前資前名中，選擇文學之士，同共編集，具名以聞。委儼總領其事。所須紙筆，下有司供給。」〔註 52〕這表明當時朝廷也認爲有必要編纂一部完備的、反映前代典章制度（主要是唐制）的典籍。

　　竇儼所言禮典缺乏、禮制不明的情況，作爲禮部尚書的王溥亦當悉知。竇儼上此奏疏之時，王溥爲宰相兼禮部尚書，正是主管此事的最高官員，竇儼的建議能夠得到批准，當已得到了王溥的支持，眞正進入編修階段後，雖然是竇儼總領其事，王溥也負有監修之責。竇儼提出《大周通禮》的編撰方式是「綴敘舊書」，依《會要》、《續會要》門類，包綜《開元禮》、《通典》於內，可見當時擬編的《大周通禮》主要內容當側重於唐制。《大周通禮》在後周剩下的不到兩年的統治時間內並未修成，入宋後，現實政治依然需要一部詳備的唐朝典章制度專書，供人尋檢，這應該是促使王溥撰成《唐會要》的一個重要因素。從顯德五年（958 年）十一月詔令內容來看，依《會要》、《續會要》門類修《大周通禮》的工作可能已經進行了一部分，這對王溥編撰《唐會要》應該會有幫助。

附：王溥著作目錄

1.《唐會要》一百卷

〔註50〕　（宋）王欽若：《冊府元龜》卷四七六《臺省部‧奏議七》，中華書局 1960 年版，第 5677～5691 頁。

〔註51〕　（宋）王欽若：《冊府元龜》卷五七○《掌禮部‧作樂》，中華書局 1960 年版，第 6856 頁。

〔註52〕　（宋）薛居正等：《舊五代史》卷一四五《樂志下》，中華書局 1976 年版，第 1937 頁。

2.《五代會要》三十卷

3.《周世宗實錄》（失傳）

4.《王溥集》二十卷（失傳）

5. 現存王溥詩文：

（1）和王仁裕詩（詳見上文「座主王仁裕」）

（2）王溥《自問詩》並序。（宋）洪邁《容齋三筆》卷九《馮道、王溥》，（宋）樂史《廣卓異記》卷四《宰相有二親》皆載王溥自序，可以互相補正（詳見上文王溥「個人愛好」）。

（3）《謝張翼詩》（詳見上文「詩友陶晟」）

（4）殘句一

（宋）樂史《廣卓異記》卷四《宰相有二親》記載，王溥在翰林時有詩云：「兩制職官三十客，自憐榮耀老萊衣。」

（5）《詠牡丹》

（清）厲鶚《宋詩紀事》卷二收錄了王溥兩首詩。一爲上文所述《謝進士張翼投詩兩軸》。一爲《詠牡丹》：「棗花至小能成實，桑葉雖柔解吐絲。堪笑牡丹如斗大，不成一事又空枝。」

《詠牡丹》是否王溥詩作，尚須存疑。筆者所見收錄此首《詠牡丹》的史籍中，年代最早的是北宋皇祐五年（1053 年）舉進士的吳處厚所撰《青箱雜記》卷七，其後阮閱《詩話總龜》卷二十《詠物門》等書，記載此詩作者時，都僅記爲「王文康公」。按，在《青箱雜記》成書之前，北宋已然有兩個「王文康公」。一個是王溥，王溥初謚文獻，《青箱雜記》成書之前早已改謚爲文康（詳見〔24〕）。一個是寇準之婿王曙，據《宋史》卷二八六《王曙傳》、《宋史》卷二一一《宰輔二》，王曙卒於景祐元年（1034 年），謚文康。則《詠牡丹》究竟是哪個「王文康公」所撰，尚須存疑。

第二節 《唐會要》的成書

就目前學界的研究狀況而言，有關《唐會要》的成書，主要有三個問題還需考察：一、關於《唐會要》成書的一些史實尚須釐清。二、《唐會要》在多大程度上繼承了《會要》和《續會要》？三、王溥進行了哪些創新性工作，進展到何種程度？

一、王溥《唐會要》的書名、編撰者

王溥所撰會要體史書的正式書名，以前有《唐會要》、《新編唐會要》、《續唐會要》〔註53〕等的爭議，從現在的研究成果來看，正式書名爲《唐會要》的說法更爲可信。〔註54〕

此外，筆者認爲《新編唐會要》、《續唐會要》等書名都屬於時人對《唐會要》的別稱。至少在兩宋時期，蘇冕《會要》四十卷、崔鉉《續會要》四十卷和王溥《唐會要》一百卷都並行於世，而在王溥《唐會要》成書以前，蘇冕《會要》和崔鉉《續會要》就經常被統稱爲《唐會要》。當需要將王溥《唐會要》與前兩部書區別開來時，時人採用了一些別稱。而有時爲求簡省，時人又將多部會要體史書通稱爲《會要》，宋代史籍稱引之《會要》者，有時指蘇冕《會要》，有時指崔鉉《續會要》，有時指王溥《唐會要》，有時又指宋朝本朝的《會要》，只能根據具體內容來判斷。

關於《唐會要》的編撰者，鄭明曾經提出：「《唐會要》不是個人撰著，以當時慣例推之，可能是由史館人員集體編修而成，王溥則領監修之功」，扈蒙、張澹等在周恭帝時入館修《周世宗實錄》的史官「都有參與編輯《唐會要》的可能性」。〔註55〕鄭明的上述結論根據的《續資治通鑑長編》等書的記載，其文稱《唐會要》爲「王溥等上」、「賜物有差」。筆者認爲，成書早於《續資治通鑑長編》的其他典籍大都稱《唐會要》爲王溥所撰，《唐會要》不是個人撰著的說法暫時不宜取信。

二、《唐會要》對《會要》、《續會要》的繼承

從全書總的體例來看，《唐會要》的門類設置分爲「卷—大的類目—子目」三級，共一百卷，554個子目，〔註56〕部分子目上設大的類目，共有9個大的類目；《唐會要》各子目下史事基本上按時間順序排列，大都反映的是同一類型典章制度的沿革；各子目下正文下間或插入單行、小字的注文；各子目下

〔註53〕《宋史》卷二〇七《藝文六》：「崔鉉《弘文館續會要》四十卷」，「蘇冕《古今國典》一百卷、又《會要》四十卷」，「王溥《續唐會要》一百卷」。
〔註54〕邢永革：《〈唐會要〉成書考略》，《古籍整理研究學刊》2004年第4期。
〔註55〕鄭明：《〈唐會要〉初探》，《中國唐史學會論文集》，三秦出版社1989年版，第170頁。
〔註56〕《唐會要》中分上下的子目統一記爲1目，各《雜錄》皆記入總數，卷七至卷十後人補輯部分不計。

有部分冠以「蘇氏曰」、「崔氏曰」的史論性文字；部分子目後或全卷後設《雜錄》或《雜記》，旨在收錄不便歸類的史事。而就目前的研究結果來言，《唐會要》無論是體例還是內容，皆有很大一部分繼承自《會要》、《續會要》。

（一）《唐會要》的大部分史料取自《會要》、《續會要》

由於《會要》、《續會要》的亡佚，考察《唐會要》的成書在多大程度上繼承了蘇冕《會要》和崔鉉《續會要》這一問題，首先只能在保存《會要》、《續會要》內容最多的《唐會要》本身去尋求答案。逐卷考察今本《唐會要》的目錄編次和各子目下的具體史事記載，有助於解答這一問題。

本文附錄「今本《唐會要》內容起止時間逐卷分析表」，以蘇冕《會要》大致的成書時間（貞元十九年至貞元二十一年，803～805 年）、崔鉉《續會要》載事的下限（大中六年，852 年）為界，統計《唐會要》各子目的截止時間，一些對考察《唐會要》成書情況有幫助的史料也一併列出，並作一定的分析。特別是《唐會要》中王溥有所增補的子目，該表則儘量都予列出，以便全面考察王溥所做的工作。由後人補作的卷七至卷十，該表則不作考察。從該表關於《唐會要》各子目以及其下內容的具體分析可見：

今本《唐會要》大部分內容集中在唐初至貞元二十一年（805 年）之間，大部分子目下都有唐初至貞元二十一年（805 年）的記載，大部分子目下貞元二十一年（805 年）以前的史料條數最多，敘事最詳。而且，除了標明引自《會要》的「蘇氏議曰」、「蘇氏駁曰」的 25 條史論性文字外，還有證據表明不少記載為《會要》原文。

今本《唐會要》中，貞元二十一年（805 年）至大中六年（852 年）的史料條數稍少於前段，但仍遠遠多於王溥所增補的史料，敘事也比較詳細。除了標明引自《續會要》的「崔氏曰」或「崔鉉曰」的文字外，也還有不少記載當為《續會要》原文。

今本《唐會要》中所載宣宗大中六年（852 年）以後的史料為王溥增補。在該表所列的 284 個子目中，只有 93 個子目載有大中六年（852 年）以後的史料事，約占 1／3，且大多寥寥數條，敘事極為簡略。由於該表原則上對於有大中六年（852 年）以後史事的子目儘量都予列出，而一些截止於大中六年（852 年）以前，且無相關線索有助於考察《唐會要》成書情況的，又未列入該表，如此一來，王溥增補（852 年）以後史事的子目在《唐會要》全部子目中實際所佔比例還會比 1／3 更低。

在瞭解宣宗大中六年（852年）以前的史事記載佔了今本《唐會要》大部分篇幅之後，進而需要考察這部分記載的來源。

鄭明認爲「王溥等人在編修《唐會要》時，除了續修宣宗以後事外，對前朝的內容也曾做了一些補充」。他的主要證據是《唐會要》卷六五《內侍省》：

> 唐制，內侍省，其官有內侍四人……玄宗在位，中官稍稍稱旨者，即授三品左右監門將軍，得門施榮戟。及李輔國從幸靈武，程元振翼衛代宗，遂至守三公，封王爵，干預國政。郭子儀北伐，遂立觀軍容宣慰使，命魚朝恩爲之，然自有統帥。亦監領而已。貞元之後，天子爪牙之士，悉命統之，於是畜養假子，傳襲爵土，跋扈之兆，萌于茲矣。而中外黨錮，恣爲不法，雖朝廷之令，漸不能制。文宗即位，以仇士良等威福任己，思漸除之，卒有李訓之敗。公卿輔相，赤族受禍。暨武、宣之際，閹豎輩嘗切齒于南衙官屬。光化中，昭宗授政于宰相崔胤，尤忌宦官……

鄭明認爲上述記載除了不稱「舊制」而稱「唐制」之外，還有兩條更重要的理由表明這個子目是王溥等所補寫：其一，此目體例和他處不一，敘舊制沒有放在每一類內容之首，其二，自「唐制」起，多爲痛斥宦官之語，蘇、崔等不敢直書，其言及宣宗以後事，蘇、崔更不能後知。〔註57〕

筆者認爲，上述理由都不能確證王溥增補了宣宗以前「故事」。唐代的朝官和儒士反對宦官專權的事例很多，蘇冕未必不敢言宦官之惡；宣宗朝南衙北司之爭也是比較激烈的，則崔鉉等人未必不敢直書。而且，王溥在編撰《唐會要》的時候，對取自《會要》、《續會要》的內容進行過文字上的處理，有時會用一些連接詞讓宣宗前後的內容渾然一體，看似出自同一人之手。

考察王溥是否增補過宣宗以前「故事」這個問題，須重視那些能夠同時看到《會要》、《續會要》和《唐會要》的兩宋學者留下的記載。從第一章列出的多條記載來看，那些學者都沒有提到王溥對宣宗以前「故事」有增補，鄭樵《通志》更是明確指出了王溥撰《唐會要》「起宣宗至唐末」，表明王溥沒有增補宣宗以前「故事」（詳見第一章「蘇冕《會要》的成書與會要體的創立」部分）。在對今本《唐會要》的逐卷考察過程中，筆者也尚未發現王溥新增宣宗以前「故事」的確證。

〔註57〕鄭明：《〈唐會要〉初探》，《中國唐史學會論文集》，三秦出版社1989年版，第171頁。

綜上，就目前掌握的證據來看，王溥新增宣宗以前「故事」的說法尚無確證，今本《唐會要》中宣宗以前的史料當取自《會要》、《續會要》。今本《唐會要》中，宣宗以前的史料又佔了全書大部分篇幅，則《唐會要》的大部分史料當取自《會要》、《續會要》。

（二）《唐會要》保留了《會要》門類的主體

如前兩章所述，蘇冕《會要》已經有了較爲完備的門類，崔鉉《續會要》的門類主要承襲自蘇冕《會要》。上文所言竇儼請依《會要》、《續會要》門類修《大周通禮》之事，明確反映出當時學者對《會要》門類的推崇，官方對依《會要》門類修「國典」的認可，乃至王溥本人對《會要》門類的合理性的肯定。將今本《唐會要》的逐卷分析結果，與已知的《會要》、《續會要》原文結合起來看，可以更清楚地看到王溥《唐會要》對蘇冕《會要》、崔鉉《續會要》門類的繼承。

今本《唐會要》門類的一大特色是設《雜錄》，收錄一些不便分類的史料。這是蘇冕《會要》的舊例。《玉海》卷二八《聖文·唐前代君臣事蹟》下有一則《續會要·宰相雜錄》的佚文，可見崔鉉《續會要》也設《雜錄》。今本《唐會要》繼承了《會要》、《續會要》設《雜錄》的做法。

今本《唐會要》還有一個顯著特徵，部分子目上設有大的類目。主要分佈情況見表3-1：

表3-1 《唐會要》類目分佈表

大的類目	卷	其下子目數量
《輿服》上、下	三一、三二	13
官號	五一	4
《省號》上下	五四、五五	9
《尚書省諸司》上下	五八、五九	75
《御史臺》上中下	六十至六二	14
《史館》上下	六三、六四	13
《選部》上下	七四、七五	10
《貢舉》上中下	七五、七七	15
《諸使》上中下	七七至七九	13

這9個大的類目下共有166個子目，今本《唐會要》共554個子目，也

就是說，今本《唐會要》有超過 30%的子目上設有大的類目。然而觀王溥新撰、約與《唐會要》同時成書的《五代會要》，其中絕大部分子目名稱與《唐會要》相同，但根本不設大的類目，可見按照王溥自己創設門類的習慣，他不會在各子目上設大的類目，今本《唐會要》所設大的類目，當爲《會要》、《續會要》原定。在《會要》、《續會要》原有的部分類目很可能已被王溥刪去的情況下，今本《唐會要》仍然有超過 30%的子目上設大的類目，可見王溥《唐會要》在較大範圍內保留《會要》、《續會要》原定門類。

再具體到各子目來看，由於《會要》、《續會要》的亡佚和相關史料的缺乏，像《唐會要》卷四六《封建》下有「崔氏曰：蘇冕所載《封建》篇」之語，可斷定《封建》一目乃蘇冕原定的情況比較難得，因此逐一尋找確證判定具體某個子目是否《會要》或《續會要》原定已不太可能。然而，今本《唐會要》絕大多數子目都包括了唐初至宣宗朝的史料，這些史料取自《會要》和《續會要》，而從會要體史書子目的命名原則來看，基本上是按其下記載的制度類型命名，由於記載的制度類型基本相同，王溥並無大量更改子目名稱的必要。即使王溥對《會要》的一些子目名稱有過修改，這些新定的子目名稱與《會要》、《續會要》原有的子目名稱差別也不會很大。

三、王溥編撰《唐會要》時的創新性工作

（一）釐定《唐會要》門類中的創新性工作

王溥釐定《唐會要》門類的主要創新性工作，在於新定一些子目、刪節或改易部分《會要》和《續會要》的舊目。

由於《會要》、《續會要》的亡佚和史料的闕如，甄別各子目是否王溥新定比較困難，可以確定的是，《唐會要》卷七八《諸使中·皇城使》這一子目下僅「天祐三年」一條史料，則此子目當爲王溥新定。王溥對《會要》、《續會要》子目名稱的刪節或改易也不容易有確證。邢永革曾提出：「《玉海》不止一處提到《會要·宰相雜錄》，是崔氏《續會要》原有《宰相雜錄》一門，今本《唐會要》皆未見，當爲王溥所刪。」〔註 58〕她所舉證的乃《玉海》卷二八《聖文·唐前代君臣事蹟》，其下記載了元和四年（809 年）七月，唐憲宗御製屏風以示宰臣李藩等人之事，下有小字注曰：

〔註 58〕邢永革：《〈唐會要〉成書考略》，《古籍整理研究學刊》2004 年第 4 期。

《會要·宰相雜錄》作三年七月宣示宰臣，非也。〔註59〕

　　由於所載乃元和年間事，《會要·宰相雜錄》當指崔鉉《續會要》。筆者考察今本《唐會要》，卷五一《官號·名稱》，起武德元年（618 年）迄大和四年（830 年），屬於《會要》、《續會要》載事的時間範圍，而此子目下的記載皆與宰相名稱的沿革有關。王溥應該是將《會要》、《續會要》原子目《宰相雜錄》改爲《名稱》。不過，從效果上講，王溥將《宰相雜錄》改爲《名稱》亦有不妥，很難讓人一目了然知其下所述史事類型。

　　對《會要》、《續會要》子目的改定，又直接牽涉到對《會要》、《續會要》原有史料的重新歸類。上述《玉海》所引原載於《續會要·宰相雜錄》下的憲宗以御製屏風示宰臣之事，見於今本《唐會要》卷五三《雜錄》，當是王溥將《宰相雜錄》改爲《名稱》後，又將原載於《宰相雜錄》之下，但與新定子目《名稱》無關的史料改隸其他子目。再如《唐會要》卷四六《封建》：

　　　　崔氏曰：蘇冕所載《封建》篇，蓋以貞觀初，太宗文皇帝嘗欲
　　　　法周、漢故事，分圭以王子弟，裂地以封功臣。諸儒議論紛紜，事
　　　　卒停寢，故有表疏可編。自後封諸王或王功臣，但崇以爵等，食其
　　　　租封而已。劉秩所云設爵無土，署官不職者也。今子弟功臣封爵者。
　　　　皆列之。

　　由崔鉉的議論知「封建」一目爲蘇冕《會要》原有。崔鉉曰其「故有表疏可編」，知蘇冕《會要》於「封建」一目當錄有諸儒議論之表疏。今《唐會要》「封建」一目僅載某年某月某日封某人爲王，未見任何表疏，應該是王溥對此目內容進行了較大的整理。而下一個子目《封建雜錄》分上下，止於開元八年（720 年），內容正好大都是議論封建的表疏，與崔鉉所稱蘇冕「封建」一目內容吻合，當是王溥編撰《唐會要》時，將蘇冕《會要》「封建」一目下的內容歸入「封建雜錄」。

　　以上是王溥在釐定《唐會要》時所做的創新性工作，王溥在進行這些創新性工作的過程中，又出現了一些問題。

　　今日所見之《唐會要》門類皆當經過王溥釐定，從今本《唐會要》來看，全書共 554 個子目，部分子目上面有大的類目名，部分則無，體例不統一。《唐會要》卷二六《皇太子冠》、《皇太子加元服》兩個子目重複設置，行冠禮即加元服。又如《雜錄》，王溥繼承了蘇冕《會要》的舊例設《雜錄》，但今本

〔註59〕（宋）王應麟：《玉海》卷二八《聖文》，廣陵書社 2003 年版，第 555 頁。

《唐會要》卷三十、卷三八、卷四一、卷五十等處又設《雜記》,《雜記》無論從性質還是名稱上講,皆與《雜錄》無甚區別,由是造成子目名稱不統一的問題。

再舉一例,《唐會要》卷十一《明堂制度》、卷十二《饗明堂議》和《廟制度》,其下所載皆是宣宗以前的史料,當取自《會要》、《續會要》。從子目設置來看,這三個子目也略顯重複,王溥將它們編入《唐會要》時,對於整齊門類也不是很重視,卷十二至卷十九記載「明堂」和「廟」的內容,卻又在卷十四插入不相關的《獻俘》一目。王溥《五代會要》只保留《廟制度》,並且《獻俘》一目移於《節日》之後,這在一定程度上可以看作王溥對《唐會要》門類的修正。

從王溥在釐定《唐會要》門類的過程中存在的問題來看,王溥雖然在釐定《唐會要》門類中進行了一定的創新性工作,但並不深入。

(二)對取自《會要》、《續會要》的史料進行整理

雖然王溥《唐會要》中唐初至宣宗朝的史料皆取自《會要》、《續會要》,但王溥對《會要》、《續會要》的史料並不是全盤照搬。《冊府元龜》、《資治通鑑》、《玉海》等書中,既有引自《會要》、《續會要》,又有引自《唐會要》,原因即在於王溥對取自《會要》、《續會要》進行了整理,使得《唐會要》的相關內容與《會要》、《續會要》相比已經互有短長,故治史謹嚴的司馬光等人撰書時將這三部會要體史書結合起來使用,互相補足。而就目前學界的研究成果來看,邢永革認為:「王溥對《會要》、《續會要》的整理,突出表現在對文字的整理上,刪繁就簡而又不影響文意是他的宗旨。」〔註60〕王世英將《玉海》卷四八《藝文·實錄》的一則「貞觀十七年七月十六日癸巳」的蘇冕《會要》引文、《玉海》卷四三《藝文·經解》的一則「長慶二年四月癸未」的《續會要》引文與今本《唐會要》進行對比,發現王溥刪去了《會要》原文中的干支紀日。〔註61〕

筆者認為,王溥對史料的取捨,部分情況如邢永革所言,刪繁就簡而又不影響文意。部分情況是,王溥有意刪掉了一些特定的內容,反映出王溥個人的編撰旨趣。例如,蘇冕《會要》中有部分虛誕怪妄之說,王溥在編撰《唐會要》時,對這部分內容進行了刪節。

〔註60〕邢永革:《〈唐會要〉成書考略》,《古籍整理研究學刊》2004年第4期。
〔註61〕王世英:《〈唐會要〉的編撰體例及其文獻價值》,安徽大學2007年碩士論文。

觀《東坡志林》卷五《太白山舊封公爵》所引《會要》佚文：

> 吾昔爲扶風從事，歲大旱，問父老境內可禱者，云：「太白山至
> 靈，自昔有禱無不應。近歲向傳師少師爲守，奏封山神爲濟民侯，
> 自此禱不驗，亦莫測其故。」吾方思之，偶取《唐會要》看，云：「天
> 寶十四年，方士上言太白山金星洞有寶符靈藥，遣使取之而獲，詔
> 封山神爲靈應公。」吾然後知神之所以不悅者，即告太守遣使禱之。
> 若應，當奏乞復公爵，且以瓶取水歸郡。水未至，風霧相纏，旗幡
> 飛舞，彷彿若有所見。遂大雨三日，歲大熟。吾作奏檢具言其狀，
> 詔封明應公……〔註62〕

在今本《唐會要》中，只有卷四七《封諸嶽瀆》的記載與此事相關：

> （天寶）八載閏六月五日敕文，封太白山爲神應公，其九州鎮
> 山，除入諸嶽外，並宜封公。

雖然《東坡志林》所記「天寶十四年」與今本《唐會要》所稱「天寶八
載」出入頗大，「靈應公」與「神應公」也不一致，但祀神祈雨之事在當時人
看來是相當嚴肅的事情，蘇軾還就此事上奏朝廷爲太白山神乞封，〔註63〕則
不可能《唐會要》實無關於唐玄宗遣使取寶符靈藥、封山神的記載，而蘇軾
妄言取自《唐會要》。然而今本《唐會要》僅存玄宗封太白山神的記載而無遣
使取寶符靈藥之事，則蘇軾所言《唐會要》當爲蘇冕《會要》，王溥在編撰《唐
會要》之時，對蘇冕《會要》的一些虛妄怪誕之語作了刪節。

王溥對取自《會要》、《續會要》的史料進行整理的過程中，也出現了一
些問題。

其一，行文風格不統一。「皇朝」、「國朝」等字眼散見於今本《唐會要》
各卷，這表明王溥編撰《唐會要》時，常直接鈔錄唐人撰述而未加整理。雖
然從蘇冕《會要》已經確立取法《春秋》的編撰方式，基本史實皆鈔錄舊史、
不加改動，因這樣的編撰方式而造成行文風格不統一，嚴格來講也並不是缺
陷。但王溥作爲宋人對所編史籍《唐會要》中部分「皇朝」，「國朝」等字眼
不加修改，還是不妥當的。〔註64〕這些字眼修改起來並不費工夫，卻頻繁出

〔註62〕 （宋）蘇軾：《東坡志林》卷五《太白山舊封公爵》，《景印文淵閣四庫全書》
　　　　 第863冊，第52～53頁。

〔註63〕 （宋）蘇軾：《東坡全集》卷六六《奏議九首·代宋選奏乞封太白山神狀》，
　　　　 中華書局1981年版，第57頁。

〔註64〕 即如《唐會要》卷五九《主客郎中》：「隋爲司蕃郎。皇朝爲主客郎中。」《唐

現在《唐會要》中，表明王溥對取自《會要》、《續會要》的史料的整理並不細緻。

其二，繫時體例不統一。如上所述，王溥在整理史料的過程中刪去了《會要》、《續會要》舊有的干支紀日，王溥《唐會要》通用的繫時方法是年號紀年、數字紀月、數字紀日。但《唐會要》極少數的記載中，仍然有干支紀日，例如《唐會要》卷四四《螟蝛》：

> （開元四年）八月二十四日己卯，敕河南河北檢校殺蝗蟲使狄
> 光嗣、康瓘、敬昭道、高昌、賈彥璿等，宜令待蟲盡，看刈禾有次
> 序，即入京奏事。

這些被保留下來的干支紀日，應該是王溥整理史料時並未貫徹繫時體例的統一，亦或一時疏忽。

其三，今本《唐會要》的史料錯誤頗多，相當一部分是王溥在編撰《唐會要》時出現的錯誤（參見第六章「《唐會要》原稿有誤」）。致誤的原因之一就在於，王溥對取自《會要》、《續會要》的史料沒有加以考辨，以訛傳訛。

從上述史料中存在的問題來看，王溥對史料的整理也不是很深入，有倉促之嫌。

（三）新編入宣宗至唐末的史事

王溥新編宣宗至唐末史事已經眾所周知，無須詳考。但有兩個問題值得注意：

其一，從今本《唐會要》的內容來看，屬於王溥新增部分的史事條數最少，敘事也比較簡略。這固然是因為經過唐末、五代的亂世，至王溥編撰《唐會要》時，史料來源比較缺乏，但不可否認，就史料數量而言，《唐會要》所載史事大部分來自於《會要》和《續會要》，王溥的貢獻要少於《會要》和《續會要》修撰者。而就史料價值而言，傳世文獻中，記載宣宗朝至唐末的史籍較少，很多極有價值的史料賴《唐會要》保存了下來，王溥於此功不可沒。

其二，《唐會要》出現的三條「議曰」並非王溥自己的議論。〔註65〕《唐

會要》卷六八《刺史上》：「（元和三年）國朝舊制，凡命都督刺史，皆臨軒冊命。」這些稱「皇朝」、「國朝」之處，皆非引文，王溥作為宋人而不加修改，未為允當。

〔註65〕朱仲玉《王溥和會要體史書》（《晉陽學刊》1985 年第 6 期）中認為這些「議

會要》卷二十《公卿巡陵》和卷三二《輿服下·戟》這兩條「議曰」都是王溥鈔自唐昭宗朝李涪《刊誤》而未注明出處（詳見「附錄」）；另一條「議曰」在卷七，此處應該是後人據《舊唐書》和《文苑英華》等書增補。除了這三段「議曰」之外，《唐會要》中還有一些文字，看似撰者自論，實際上也是鈔自它書而未表明出處。即如《唐會要》卷三十六《氏族》，此目之首有一段文字，帶有序言或總敘的性質，稱：

> 氏族者，古史官所記。故官有世胄，譜有世官。過江則有僑姓，王、謝、袁、蕭為大；東南則有吳姓，朱、張、顧、陸為大；山東則有郡姓，王、崔、盧、李、鄭為大；關中亦號郡姓，韋、裴、柳、薛、楊、杜為大；代北則有虜姓，元、長孫、宇文、于、陸、源、竇為大。各於其地，自尚其姓為四姓。今流俗相傳，獨以崔、盧、李、鄭為四姓。加太原王氏為五姓，蓋不經之甚也。

這段文字看似撰者自論，實則取自他人。《新唐書》卷一九九《柳沖傳》記載了唐肅宗朝史官柳芳論氏族之言語：

> 氏族者，古史官所記也……故官有世胄，譜有世官……過江則為「僑姓」，王、謝、袁、蕭為大；東南則為「吳姓」，朱、張、顧、陸為大；山東則為「郡姓」，王、崔、盧、李、鄭為大；關中亦號「郡姓」，韋、裴、柳、薛、楊、杜首之；代北則為「虜姓」，元、長孫、宇文、于、陸、源、竇首之……今流俗獨以崔、盧、李、鄭為四姓，加太原王氏號五姓，蓋不經也。

曰」乃王溥所議：「今本《唐會要》在記載史事後的議論共二十九條，其中標明屬於蘇氏的二十三條，標明崔氏的二條，標明『劉秩《政典》曰』的一條，其他三條僅標『議曰』而無姓氏，當是王溥自己的議論。卷七於貞觀十一年記封禪條後的『議曰』，引用了《顏師古傳》，這當是指《舊唐書·顏師古傳》，蘇冕、崔鉉都是唐朝人，不可能看到五代時修成的《舊唐書》，所以這條「議曰」必是王溥所議。卷二十『公卿巡陵』目於記載長慶元年條後的『議曰』，按時間說在蘇冕以後，不可能是蘇冕所議，長慶元年雖屬崔鉉記載的範圍，但未標崔的姓氏，也不像是崔氏所議，而應是王溥的議論。卷三二『戟』目於記載天祐四年事後的『議曰』，時間已在崔鉉之後，那就必定是王溥的議論了。王溥的議論一直議及貞觀、長慶年間之事，說明他不是只續了宣宗以後的史事，而是對蘇、崔之書做過一番仔細的整理抉擇、去粗存精、重新編定工作的。」朱仲玉該文在論證王溥堪稱會要體史書實際創始人時候提出兩方面的理由，王溥撰「議曰」被當作其中一方面理由的主要論據，論據有誤。

　　（宋）馬永易《實賓錄》卷三《四姓、五姓》所載「唐柳芳論姓氏曰」〔註66〕也與《新唐書》略同。《新唐書》和《實賓錄》雖然成書在王溥《唐會要》之後，但他所記載的唐肅宗朝史官柳芳言論與上述《唐會要》卷三六《氏族》的那段議論完全相符，《唐會要》當引自柳芳言論，但未注明出處。

　　上述《唐會要》未書論者姓名，而可考其節錄自它書的地方已有不少，由於史籍亡佚，無法考其出處的當有更多。所以對於王溥《唐會要》部分評論性文字是否出自王溥之手需要仔細考察，則王溥在編撰《唐會要》中的創造性勞動相對而言又少了一些。

第三節　《唐會要》的成書與會要體史書的發展

一、王溥《唐會要》成書的意義

　　兩宋學者的記載中曾經評價過《唐會要》成書的意義。北宋神宗朝史官王珪《進國朝會要表》云：

> 唐有天下逾三百年，制度文章可謂盛際，正元間蘇冕始為唐會要，其後崔鉉續之，王溥復加補綴，而一代之典修矣。〔註67〕

南宋寧宗朝章如愚《群書考索續集》卷十六《諸史門・會要》云：

> 日曆始於唐，時政記始於唐，玉牒、實錄亦始於唐，史之有會要，其亦自唐始乎？有唐會要，蘇冕創之，崔鉉續之，至于宋朝王溥而後成之，嗟夫，此一代之典耳，人更三手，世歷數代，而其書始就緒。甚矣，會要之難成也。宋朝之會要，慶曆三年以上王洙修之，熙豐間王珪續之，亦既續之矣，而洙之所修又取而增損焉……紹興天子（宋高宗）嘗曰：「會要，祖宗故事之總轄，不可闕也。」……
> 〔註68〕

章氏將「會要」作為與「日曆」、「時政記」、「玉牒」、「實錄」並稱的一

〔註66〕　（宋）馬永易：《實賓錄》卷三，《景印文淵閣四庫全書》第 920 冊，第 322 頁。

〔註67〕　（宋）王珪：《華陽集》卷四四《進國朝會要表》，《叢書集成初編》，中華書局 1991 版，第 94 頁。

〔註68〕　（宋）章如愚：《群書考索續集》卷十六，《景印文淵閣四庫全書》第 938 冊，第 224 頁。

種史書，其所言史之有「會要」始於唐，承認了蘇冕《會要》首創會要體史書之功。章氏把唐朝「會要」的修撰情況和宋朝「會要」多次接續修撰的情況相提並論，感歎「會要」難成。章氏認爲作爲唐朝「一代之典」的唐「會要」，「人更三手，世歷數代」，至王溥終於完備，亦即王珪所言「一代之典修矣」。

蘇冕《會要》、崔鉉《續會要》和王溥《唐會要》實際上共同構成了作爲唐朝「一代之典」的「會要」。由於對「會要」和《會要》不加區別，或有將蘇冕《會要》、崔鉉《續會要》和王溥《唐會要》看成同一部會要體史書的三個發展階段，認爲至王溥《唐會要》成書，會要體史書方創立。實際上，從王溥《唐會要》的成書詳情來看，《唐會要》雖然主要是在繼承《會要》、《續會要》的基礎上成書的，但王溥也進行了一定程度的創新性工作，經過王溥的整理，即使在唐初至宣宗朝這一相同的敘事時間斷限之內，《唐會要》有關的史事記載和《會要》、《續會要》相比也有所不同。《會要》、《續會要》、《唐會要》至少在兩宋時期，都還各自行世。基於這些事實，應該將《會要》、《續會要》、《唐會要》分別看成三部會要體史書，而不是同一部書的三個發展階段。按照時序而言，蘇冕《會要》、崔鉉《續會要》、王溥《唐會要》，是最早的三部會要體史書。蘇冕《會要》的成書是會要體史書創立的標誌。《唐會要》則是第一部完整反映一個歷史朝代由始至終的典章制度沿革的會要體史書。

二、從蘇冕《會要》到《唐會要》體例和編撰思想的變化

從蘇冕《會要》的成書（唐德宗貞元十九年至貞元二十一年之間，803～805 年），到王溥《唐會要》的成書並進獻於朝（宋太祖建隆二年，961 年），事隔將近一百六十多年，世異時移，與蘇冕《會要》相比，王溥《唐會要》從體例到編撰思想都已經有所變化。

朱仲玉《王溥和唐會要》一文中在論證王溥堪稱會要體史書的實際創始人時，提到的理由除了「論曰」乃王溥所撰之外，還有另一方面的理由：「今本《唐會要》從帝號開篇，以四夷終卷（《五代會要》亦同），基本上仿傚正史的安排，但是書的細目只按內容分條而不立大類，分卷只以內容相近的合成一卷，大多數不標卷目。這種做法不像是唐朝人編書的習慣，更不像是聲言要學習《春秋》的蘇冕做的。這種自由散漫的體例，只可能是唐以後經過亂世的人才會這樣做。這是時代風氣使然，明眼人一眼就能看破。再從編撰

思想上看，蘇冕之書原是重視『理道』原則的，崔鉉之書是官修書，當然更要重視『理道』原則，可是王溥的《唐會要》對此似乎是不甚重視的。」朱仲玉關於《會要》、《唐會要》在分目以及重視「理道」方面存在差異的分析是符合史實的。

　　從編撰思想看，王溥《唐會要》的確沒有像蘇冕《會要》那樣效法《春秋》、重視「理道」原則。這是由《唐會要》成書的時代背景決定的。五代長期處於分裂狀態，朝代更迭頻繁，人們對於盡忠、守節的觀念比較淡薄，儒家的正統觀念在這樣的亂世中也不像在長期處於統一局面的朝代那樣有影響。蘇冕在安史之亂後總結國家衰敗的原因，自然希望避免後宮、外戚或藩鎮之禍，匡振李唐正統，對於亂臣賊子，蘇冕欲效法《春秋》之褒貶。對於王溥而言，他歷事後周、北宋為宰相，自己就受到士論非議；他的主上宋太祖趙匡胤更是以一種不怎麼光彩的手段自周世宗遺下的孤兒寡母手中奪取了帝位，因此《會要》、《續會要》裏面的正統觀念、鑒戒意義在王溥編撰《唐會要》時被弱化。

　　在今本《唐會要》中，標明為「蘇氏」或「蘇冕」所議的有 25 條，集中反映出蘇冕維護正統皇權，尊王、攘夷、鑒戒、垂訓的思想，崔鉉也有兩條性質類似的議論。王溥《唐會要》從門類到內容都繼承了《會要》、《續會要》的主體，對於《會要》的「蘇氏曰」、《續會要》的「崔鉉曰」卻完全沒有傚仿之意，表明他對此不予重視。如前所述，王溥的主旨是編撰一部完備的唐朝典章制度專書，供官員們處理政務時尋檢。

　　與蘇冕《會要》相比，王溥《唐會要》的另一大變化是分目更細，體例散漫。從功能來看，精當的門類雖然更體現「理道」的原則，但部分不便歸類的史料就難免被捨棄。與蘇冕《會要》同時代的杜佑《通典》門類堪稱精當，但《通典》的缺點之一就是保存的唐代典章制度不夠全面。蘇冕《會要》分目細於《通典》，這樣更有利於保存史料。蘇冕鈔錄舊史原文時，已經明顯表現出對保存史料原始面貌的重視，蘇冕將史事中無可隸者歸入《雜錄》也體現了他對全面保存史料的重視。王溥《唐會要》比蘇冕《會要》分目更細，王溥《唐會要》在保留蘇冕《會要》門類主體的同時，還新定了一些子目。像王溥《唐會要》這樣的分目方式，雖然繁瑣且有失精當，但顯而易見的好處在於更便於全面保存史料，更利於反映唐朝典章制度全貌。這樣的分目方式也印證了《唐會要》的編撰主旨。大概因為主要不是出於學術研究的目的，

而是供官員尋檢唐制之用，王溥《唐會要》不少鈔自它書的地方，並沒有注明出處，行文風格不統一的現象比較普遍，這應該是王溥鈔錄《會要》、《續會要》和其他史籍原文時，未多加整理之故。

總的來看，《會要》、《續會要》和王溥《唐會要》這三部「會要」體史書的體例和編撰思想都是不盡相同的。謝保成在《中國史學史》導言〔註69〕將史學的主要功用總結爲「鑒戒」、「垂訓」、「經世」、「通變」，以是觀之，《會要》、《續會要》與《唐會要》對於這四種功能都是有涉及的。《會要》、《續會要》的門類當更謹嚴，更看重正統或曰理道，「鑒戒」、「垂訓」的意味更濃；王溥《唐會要》門類更散漫繁瑣，更利於保存史料，典章制度的細微處也儘量錄入，但對「鑒戒」、「垂訓」關注較少。再言「通變」，王溥在繼承和整理《會要》和《續會要》的基礎上，續以宣宗之唐末之事，撰成的《唐會要》會通整個唐代的典章制度，《續會要》的撰者們卻沒有對《會要》進行類似的整理，會通唐初至宣宗朝制度，從這一點講，王溥在通唐代之變上還是有功績的。

〔註69〕謝保成《中國史學史》導言（商務印書館 2006 年版，第 30～32 頁）：「鑒戒」，傳統史學的主體，以帝王爲主要勸誡對象：「垂訓」，把歷史作爲向民眾訓導和宣傳的工具；「經世」，《莊子·齊物論》有「春秋經世，先王之志」的提法，至唐德宗時杜佑撰《通典》，從「探討禮法刑政」入手，與鑒戒、垂訓不同，強調從歷史過程本身或現存體制中探尋爲政救弊之道；「通變」，即司馬遷提出的「通古今之變」。

第四章　會要體史書的發展

第一節　王溥《五代會要》的成書

　　除了《唐會要》以外，王溥還編撰了另一部會要體史書《五代會要》。此書頗受後世重視，其成書詳情和成書意義略見於四庫館臣所撰《五代會要》〔註1〕提要：

> 五代干戈俶擾，百度凌夷，故府遺規多未暇修舉。然五十年間法制典章具於累朝實錄，溥因檢尋舊史，條分件係，類輯成編，於建隆二年與《唐會要》並進，詔藏史館。後歐陽修作《五代史》僅列《司天》、《職方》二考，其他均未之及……微溥是編亦無由訂歐史之謬也。蓋歐史務談褒貶，爲春秋之遺法，是編務核典章，爲周官之舊例，各明一義，相輔而行，讀五代史者又何可無此一書哉。

　　四庫館臣稱《五代會要》於建隆二年（961年）與《唐會要》並進，宋代史籍關於對王溥進獻《五代會要》的時間另有他說：一、建隆初，《郡齋讀書志》卷十四《五行類》稱《五代會要》三十卷，「建隆初上之」。《唐會要》進於建隆二年正月，《郡齋讀書志》所言「建隆初」不應早於建隆二年正月。二、乾德元年（963年），《續資治通鑑長編》卷四《太祖》稱：

> （乾德元年七月）監修國史王溥又上新修梁、後唐、晉、漢、周《五代會要》三十卷。

　　乾德元年七月，王溥的確帶「監修國史」銜，《續資治通鑑長編》的記載

〔註1〕（宋）王溥：《五代會要》，上海古籍出版社2006版。

沒有明顯的問題，但與它書的記載相差兩年之多，孰是孰非，暫且存疑。

從體例來看，《五代會要》分三十卷，各卷下設子目，各子目之上不設大的類目。部分子目分上下，間或設《雜錄》以收錄不便歸類的史事。各子目下正文下間或插入單行、小字的注文。

與《唐會要》相比，《五代會要》既有因襲《唐會要》之處，又有明顯的差異，這些都主要表現在門類設置上。一方面，《五代會要》各子目名稱絕大部分因襲自《唐會要》。今本《五代會要》共 273 個子目，筆者將在《唐會要》中找不到對應的名稱或意思相近者，皆先歸入新增的範圍，約有入閣儀、開延英儀、太寧宮、長春宮、廟樂、漏刻、金吾衛、屯衛、城門郎、金鑾殿學士、端明殿學士、司門、開封府、大名府、附甲、樞密使、建昌宮使、宣徽使、諸道節度使軍額等不足 20 個子目是新增的。《五代會要》對《唐會要》原子目稍作修改的約有 32 個子目，即如將《唐會要》中《榷酤》改稱《麴》，將《唐會要》卷七九至卷八十諡法部分的 5 個子目統稱《諡》。《五代會要》中其餘的 220 多個子目都是《唐會要》舊有。

另一方面，王溥在因襲《唐會要》絕大部分子目的同時，也對少部分子目進行了調整，主要分為三種情況：

其一，調整子目之間的排序。《五代會要》中因襲自《唐會要》卷一至卷七一的子目大致還保留了《唐會要》中原有的排列順序，因襲自《唐會要》卷七二至卷八三的京城諸軍、諸衛、都護府、貢舉、諸使、諡法等子目則被散入各卷。例如，原《唐會要》卷七二《京城諸軍》、《軍雜錄》、《馬》、卷八二《當直》、《休假》、《醫術》等子目被提前，與卷四三至卷五十的部分子目並為一卷（《五代會要》卷十一）。不過，這樣的調整並沒有使得《五代會要》的門類比《唐會要》更嚴謹，《五代會要》同一卷次、同一子目之下，內容各不相干者仍然比比皆是。

其二，《五代會要》對《唐會要》部分子目做了一些整合。即如《唐會要》的《吏部尚書》、《吏部侍郎》、《吏部郎中》、《吏部員外郎》，《五代會要》僅設《吏部》一目以囊括之。

其三，《五代會要》也細化了一些子目。即如，《唐會要》將公主的婚禮歸入卷六《公主》之下，《五代會要》卻析為《公主》、《婚禮》兩個子目。

與《會要》、《續會要》和《唐會要》相比，《五代會要》在門類設置上還有一個明顯的變化，即不設大的類目。蘇冕初創《會要》時，至少部分子目

上設有大的類目，王溥編撰《唐會要》的時候也部分保留了這些大的類目名，至王溥新撰《五代會要》之時，則完全擯棄了源自蘇冕《會要》的這一舊例。

　　從史料學的角度來看，典籍的門類設置越精簡，門類內在的邏輯性越強，對門類與其下所載內容名實相符的程度要求越高，部分史料因為不能確切歸入某一門類而被撰者捨棄的情況就會越多；相反，門類設置越繁瑣、門類內在的邏輯性越弱、越散漫，雖然有失精當、難以體現「理道」，會削弱該書的思想深度和理論價值，但卻能減少史料因為不能確切歸入某一門類而被撰者捨棄的情況，收錄更多、更細微的史料。綜合上述《五代會要》門類設置的特徵來看，雖然《五代會要》在因襲《唐會要》門體的同時，也做了一些調整，但這些調整並沒有使《五代會要》的門類比《唐會要》更嚴謹，甚至他在將一些子目整合「化繁為簡」和將一些不是那麼有必要細化的子目拆分「化簡為繁」上面還表現出不一致的思路，這些表明王溥並無意多花工夫在整齊門類上。而《五代會要》的門類設置雖有些過於繁瑣、不嚴謹，但的確更便於全面保存史料。王溥新撰的《五代會要》不設大的類目就更加反映出王溥真實的撰史意圖。倘若說蘇冕在《會要》中設大的類目或許還有整齊門類、追求「理道」之義，王溥編撰《五代會要》的主旨則完全在於全面考察五代典章制度，便於為朝臣處理政務提供參考。《五代會要》門類的擬定主要也是為這樣的編撰主旨服務，旨在收錄更多、更細的五代典章制度資料。

　　除了門類設置的差異外，《五代會要》在對史論性文字的處理上還與前幾部會要體史書也有所不同。蘇冕《會要》中的「蘇氏曰」、崔鉉《續會要》中的「崔氏曰」都是編者自撰的史論性文字。王溥《唐會要》保留了部分蘇冕、崔鉉等人的議論，卻沒有王溥自撰的史論性文字。至王溥新撰《五代會要》之時，也沒有效法前人撰寫史論性文字。蘇冕、崔鉉等人的史論性文字中帶有強烈的鑒戒史學色彩，在王溥《唐會要》、《五代會要》中越來越弱化。

　　總的來看，從蘇冕《會要》、崔鉉《續會要》到王溥《唐會要》再到王溥《五代會要》，是會要體史書形成和發展最重要的階段，會要體史書這種史書體裁基本定型。

　　首先，會要體史書細緻、甚至顯得有些繁瑣的門類設置方式被基本固定下來。《五代會要》與《會要》、《續會要》、《唐會要》都是按照其下記載的制度類型給各子目命名，分目極為細瑣。王溥《唐會要》門類的主體已然繼承自《會要》和《續會要》，至王溥新撰《五代會要》之時，絕大部分子目仍然

因襲《唐會要》，這種情況表明王溥對於前幾部會要體史書細緻、甚至顯得有些繁瑣的門類設置是完全認可的。從蘇冕《會要》到崔鉉《續會要》，再到王溥《唐會要》和《五代會要》，這種細緻的門類設置方式就被基本固定下來，成爲會要體史書的一大特徵。這樣的門類設置方式便於收錄更多、更細的史料，相對而言，旨在全面反映一朝典章制度沿革的會要體史書也更適合採用這樣的門類設置方式。

其次，由蘇冕所撰的第一部會要體史書《會要》四十卷到王溥《唐會要》、《五代會要》，會要體史書的體例和編撰思想已經發生了不小的變化，這種變化在《唐會要》中已經存在，在《五代會要》中表現得更明顯。《五代會要》中不重視史論性文字的撰寫，也不注重整齊門類，表明王溥的編撰旨趣主要不在於勸誡皇帝、垂訓世人、探求「理道」，而是全面考察五代典章制度，爲朝臣處理政務提供參考。這樣一來，蘇冕《會要》和崔鉉《續會要》的體例和編撰思想大致相若，王溥《唐會要》、《五代會要》的體例和編撰思想基本一致，而蘇冕《會要》、崔鉉《續會要》與王溥《唐會要》、《五代會要》的體例和編撰思想卻存在著相當的差異。

第二節　唐、五代《會要》對後世會要體史書的影響

根據其記載的朝代，蘇冕《會要》、崔鉉《續會要》、王溥《唐會要》和《五代會要》可以統稱爲唐、五代《會要》。唐、五代《會要》之後的會要體史書，大致可分爲官修和私撰兩種類型，它們是在繼承和突破唐、五代《會要》的基礎上成書的。

一、唐、五代《會要》之後的官修會要體史書

唐、五代《會要》中，只有崔鉉《續會要》是官修的，官修會要體史書即肇始於崔鉉《續會要》。至宋朝，官修本朝《會要》則成爲會要體史書修撰的主流。據王雲海考證，宋代從天聖八年（1030年）詔修《慶曆國朝會要》，至淳祐二年（1242年）《寧宗會要》第四次進書，凡213年，所修《會要》總計三千餘卷。〔註2〕這些《會要》被通稱爲《宋會要》。在宋、元、明、清諸

〔註2〕王雲海：《王雲海文集·宋會要輯稿研究》，河南大學出版社2006年版，第26頁。

會要體史書中，史學價值最高的就是宋朝官修的《宋會要》。目前學界對於《宋會要》的研究已經相當深入。王雲海《〈宋會要輯稿〉研究》〔註3〕和陳智超《解開〈宋會要〉之謎》〔註4〕這兩本專著是其中的集大成者。

《宋會要》之所以具有這麼高的史學價值，主要是因爲宋朝朝廷對於官修本朝《會要》十分重視。宋朝將編修《會要》置於與編修《日曆》、《實錄》和《國史》並重的高度，在秘書省分別置局，以宰臣提舉。秘書省下屬編修《會要》的機構當時稱會要所，朝廷的一些資料還優先提供給會要所。王雲海曾經考察過《宋會要》的史料來源，他指出：編纂《會要》根據的資料十分豐富，已修成的《日曆》、《實錄》、《國史》都是編修《會要》時採用的文獻。此外，朝廷還十分重視調集各級政府的重要檔案，直接從第一手材料中採錄，各級政府不能按要求報送檔案的，還會受到懲處。〔註5〕

宋朝朝廷對修《宋會要》的重視是因爲他們看到了會要體史書在現實政治中的作用。《會要》、《續會要》、《唐會要》和《五代會要》成書後，經常成爲朝臣奏事或朝廷制定法令的依據，宋朝君臣的有關言論也反映出宋朝官修《宋會要》的主要目的就是爲現實政治提供參考。即如宋人王應麟所言：

> 若夫國有大典，朝有大疑，於是稽以爲決，操以爲驗，使損益廢置之序，離合因革之原，不待廣詢博考，一開卷而盡見，此會要之書所以不可廢也。會要之書，典故盡在，所以彌縫律令之闕，相爲表裏。〔註6〕

從王應麟的論述中還可以看出，會要體史書之所以能在現實政治中起到決驗大典、大疑的作用，主要基於會要體史書，尤其是官修會要體史書所具有的兩大特色：其一，全面、詳實記載「損益廢置之序，離合因革之原」，處理朝政需要援據舊有典章制度時，可以「不待廣詢博考，一開卷而盡見」，使用起來十分方便。其二，會要體史書有「律令」所不載的「典故」。「律令」指的是成文的法典，這些法典不記法律的沿革變化情況，也不會記載一些相關的事件（「典故」），會要體史書則不然，雖然會要體史書也大量鈔錄法律條文，但會要體史書一般還會詳細敘述一些相關事件的始末。因此現有法律不

〔註3〕王雲海：《王雲海文集・宋會要輯稿研究》，河南大學出版社2006年版。
〔註4〕陳智超：《解開〈宋會要〉之謎》，社會科學文獻出版社1995年版。
〔註5〕王雲海：《王雲海文集・宋會要輯稿研究》，河南大學出版社2006年版，第24～26頁。
〔註6〕（宋）王應麟：《玉海》，廣陵書社2003年版，第977頁。

－93－

及之處，後人可以借鑑會要體史書中的一些「典故」來處理當前政事，也可以根據會要的記載，將一些僅屬「典故」的處置政事的方法，寫入正式的國家律令當中，不斷完善現有律令，如此一來，會要體史書的確能起到彌補律令之闕、與律令相為表裏的作用。

除了宋朝官修《宋會要》之外，與宋朝對峙的少數民族政權金朝也有官員曾提議官修金朝《會要》，據《金史》卷一○六《張暐傳》附《張行簡傳》，金章宗朝太常博士張行簡曾上書請官修金朝《會要》，其文稱：

> 今雖有國朝《集禮》，至於食貨、官職、兵刑沿革，未有成書，乞定《會要》，以示無窮。

查史籍並無金朝《會要》成書的記載，估計張行簡的建議並沒有被採納。

元朝也有官修的會要體史書，名雖為《經世大典》，實質就是元朝《會要》。據《續文獻通考》卷一四一《經籍考》記載，元文宗天曆二年（1329 年）九月，「敕翰林國史院官同奎章閣學士，採輯本朝典故，準唐、宋《會要》著為《經世大典》」，「繼又命趙世延、趙世安領纂修《經世大典》事」，至順二年（1331 年）四月《經世大典》成書。《進〈經世大典〉表》〔註7〕中可見修《經世大典》的目的和《經世大典》的卷數：

> 堯舜之道，載諸典謨；文武之政，佈在方冊。道雖形於上下，政無間於精粗。特於紀錄之間，足見彌綸之具。是以秦漢有掌故之職，唐宋有會要之書，於以著當代之設施。於以備將來之考索。……謹繕寫《皇朝經世大典》八百八十卷，目錄十二卷，公牘一卷，纂修通議一卷，裝潢成帙，隨表以聞，伏取裁旨。

《經世大典》的修撰詳情則見於《元史》卷一八一《虞集傳》：虞集學問「博恰」，與中書平章政事趙世延同為修《經世大典》總裁。在修《經世大典》的過程中，由於「累朝故事有未備者」，虞集「請以翰林國史院修祖宗實錄時百司所具事蹟參訂」以及「以國書《脫卜赤顏》（《蒙古秘史》）增修太祖以來事蹟」，這兩個建議都遭到否決，原因是「實錄法不得傳於外，則事蹟亦不當示人」，而《脫卜赤顏》也「非可令外人傳者」。

此前的《唐會要》、《宋會要》等會要體史書都有大量的內容取自本朝實錄、國史，虞集的建議被否決，使得《經世大典》的史料來源遠不及《唐會

〔註7〕（元）歐陽玄：《圭齋文集》卷十三《詔表》，《景印文淵閣四庫全書》第1210冊，第149頁。

要》、《宋會要》豐富，但在元朝已屬規模空前。

明、清兩朝也很重視官修典章制度專書，明初即有官員建議依《會要》官修典章制度專書。詳見《明太祖實錄》卷七七：

> （洪武五年十二月）庚辰，禮部尚書陶凱言：「漢、唐、宋皆有《會要》，紀載時政，以資稽考。今起居注紀言紀事，藏之金匱，是爲實錄。凡諸欽錄聖旨及奏事簿籍，紀載時政，可以垂法後世者，宜依《會要》編類爲書，使後之議事者有所考焉⋯⋯」俱從之。〔註8〕

不過，史籍未見陶凱建議依《會要》編類的書修成的記載。

至於《明會典》和《清會典》，雖然同爲記載一朝典章制度的專書，但會要體和會典體應當看作不同的史書體裁。筆者贊成周少川的意見：「《明會典》和《清會典》是將當時制定的原文件彙集成冊，並附有關事例，有如條律彙編，與專述典章沿革的會要，在性質上已有所不同。」〔註9〕

二、唐、五代《會要》之後的私人所撰會要體史書

唐、五代《會要》之後的私撰會要體史書，首推南宋徐天麟所撰的《西漢會要》和《東漢會要》。

徐天麟，字仲祥，開禧元年（1205 年）進士，曾任奉議郎、武學博士。〔註10〕徐天麟《西漢會要》進於宋寧宗嘉定四年（1211 年），〔註11〕全書七十卷，設 15 個大的類目，共 367 個子目。《西漢會要》的內容都來源於廣爲流傳的班固《漢書》，徐天麟把分散於《漢書》各處的典章制度集中起來，分門別類並注明出於《漢書》何處，方便後人尋檢。宋理宗寶慶二年（1226 年），徐天麟又進《東漢會要》，〔註12〕全書四十卷，仍然分爲 15 個大的類目，其下 384 個子目，比《西漢會要》略多。與《西漢會要》相比，《東漢會要》有兩大變化：其一，《西漢會要》沒有徐天麟自撰的史論性文字，《東漢會要》中徐天麟則以「臣天麟按」的形式撰寫了大量的史論性文字；其二，《東漢會要》的史料來源更爲豐富。周少川已經將《東漢會要》的史料來源乃至史料

〔註8〕　《明太祖實錄》，上海書店 1983 年版，第 1410 頁。

〔註9〕　周少川：《約論會要體史籍》，《北京師範大學學報》1989 年第 5 期。

〔註10〕　（宋）徐天麟《東漢會要・進東漢會要表》，上海古籍出版社 2006 年版。

〔註11〕　（宋）徐天麟：《西漢會要》「提要」，上海古籍出版社 2006 年版。

〔註12〕　（宋）徐天麟：《東漢會要・進東漢會要表》，上海古籍出版社 2006 年版。

價值大致考察清楚，〔註13〕此處從略。

從《西漢會要》、《東漢會要》的內容和體例來看，唐、五代《會要》與《西漢會要》、《東漢會要》有明顯的學術淵源關係，這是學界的共識。筆者認為有一點需要留意，徐天麟撰兩漢《會要》之時，蘇冕《會要》和王溥《唐會要》還並行於世，從編撰目的、體例和內容的差異來看，徐天麟效法得更多的是蘇冕《會要》。

首先，觀徐天麟自撰的《進東漢會要表》：

> 作書志以緯天人，蓋史臣之新例，然典章文物或散見於紀傳，而兵、刑、食貨，曾莫究於源流，是以皇朝崇會稡之書……雖綱維治道，常格遵祖宗宏遠之模，然參酌舊章，必博考漢唐沿革之緒……集事蹟而為鑒，或可參往碟之言，條章奏而請行，期有補當今之務。

會要體史書便於考察「典章文物」的源流，在宋朝極受重視，這是徐天麟作為一個南宋人而去補撰兩漢《會要》的一個重要原因。徐天麟認為「博考漢唐沿革之緒」，可以「有補當今之務」，清楚表明徐天麟編撰兩漢《會要》主旨在於為現實政治服務。而從編撰目的來看，從蘇冕《會要》至王溥《唐會要》，再到徐天麟《西漢會要》、《東漢會要》，都有為現實政治服務的目的，這是蘇冕《會要》已然定下的基調。只不過從《西漢會要》和《東漢會要》成書後的影響來看，它們對於現實政治的作用並不像唐、五代《會要》那麼明顯。

再從體例和內容來看，《西漢會要》、《東漢會要》與王溥《唐會要》有兩大差異，《西漢會要》、《東漢會要》設大的類目，徐天麟也自撰史論性文字，這兩點為王溥《唐會要》所無。因此，周少川認為《西漢會要》、《東漢會要》比《唐會要》「有所進步」。〔註14〕筆者認為，無論是在子目上設立大的類目，還是以「臣天麟按」的形式撰寫史論性文字，實際上都是回歸到了蘇冕《會要》的舊例。而徐天麟所撰寫的史論性文字和為整齊門類所做的努力，也都

〔註13〕 周少川《約論會要體史籍》（北京師範大學學報，1989 年第 5 期）：《東漢會要》以范曄《後漢書》為重點，又廣泛搜取《東觀漢記》、《漢官儀》、《漢雜事》、《漢舊儀》及司馬彪《續漢書》、袁宏《後漢記》、華嶠《後漢書》、杜佑《通典》等有關材料，補充成書，所以《東漢會要》典章制度方面的記載許多超出了《後漢書》的範圍。特別是有關食貨、兵、刑、學校、選舉這些《後漢書》「八志」中所缺內容，《東漢會要》「則詳著本末」（《東漢會要》自序），其補撰之功，「實深有裨於考證」。

〔註14〕 周少川：《約論會要體史籍》，《北京師範大學學報》1989 年第 5 期。

表現出與蘇冕相似的史學思想，即如「尊王」、「勸懲」、「理道」等等，只不過在王溥《唐會要》和《五代會要》裏，這些思想被弱化。因此，上述這些《東漢會要》與《唐會要》的差異，與其說是相對於《唐會要》的進步，不如說徐天麟更多時候是在效法蘇冕而不是王溥。

徐天麟《西漢會要》、《東漢會要》之後，元朝也有私人所撰會要體史書，據《元史·周仁榮傳》稱，有孟夢恂，字長文者，曾撰一部《漢唐會要》。〔註15〕然而這部《漢唐會要》的詳情未見史籍記載。

至清代，出現了私人補撰前代會要體史書的高潮，按照它們所記歷史朝代順序，分別有：《春秋會要》四卷，姚彥渠撰。《秦會要》二十六卷，孫楷初撰，徐復訂補。《三國會要》，先有錢儀吉未刊稿本，後來楊晨參考錢氏稿本又修成《三國會要》二十三卷，上海古籍出版社在編輯《歷代會要叢書》時，以錢著目錄爲綱，錢氏稿本爲主，楊著爲輔，相互參照，整理成《三國會要》四十卷，署名爲錢儀吉撰。〔註16〕《兩晉會要》八十卷、南朝《宋會要》五十卷、《齊會要》四十卷、《梁會要》四十卷、《陳會要》三十卷，皆朱銘盤撰。《明會要》八十卷，龍文彬撰。

總的來看，私人所撰會要體史書肇始於蘇冕《會要》，至王溥《唐會要》、《五代會要》，私人所撰會要體史書的體例和編撰思想已經有所變化。宋徐天麟撰兩漢《會要》之時，更多效法蘇冕《會要》。元、明趨於沈寂，至清代又出現私人撰會要體史書的高潮。

蘇冕之書屬於當朝人記當朝事，王溥撰書之時也離唐、五代未遠，他們能夠利用的史料中相當一部分是第一手的原始資料。而從徐天麟兩漢《會要》開始，私人所撰會要體史書出現一個共同的特徵，它們的編撰者基本上都只能利用行世的舊史來補撰前代《會要》，就史料價值而言，它們遠不如蘇冕、王溥之書。

但是，自徐天麟兩漢《會要》至清代私人所撰的多部會要體史書相較於蘇冕、王溥之書還是有獨到之處的。爲了進一步考察這個問題，筆者特以上海古籍出版社整理出版的錢儀吉《三國會要》中標明屬於錢氏稿本的部分〔註17〕爲例，將其與清代以前的蘇冕《會要》、王溥《唐會要》和《五

〔註15〕（明）宋濂：《元史》卷一九〇《周仁榮傳》，中華書局 1976 年版，第 4346 頁。
〔註16〕（清）錢儀吉：《三國會要》，上海古籍出版社 2006 年版。
〔註17〕之所以選擇錢儀吉《三國會要》，是因爲錢氏在《三國會要略例》也談討過會

代會要》、徐天麟《東漢會要》〔註18〕等私人所撰會要體史書的基本體例做了對比，詳見表4-1：

表 4-1 私人所撰會要體史書體例對比表

	會　要	唐會要	五代會要〔註19〕	東漢會要	三國會要
子目之上大的類目	輿服	輿服		輿服	併入禮
	官號	官號		職官	職官
	省號	省號			
	尚書省諸司	尚書省諸司			
	御史臺	御史臺			
	諸使	諸使			
	史館	史館		被分入文學、職官	被分入文學、職官
	選部	選部		選舉	選舉
	貢舉〔註20〕	貢舉			
				禮	禮
				樂	樂
				文學	文學
				曆數	天運
					祥異
				民政	民政
				食貨	食貨
				兵	兵
				刑	刑
				方域	輿地

要體史書的發展問題（詳見下文），錢氏的觀點極具參考價值。

〔註18〕徐天麟編撰《東漢會要》比《西漢會要》著力更多，即如以「臣天麟按」的形式撰寫的史論性文字，《西漢會要》無而《東漢會要》有，故選取《東漢會要》更利於考察唐、五代以來私人所撰會要體史書的發展脈絡。

〔註19〕王溥《五代會要》子目之上不設大的類目。

〔註20〕今本《唐會要》部分子目之上有輿服、官號、省號、尚書省諸司、御史臺、諸使、史館、選部、貢舉共九個大的類目，疑皆保留自蘇冕《會要》原目（詳見本文第三章），本表將這幾個大的類目亦列入蘇冕《會要》之下。

				藩夷	外域
		帝系〔註21〕		帝系	統系
		封建〔註22〕		封建	封建
是否設雜錄	設	設	設	設	設
注文	有	有	有	有	有
正文中作者自撰的史論性文字	「蘇氏曰」等	無	無	「臣天麟案」	「謹案」〔註23〕
圖、表	無	無	無	無	有

　　從上表來看，蘇冕《會要》、徐天麟《東漢會要》、錢儀吉《三國會要》的基本體例是相同的，〔註24〕它們與王溥《唐會要》、《五代會要》的體例則有一定的差異。從這個意義上講，雖然蘇冕《會要》在清代以前已經亡佚，但其對清代私人所撰會要體史書的影響還大於王溥《唐會要》、《五代會要》。

　　從上表中還可看出，錢儀吉《三國會要》中子目之上大的類目是在因襲徐天麟《東漢會要》的基礎上，稍作調整的。與蘇冕、王溥之書相比，徐天麟《東漢會要》和錢儀吉《三國會要》的門類設置都顯得更爲整齊、精審。實際上，並不僅僅是錢儀吉《三國會要》，成書於清代的上述諸部會要體史書的門類相對蘇冕、王溥之書都顯得更爲整齊、精審。清代私人所撰會要體史書基本上都在子目之上設大的類目，其類目、子目的釐定、前後秩序的編排等方面都比唐、五代《會要》更具有合理性和邏輯性。這是清代私人所撰會要體史書的一大共性。

　　在上表中，僅錢儀吉《三國會要》有圖、表，這是錢氏的一個「創意」。錢儀吉所撰《衍石齋記事稿》（清道光刻咸豐四年增修光緒六年錢彝甫印本）也談到了這個問題：

〔註21〕今本《唐會要》在卷一至卷五《帝號》、《追諡皇帝》、《皇后》、《儲君》、《諸王》、《公主》等與「帝系」相關的子目之上並未設大的類目。而據馬端臨《文獻通考·自序》稱：「王溥作唐及五代《會要》，首立帝系一門，以敘各帝歷年之久近，傳授之始末，次及后妃、皇子、公主之名氏封爵，後之編《會要》者仿之，而唐以前則無。」故暫將「帝系」列入此處，特加說明。
〔註22〕今本《唐會要》卷四六有「崔氏曰，蘇冕所載《封建》篇」云云，證明《封建》一目爲蘇冕《會要》原定。按照本文第一章和第三章的考察，蘇冕《會要》在子目之上有大的類目，《封建》一目疑即爲大的類目名，故列入此處，特加說明。
〔註23〕《三國會要》卷七《禮一·旁支入繼》文末有孫儀吉所撰「謹案」云云。
〔註24〕子目之上皆設大的類目、皆設《雜錄》、正文中皆有作者自撰的史論性文字、正文下皆加注文等。

會要之體，又有二焉。王氏之唐、五代，近接見聞，多錄文案；徐氏之於兩漢，遠稽載籍，頗類史鈔。今之體裁，悉本徐氏，而又有所變通者。蓋西漢惟取孟堅，東京稍輯舊注，茲則博採見聞，旁羅散失，期拾遺於正史，不限斷於本書，此則不同也。古之學者，左圖右史，用資考鏡。若乃龍門十表，原本周譜，旁行斜上，又圖之支流也。故予於帝系、輿地諸門，或為之圖，或為之表。至於推步術算以及史文奧賾者，通其所可知，則又間為之注釋。三者皆徐氏所未有，而予創意焉。

按照史料來源的不同，錢儀吉將「會要之體」分為兩種類型。「今之體裁，悉本徐氏，而又有所變通者」。如今看來，錢儀吉試圖擴大史料來源，「博採見聞，旁羅散失，期拾遺於正史，不限斷於本書」，但限於客觀條件，效果不彰。其所謂「變通者」，最值得稱道的就是「於帝系、輿地諸門，或為之圖，或為之表」，這是入清以後私人所撰會要體史書在編撰方法上取得的一個突破。

第三節 會要體史書發展過程中的其他問題

有關會要體史書的發展，還有兩個問題應當考察：其一，會要體史書「頗類史鈔」的問題；其二，其他以「會要」為名的典籍。

一、會要體史書「頗類史鈔」

上文所引錢儀吉所言：自徐天麟兩漢《會要》至清代私人所撰會要體史書「頗類史鈔」。筆者贊同錢氏的觀點。

所謂史鈔，是魏晉時期開始盛行的一種史書體裁。今人逯耀東對史鈔做過較為詳細的考察：

（史鈔）是魏晉以來所形成的史學著作新體裁。這種體裁後來在《宋史‧藝文志》別立《史鈔》一類……這種在魏晉時代形成的史學著作的新體裁，後來蔚為大觀。《四庫全書總目提要》將魏晉時代形成的史鈔歸類為三類：一、「以類相從」，有衛颯的《史要》與張溫的《三史略》；二、「專抄一史」，有葛洪的《漢書鈔》和張緬的《晉書鈔》；三、「合鈔眾史」，有阮孝緒的《正史削繁》等。不過魏晉時的史鈔所抄的，當然不僅限於正史，並抄錄史部其他的書籍。

像陸澄的《地理鈔》二十卷、任昉的《地理書鈔》九卷、王僧儒的
《百家譜集鈔》三十卷，都屬於史鈔的範圍。〔註25〕

　　從上述關於史鈔的描述可見，會要體史書從體裁上雖不應歸入史鈔的範圍，但帶有一定的史鈔性質。會要體史書體例遵從的正是「以類相從」的原則，蘇冕《會要》基本史實皆鈔自舊史。王溥編撰《唐會要》、《五代會要》之時，其創新性尚不及蘇冕，而且，王溥《唐會要》中也大量保留了蘇冕《會要》、崔鉉《續會要》和其他舊史的原文，一定程度上講，王溥更多是在做「合鈔家史」、「以類相從」的工作。王溥之後，南宋徐天麟《西漢會要》、《東漢會要》。《西漢會要》皆採自班固《漢書》；《東漢會要》以范曄《後漢書》為本，雜採其他史籍，前者恰如史鈔之「專抄一史」，後者類似史鈔之「合鈔家史」。自徐天麟至清代私人所撰會要體史書，由於年代久遠，沒有第一手的原始資料可用，就更如上文中錢儀吉所言，「遠稽載籍，頗類史鈔」。

　　此外，宋代有所謂《唐書會要》，孫逢吉《職官分紀》卷四九《員外》就引用了《唐書會要》的內容，《資治通鑑》卷二三七《唐紀五十三》「元和元年回鶻入貢」條下胡三省注文也稱有「《唐書會要》十九卷」。筆者以為，《唐書會要》應該是一部抄錄《唐書》的史鈔，冠以《會要》之名，表明會要體史書和史鈔的概念有混淆之時。

二、其他以「會要」為名的典籍

　　除了前文考察過的會要體史書之外，北宋還有本朝《會要》的節本。章得象等修成《慶曆國朝會要》一百五十卷之後，范師道節成《會要詳節》四十卷。《郡齋讀書志》卷五上趙希弁所撰《附志》稱：

　　　　師道所節四十卷，先後詳緻，無異全本。

　　《明史》卷九七《藝文二》錄有《大明會要》八十卷，其下注文稱：

　　　　太祖開國時事，凡三十九則，不知撰人。

　　《會要詳節》、《大明會要》應該都是會要體史書，但因為已經失傳且史籍中的相關記載較少，沒有條件做更深入的考察，暫且列舉其名。

　　其他掛名「會要」之書尚有：

　　宋代有一類屬於地理類的《會要》，例如《遂初堂書目‧地理類》著錄的

〔註25〕逯耀東：《魏晉史學的思想與社會基礎》，中華書局 2006 年版，第 55 頁。

《契丹會要》、《燕京會要》等，〔註26〕《宋史》卷二〇四《藝文三》著錄的「王靖《廣東會要》四卷、張田《廣西會要》二卷，等等。

明代有陶宗儀《書史會要》、〔註27〕朱謀垔《畫史會要》、〔註28〕李如玉《會要》十五卷、〔註29〕祖心《冥樞會要》四卷〔註30〕。

清代有李調元《春秋左傳會要》四卷〔註31〕。

這些典籍掛「會要」之名，實際上與會要體史書並無多大干係，此處稍作列舉，約略看出會要體史書在發展過程中，對於史學界以外的其他學術領域也產生了一定影響。

〔註26〕（宋）尤袤：《遂初堂書目‧地理類》，《叢書集成初編》，中華書局1985年版，第16頁。

〔註27〕（明）陶宗儀《書史會要》，上海書店1984年版。

〔註28〕（明）朱謀垔《畫史會要》，《景印文淵閣四庫全書》第816冊。

〔註29〕《明史》卷二八二《王應電傳》稱：「時有李如玉者，同安儒生，亦精於《周禮》，爲《會要》十五卷。」

〔註30〕（清）張廷玉等：《明史》卷九十八《藝文三》，中華書局1974年版，第2456頁。

〔註31〕趙爾巽等：《清史稿》卷一四五《藝文一‧春秋類》，中華書局1976年版，第4242頁。

第五章 《唐會要》的其他文獻學研究

在對《唐會要》進行文獻學研究時，史料來源和版本流傳是兩個重要問題。進一步考察這兩個問題，有利於我們在以後的研究中更好地利用《唐會要》的記載。

第一節 《唐會要》的史料來源

從今本《唐會要》對典籍的引用情況來看，《唐會要》的史料來源基本可以分為兩類：其一，實錄、國史、起居注、時政記、法律文書、禮書、官府檔案等具有官方性質的史料；其二，各種涉及唐代典章制度的私人撰述。

一、官方史料

（一）實錄

今本《唐會要》中記載的大臣的奏議、朝廷詔令原文中經常提及唐朝各朝實錄，這種情況屬於轉引，姑且不論。除此之外，《唐會要》編撰者在正文或注文中徑直標明史料來源於唐朝實錄之處仍然很多，即如《唐會要》卷三《（內職）雜錄》：

> 尚宮尤通達人事，自憲宗、穆宗呼為先生。其名實根本，具在《憲宗實錄》。

《唐會要》卷六《（和蕃公主）雜錄》：

> 元和三年正月，咸安公主薨……事具《德宗實錄》。

《唐會要》卷七一《十二衛》「顯慶三年，以四夷君長來朝者多，乃置懷德歸化將軍以授之」條下注文曰：

按國史本紀及實錄，並爲懷德歸化將軍⋯⋯

顯慶是唐高宗的年號，唐國史的本紀部分亦多根據實錄，則《唐會要》正文中「懷德歸化將軍」的說法當取自《唐高宗實錄》。

此外，觀現存唐朝唯一的實錄韓愈《順宗實錄》與今本《唐會要》的相關記載：

《順宗實錄》卷二：

（貞元二十一年二月）乙丑，停鹽鐵使進獻。舊鹽鐵錢物，悉入正庫，歲進錢物，謂之「羨餘」。而經入益少。至貞元末，遂月有獻焉，謂之「月進」。

《唐會要》卷八八《鹽鐵》：

（貞元）二十一年二月，停鹽鐵使月進，舊錢總悉入正庫，以助經費，而主此務，稍以時市珍玩時新物充進獻，以求恩澤。其後益甚，歲進錢物，謂之「羨餘」，而經入益少。及貞元末，遂月獻焉，謂之「月進」。及是而罷。

明顯可見，此處《唐會要》的記載取自韓愈《順宗實錄》。

實際上，遍觀今本《唐會要》，稱「上」、「天后」、「國朝」者佔了全書很大的篇幅，這些記載很多都應該是來源於唐朝實錄、國史的原文。從今本《唐會要》來看，唐初至宣宗朝的實錄是《唐會要》宣宗以前內容的主要史料來源之一，亦即是說蘇冕編撰《會要》，崔鉉等人編撰《續會要》之時，多處記載取自實錄原文。

蘇冕、崔鉉等人能夠大量參據實錄，與宣宗以前唐代實錄的詳備大有關係。與前代相比，唐代已經建立了比較嚴格的修史制度。宣宗朝以前，與典章制度相關的起居注、日曆、時政記、實錄、國史、有司定期報送史館的各種檔案資料尚稱完備。其中，實錄對於編撰唐朝典章制度史書的作用更大，尤其是私人編撰唐朝典章制度史書之時就更是如此，原因主要在於：實錄來源於起居注、日曆、時政記、朝廷的詔令等等，內容非常翔實；實錄雖然在敏感事件上也有曲筆，但大部分內容還是相當可靠的；而且，因爲起居注、日曆等官修當代史資料一律藏於史館，不准外傳，私人撰史時一般不容易看到，而實錄則不同，據《唐會要》卷六三《史館上‧修國史》所載唐太宗朝制度，實錄修成之後「賜皇太子及諸王各一部，京官三品以上，欲寫者亦聽」，則實錄的流傳範圍是比較廣的，便於史家利用。

　　根據趙翼的考證，至崔鉉等人編撰《續會要》之時，唐朝先後撰成的實錄有：《高祖實錄》二十卷、《太宗實錄》二十卷、《貞觀實錄》四十卷、《高宗實錄》三十卷、後修實錄三十卷〔註1〕、武后所定《高宗實錄》一百卷、韋述所撰《高宗實錄》三十卷、《則天皇后實錄》二十卷、《中宗實錄》二十卷、《睿宗實錄五卷、《太上皇實錄》十卷〔註2〕、《玄宗實錄》二十卷、《開元實錄》四十七卷、代宗時修成的《開元實錄》一百卷、《肅宗實錄》三十卷、《代宗實錄》四十卷、《建宗〔註3〕實錄》十卷、《德宗實錄》五十卷、《順宗實錄》五卷、《憲宗實錄》四十卷、《穆宗實錄》二十卷、《敬宗實錄》十卷、《文宗實錄》四十卷、《武宗實錄》三十卷。〔註4〕

　　根據《唐會要》卷六三《史館上・修國史》、《舊唐書》卷一四九《于休烈傳》的記載，《開元實錄》四十七卷在安史之亂中被焚毀。唐末、五代的亂世也造成了唐朝實錄的部分亡佚。至五代後唐，朝廷因爲聽聞蜀地唐朝實錄具在，曾以庾傳美充三川搜訪圖籍使，「所得才九朝實錄及殘缺雜書而已」。〔註5〕北宋歐陽修編撰《新唐書》之時又稱，「然重三百年，業鉅事叢，簡策挐繁，其間巨盜再興，國典焚逸。大中以後，史錄不存」，〔註6〕到了南宋陳振孫編撰《直齋書錄解題》的時候，卷四《起居注類》所錄唐代《實錄》分別還有：《唐高祖實錄》二十卷、《唐太宗實錄》四十卷、《唐高宗後修實錄》十九卷，《唐則天實錄》二十卷、《唐中宗實錄》二十卷、《唐睿宗實錄》十卷、《唐玄宗實錄》一百卷、《唐肅宗實錄》三十卷、《唐代宗實錄》四十卷、《唐建中實錄》十卷、《唐德宗實錄》五十卷、《唐順宗實錄》五卷、《唐憲宗實錄》四十卷、《唐穆宗實錄》二十卷、《唐敬宗實錄》十卷、《唐文宗實錄》四十卷、唐武宗實錄三十卷〔註7〕。

〔註1〕前所謂《高宗實錄》三十卷止於乾封，劉知幾、吳兢後續成高宗的實錄三十卷。

〔註2〕劉知幾記睿宗爲太上皇時之事。

〔註3〕當爲《建中實錄》，建中（780～783年）是唐德宗初期的年號。

〔註4〕（清）趙翼：《廿二史箚記》卷十六《唐實錄國史凡兩次散失》，中國書店1987
　　　年版，第211～212頁。

〔註5〕（宋）薛居正等：《舊五代史》卷三七《明宗紀第三》，中華書局1976年版，
　　　第510頁。

〔註6〕（宋）歐陽修、宋祁：《新唐書》卷一三二《沈旣濟傳》附「贊曰」，中華書局
　　　1975年版，第4542頁。

〔註7〕據岑仲勉考證，今四庫本《直齋書錄解題》所稱《唐武宗實錄》三十卷，唐朝
　　　韋保衡監修，實由四庫修書諸臣妄爲注改。韋修《武宗實錄》實爲二十卷，在
　　　北宋時僅殘餘一卷。詳見岑仲勉：《唐史餘瀋・武宗實錄》，中華書局2004年
　　　版，第184頁。

總的來看，除了趙翼考證中提到的《開元實錄》四十七卷大致已經在安史之亂中亡佚之外，其他的從唐高祖到德宗建中年間各朝實錄在蘇冕編撰《會要》之時都還存世。崔鉉等人編撰《續會要》之時，也還能看到從唐高祖到文宗朝的實錄。這些實錄至唐後期、五代雖然漸有散佚，但從《直齋書錄解題》的著錄情況來看，由於《直齋書錄解題》所錄多為陳氏私藏，而其中唐文宗以前唐朝各朝皇帝基本上還各有一部實錄存在，則至南宋之時，唐朝各朝實錄多數都還是存在。不過，由於王溥編纂《唐會要》之時，唐初至宣宗大中六年（852 年）的史料取自《會要》、《續會要》。宣宗以前實錄的存佚對於王溥編書的影響應該不是很大。

王溥編撰《唐會要》之時，卻沒有宣宗朝以後的實錄可用。前文所引歐陽修之語稱唐宣宗以後「史錄不存」，不是說實錄、國史亡佚了，而是宣宗朝以後，日薄西山的唐朝就沒有修成過實錄、國史。詳情見《唐會要》卷六三《史館上・修國史》：

> 大順二年二月，敕吏部侍郎柳玭等修宣宗、懿宗、僖宗實錄。
>
> 始，丞相監修國史杜讓能，三朝實錄未修，乃奏吏部侍郎柳玭、右補闕裴庭裕、左拾遺孫泰、駕部員外郎李允、太常博士鄭光庭等五人修之。逾年，竟不能編錄一字。惟庭裕採宣宗朝耳目聞睹，撰成三卷，目曰《東觀奏紀》，納於史館。

此外，《直齋書錄解題》卷四《起居注類》雖然還錄有「《唐宣宗實錄》三十卷、《懿宗實錄》二十五卷、《僖宗實錄》三十卷、《昭宗實錄》三十卷、《哀帝實錄》八卷」，實際上這些實錄皆北宋的宋敏求新撰。王溥《唐會要》成書遠在宋敏求補撰唐宣宗至哀帝朝實錄之前。

（二）國史

《唐會要》卷七五《選部下・選限》「貞觀十九年十一月，馬周為吏部尚書」條下注文稱：

> 按工部侍郎韋述《唐書》云：「貞觀八年，唐皎為吏部侍郎⋯⋯

此處所言韋述《唐書》屬於《唐會要》又一重要的史料來源——唐朝國史。唐朝國史是唐人所撰的當朝史。這些國史基本上在史館修成，史料來源比較全面，包括實錄、有司按要求報送史館的各種檔案資料、私人撰述等等。從流傳範圍來看，國史常常比實錄更廣，是唐人撰史的重要史料來源。五代修《舊唐書》的時候，殘存的唐朝國史也是《舊唐書》的一大史料來源。

　　《史通》記載了唐朝國史的修撰經過：唐朝國史始修於貞觀（627～649
年）初，「姚思廉始撰紀傳，粗成三十卷」；高宗顯慶元年（656 年），長孫無
忌、于志寧、令狐德棻、顧胤等人，「因其舊作，綴以後事，復爲五十卷」；
高宗朝龍朔（661～663 年）中，許敬宗又「以太子少師總統史任，更增前作，
混成百卷」。武則天長壽（692～694 年）中，春官侍郎牛鳳「又斷自武德，終
於弘道，撰爲《唐書》百有十卷」；由於牛鳳等人所撰國史總體質量較差，長
安三年（703 年），武則天再次下詔修國史，劉知幾、吳兢等人都參與了此次
修國史，修成國史八十卷。〔註 8〕

　　實際上，由於史館官修史書的種種弊端，劉知幾、吳兢等人修成的國史
八十卷水準仍然不高，吳兢後來又重修國史《唐書》，可惜「雖綿歷二十餘年，
尚刊削未就」，〔註 9〕僅成草稿九十八卷。此後，玄宗朝工部侍郎韋述又在吳
兢等人所修《唐書》的基礎上，修成《唐書》一百一十三卷。從修撰水平來
看，韋述《唐書》得到了一些學者的較高評價，《舊唐書》卷一〇二《韋述傳》
云：

　　　　國史自令狐德棻至於吳兢，雖累有修撰，竟未成一家之言。至
　　述始定類例，補遺續闕，勒成《國史》一百一十三卷，並《史例》
　　一卷，事簡而記詳，雅有良史之才，蘭陵蕭穎士以爲譙周、陳壽之
　　流。

　　韋述在安史之亂中抱其所撰《唐書》「藏於南山，經籍資產，焚剽殆盡」
〔註 10〕，韋述《唐書》是安史之亂後幸存下來的比較完整的唐朝國史。此前
修成的其他國史大多毀於戰火。《唐會要》卷六三《史館上・修國史》、《舊唐
書》卷一四九《于休烈傳》就明確提到：安史之亂後，「國史、實錄，聖朝大
典，修撰多時，今並無本」，在朝廷重賞求購、地方官府多方搜訪之下，除了
韋述《唐書》一百一十三卷之外，其他國史、實錄僅得一兩卷。

　　韋述之後，柳芳等人繼續修撰唐朝國史，據《舊唐書》卷一四九《柳登
傳》：

〔註 8〕　（唐）劉知幾撰、（清）浦起龍釋：《史通通釋》卷十二《古今正史》，上海
　　　　古籍出版社 1978 年版，第 374 頁。

〔註 9〕　（宋）王溥：《唐會要》卷六三《史館上・在外修史》，上海古籍出版社 1991
　　　　年版，第 1296 頁。

〔註 10〕　（後晉）劉昫等：《舊唐書》卷一〇二《韋述傳》，中華書局 1975 年版，第
　　　　3184 頁。

　　（柳登之父柳芳）肅宗朝史官，與同職韋述受詔添修吳兢所撰
《國史》，殺青未竟而述亡，芳緒述凡例，勒成《國史》一百三十卷。
上自高祖，下止乾元，而敘天寶後事，絕無倫類，取捨非工，不爲
史氏所稱。然芳勤於記注，含毫罔倦。屬安、史亂離，國史散落，
編綴所聞，率多闕漏。上元中，坐事徙黔中，遇內官高力士亦貶巫
州，遇諸途。芳以所疑禁中事，詢於力士。力士說開元、天寶中時
政事，芳隨口志之。又以《國史》已成，經於奏御，不可復改，乃
別撰《唐曆》四十卷，以力士所傳，載於年曆之下。

　　《文獻通考》卷一九二《經籍考十九》「《唐書》一百三十卷」所引《崇
文總目》將韋述死後，柳芳續修的這一百三十卷《唐書》仍然繫於韋述名下，
其文稱：

　　　唐韋述撰。初，吳兢撰《唐史》，自創業訖於開元，凡一百一十
卷。述因兢舊本，更加筆削，刊去《酷吏傳》，爲紀、志、列傳一百
一十二卷。〔註11〕至德、乾元以後，史官于休烈又增《肅宗紀》二
卷，而史官令狐峘等復於紀、志、傳後隨篇增緝，而不知卷帙。今
書一百三十卷，其十六卷未詳撰人名氏。

　　從具體的編修過程來看，《崇文總目》的說法有一定道理。首先，安史之
亂前，韋述已成《唐書》一百一十三卷，柳芳最後「奏御」的《國史》一百
三十卷，兩者僅差十七卷。而且，雖然韋述、柳芳都是在前人的基礎上修史
的，但韋述對吳兢的國史「更加筆削，刊去《酷吏傳》」等，柳芳似乎並沒有
多加改動韋述的《唐書》。其次，從《舊唐書·柳登傳》來看，接續修撰唐朝
國史的柳芳主要作了兩方面的工作，其一，爲國史編撰凡例，其二，「敘天寶
後事」，但柳芳所接續的天寶以後事「不爲史氏所稱」，韋述所修《唐書》一
百一十三卷得到的評價卻比較高。總的來看，爲《唐書》一百三十卷的成書
作出主要貢獻的是韋述而不是柳芳，《崇文總目》應該是基於這一點才將《唐
書》一百三十卷歸於韋述名下。因此，上述《唐會要》卷七十五《選部下·
選限》注文所稱工部侍郎韋述《唐書》倒不一定是指韋述曾抱之藏於南山的
《唐書》一百一十三卷，也有可能是指韋述死後柳芳爲之編撰過凡例的《唐
書》一百三十卷。

　　上述的唐朝國史都是紀傳體史書。謝保成認爲：唐朝「國史」分爲紀傳

〔註11〕當以《舊唐書·柳登傳》「一百一十三卷」卷爲是。

體和編年體兩種，至《唐書》一百三十卷止，「紀傳體唐朝『國史』再未見修撰，『國史』已轉而爲編年體了」，吳兢《唐春秋》、韋述《唐春秋》、柳芳《唐曆》、崔龜從等人《續唐曆》就是編年體的唐朝「國史」。〔註12〕從今本《唐會要》的引用書目來看，「唐曆」這種編年體的「國史」也是《唐會要》的史料來源。《唐會要》卷三十六《修撰·氏族》「乾元元年，著作郎賈至」條下注文即稱：

> 至貞元中，左司郎中柳芳論氏族，序四姓，則分甲、乙、丙、丁，頒之四海，世族則先山東，載在《唐曆》。

此處《唐會要》注文中提到的《唐曆》爲柳芳所撰，上文所引《舊唐書》卷一四九《柳登傳》已經表明了柳芳《唐曆》是在柳芳修成紀傳體「國史」之後，又根據高力士所傳修撰而成的，共四十卷。據《郡齋讀書志》卷二上《編年類》記載：

> （柳芳《唐曆》）起隋義寧元年，迄大曆十三年。或譏其不立褒貶義例而詳於制度……

柳芳《唐曆》既「詳於制度」，又迄唐代宗大曆十三年（778年），蘇冕編撰《會要》之時，《唐曆》應該是重要的參考書。

大中五年（851年），崔龜從等人又續修成《續唐曆》三十卷，起大曆十三年（778年），迄元和十五年（820年），崔鉉《續會要》或有參考《續唐曆》之處。

至王溥編撰《唐會要》，增補唐宣宗朝以後典章制度的時候，基本上沒有唐人已修成的紀傳體或編年體「國史」資料可用。進入五代以後，從後梁開始，史館就開始收集唐後期的官私史料，準備修《唐書》，但「因載籍散佚，歷梁、唐數十年未潰於成，直至晉始成書」，〔註13〕此即《舊唐書》。

因爲戰亂和簡籍的遺落，《舊唐書》的編撰遇到了相當的困難。五代至北宋，局勢由亂世轉入太平，部分史籍重新出世，即如趙翼《廿二史箚記》卷十七《新書增舊書處》所言：

> 五代紛亂之時，唐之遺聞往事既無人記述，殘編故籍亦無人收藏，雖懸詔購求而所得無幾，故《舊唐書》援據較少。至宋仁宗時，

〔註12〕謝保成：《隋唐五代史學》，商務印書館2007年版，第129～130頁。

〔註13〕（清）趙翼：《廿二史箚記》卷十六《舊唐書源委》，中國書店1987年版，第210頁。

則太平已久，文事正興，人間舊時記載，多出於世，故《新唐書》採取轉多。今第觀新書《藝文志》所載，如吳兢《唐書備闕記》、王彥威《唐典》、蔣乂《大唐宰輔錄》、《凌煙功臣》、《秦府十八學士》、《史臣》等傳、凌璠《唐錄政要》、南卓《唐朝綱領圖》、薛璠《唐聖運圖》、劉肅《大唐新語》、李肇《國史補》、林恩《補國史》等書，無慮數十百種，皆《舊唐書》所無者，知新書之文省於前而事增於舊，有由然也。

王溥《唐會要》成書介於《舊唐書》和《新唐書》之間，當時宋太祖已經初定天下，從各地搜羅到一些史籍，還曾經分賜王溥等大臣。王溥本人又是當時有名的藏書家，多有唐舊書，官府也曾借鈔王溥藏本。則王溥撰《唐會要》之時能看到的唐朝舊籍的數量，即使比不上「太平已久，文事正興」的宋仁宗朝，有些書應該也是《舊唐書》編撰者沒有看到的。今本《唐會要》中有關唐後期的典章制度要詳於《舊唐書》諸志，也有這方面的原因。

總的來看，《舊唐書》和《唐會要》都是研究唐史的重要典籍，利用這兩部書時，需要留意它們之間的一些聯繫和區別：其一，《舊唐書》志的部分有關唐初至宣宗朝的內容很多地方都參考了蘇冕《會要》和崔鉉《續會要》，王溥《唐會要》又基本保留了《會要》和《續會要》的內容，則《舊唐書》志的部分和《唐會要》的記載多有相同之處。其二，《舊唐書》成書在前，保留了諸多宣宗以後史料，這些史料未必是王溥個人能一一看到的，雖然王溥並沒標明有引用《舊唐書》的地方，但王溥編撰《唐會要》之時，很難不利用《舊唐書》。其三，而從上文的考察來看，王溥編撰《唐會要》之時，又有一些次第出現的「殘篇故冊」是《舊唐書》撰者未及得見的，則《唐會要》的一些記載可以彌補《舊唐書》的不足。

（三）起居注

起居注是一種編年體史書體裁，詳細記錄皇帝「言行動止之事」〔註14〕。唐朝貞觀初在門下省設起居郎二人負責記起居注，《唐六典》卷八《門下省》即稱：

> 起居郎掌錄天子之動做法度，以修記事之史。凡記事之制，以事繫日，以日繫月，以月繫時，以時繫年。必時書其朔日甲乙以紀

〔註14〕 （唐）魏徵等：《隋書》卷三三《經籍二》，中華書局1982年版，第966頁。

曆數，典禮文物以考制度，遷拜旌賞以勸善，誅伐黜免以懲惡。季
終則授之於國史焉。

從這段記載可見起居注內容的重點雖然是皇帝的言行動止，實際上每日的
國家大事都反映於其中，是一種比較原始的史料。起居注還會按月被編纂成日
曆。武則天長壽二年（693 年），因為記起居注的史官無從得知仗下後皇帝和宰
相議事的內容，宰相姚璹又建議由宰相將「仗下後所言軍事政要，專知撰錄，
號為時政記，每月送史館」。日曆和時政記都可以看作起居注的補充，而且，等
到修撰實錄、國史之時，起居注、日曆、時政記等都是最基本的史料。

從史籍的記載來看，唐朝前期修成的起居注是比較多的，唐太宗「貞觀
朝注記政事，稱為必備」。〔註15〕而玄宗朝「尤注意於起居注」，「自先天元年
（712 年）至天寶十一載（752 年）冬季，起居注撰成七百卷」。〔註16〕安史
之亂中，起居注和其他一些書共「三千六百八十二卷」〔註17〕都毀於戰火，
這直接影響了《玄宗實錄》的修撰。代宗朝史官令狐峘，「修《玄宗實錄》一
百卷，著述雖勤，屬大亂之後，起居注亡失，峘纂開元、天寶事，雖得諸家
文集，編其詔策，名臣傳記十無三四，後人以漏落處多，不稱良史」。〔註18〕
蘇冕編撰《會要》之時，不一定能夠直接利用起居注，他利用得更多的是根
據起居注修成的實錄。然而，起居注作為實錄的主要史料來源，實錄又是蘇
冕《會要》的主要史料來源之一，起居注的編撰、存佚情況實際上也對蘇冕
《會要》成書有間接影響。崔鉉等人編修《續會要》之時，因為是官修史書，
應該還能參考一些起居注資料。

蘇冕、崔鉉等人撰書之時，唐朝的各朝實錄都是完備的，由於實錄更便
於利用，起居注的重要性並沒有體現出來。唐朝宣宗朝以後就只有起居注，
沒有再修成實錄。到了五代修《舊唐書》的時候，尚能見一些殘存的唐朝宣
宗朝以後的起居注。王溥編撰《唐會要》時的資料條件可能還好於修《舊唐
書》之時，宣宗朝以後的起居注應該是王溥《唐會要》一個重要的史料來源。

〔註15〕（宋）王溥：《唐會要》卷五六《省號下・起居郎起居舍人》，上海古籍出版社
　　　　1991 年版，第 1127 頁。
〔註16〕（唐）李濬：《松窗雜錄》，《景印文淵閣四庫全書》第 1035 冊，第 557 頁。
〔註17〕（宋）王溥：《唐會要》卷六三《史館上・修國史》，上海古籍出版社 1991 年版，
　　　　第 1292 頁。
〔註18〕（宋）王溥：《唐會要》卷六三《史館上・修國史》，上海古籍出版社 1991 年版，
　　　　第 1292 頁。

不過，由於唐朝的起居注除了溫大雅的《大唐創業起居注》之外都已經亡佚，而王溥新增宣宗朝以後內容的時候常常不注明資料的出處，筆者尚未在《唐會要》中找到王溥利用宣宗朝以後起居注的直接證據。

（四）法律文書

1. 律、令、格、式

《唐會要》中大量引用了唐代的律、令、格、式、詔、敕、制等法律文書，由於顯見於各卷，此處無須列舉。

2. 《唐六典》

《唐會要》卷六十《御史臺上‧監察御史》引用了《唐六典》的記載：

> 龍朔元年八月忻州定襄縣尉王本立爲監察御史，裏行之名始於
> 此。《六典》又云。裏行始於馬周。未知孰是。

《唐六典》成書於唐玄宗開元二十六年（738年），此條引用了《唐六典》的史料繫於唐高宗龍朔元年（661年）之下，《唐六典》當是蘇冕《會要》的史料來源。

（五）禮書

1. 《貞觀禮》、《大唐開元禮》

唐代先後修撰過《貞觀禮》、《顯慶禮》和《大唐開元禮》等禮典，《大唐開元禮》至今尚存。《唐會要》中有直接引用過《貞觀禮》和《大唐開元禮》的證據，即如《唐會要》卷十八《配享功臣》：

> 《貞觀禮》：祫饗，功臣配享於廟庭，禘享則不配。後令，大祫
> 禘之日。功臣並得配享。

又如《唐會要》卷十八《緣廟裁制下》：

> 《開元禮》：太廟每歲輪祠烝嘗臘凡五饗。

《開元禮》是《大唐開元禮》的簡稱，該書修成於唐玄宗開元二十年（732年），開元二十九年（741年）「頒所司行用」。[註19]《大唐開元禮》在現實政治中起了重要作用，「朝廷有大疑，不必聚諸儒之訟，稽是書而可定。國家有盛舉，不必綿野外之儀，即是書而可行」。[註20]

〔註19〕 （宋）王溥：《唐會要》卷三七《五禮篇目》，上海古籍出版社1991年版，第783頁。

〔註20〕 （唐）蕭嵩：《大唐開元禮》原序，《景印文淵閣四庫全書》第646冊，第19頁。

2. 儀注

《唐會要》中屢次出現所謂「舊儀注」，即如《唐會要》卷二一《緣陵禮物》：

> 舊儀注：品物時新，將堪供進，所司先進太常，令尚食相知簡擇，仍以滋味與斯物相宜者配之，冬魚等凡五十六品。

儀注是禮的重要內容，唐朝每逢封禪、郊祀等大典，常常需要命令有司根據此前的禮典、故事關於類似典禮的記載，再結合具體的需要撰儀注，講明該典禮的各種細節。這些儀注用過以後有的就不復使用，有的被沿用，遂為故事，有的甚至寫入唐令。上述《唐會要》的「舊儀注」很可能成於編纂《大唐開元禮》之前，後來被納入《大唐開元禮》中。《大唐開元禮》卷五一《薦新於太廟》的記載內容即同於《唐會要》卷二一《緣陵禮物》：

> 冬魚、蕨……（共五十六品）薦新物皆以品物時新、堪供進者，所司先送太常，令尚食相與簡擇，仍以滋味與新物相宜者，配之以薦，皆如上儀。

不過，《唐會要》引用的應該還是之前的儀注，所以雖然內容一樣，但《唐會要》不稱引自《大唐開元禮》，而稱引自「舊儀注」。

《唐會要》亦有所謂「今儀注」，即如卷六《（公主）雜錄》：

> （貞元）十五年七月三日，有司奏：「冊公主儀注，伏準開元之儀，侍中合宣制……」

其下注文曰：今儀注誤以中書令宣制，則其日侍中闕行事之儀……

從「開元之儀」到「今儀注」表明了從開元（713～741 年）年間到貞元（785～805 年）年間冊公主儀注的沿革，今本《唐會要》中的這些新舊儀注是考察唐朝禮制沿革的重要史料。

（六）官府檔案

唐朝建立了比較完善的檔案管理制度，留下了豐富的原始資料。官府各部門的部分檔案還要按時、按要求報送史館，以備修國史。官府檔案對於考察唐代典章制度沿革有重要意義，蘇冕、崔鉉和王溥等人或多或少應該都利用過這些檔案資料。

《唐會要》卷六三《史館上・諸司應送史館事例》記載了與修史有關的基本官府檔案類型，這些檔案所反映的各種唐代典章制度基本見於今本《唐會要》：

祥瑞——禮部每季具錄送。

天文祥異——太史每季并所占候祥驗同報。

蕃國朝貢——每使至，鴻臚勘問土地、風俗、衣服、貢獻、道里、遠近，并其主名字報。

蕃夷入寇及來降——表狀，中書錄狀報；露布，兵部錄報，軍還日，軍將具錄陷破城堡，傷殺吏人，掠擄畜產，并報。

變改音律及新造曲調——太常寺具所由及樂詞報。

州縣廢置及孝義旌表——戶部有即報。

法令變改、斷獄新議——刑部有即報。

有年及饑，并水、旱、蟲、霜、風、雹及地震、流水氾濫——戶部及州，每有即勘其年月日，及賑貸存恤同報。

諸色封建——司府勘報，襲封者不在報限。

京諸司長官及刺史、都督都護、行軍大總管、副總管除授——並錄制詞，文官吏部送，武官兵部送。

刺史、縣令善政異跡——有灼燃者，本州錄附考使送。

碩學異能、高人逸士、義夫節婦——州縣有此色，不限官品，勘知的實，每年錄附考使送。

京諸司長官薨卒——本司責由歷狀跡送。

刺史、都督、都護及行軍大總管、副大總管以下薨——本州本軍責由歷狀，附便使送。

公主百官定諡——考績錄行狀、諡議同送。

諸王來朝——宗正寺勘報。

已上事，並依本條，所由有即勘報史館，修入國史。如史官訪知事由，堪入史者，雖不與前件色同，亦任直牒索，承牒之處，即依狀勘，並限一月內報。

　　唐朝安史之亂以後，官府的各種檔案多有遺落，蘇冕《會要》又是私人所撰史書，其直接利用官府檔案之處應該不多。而且，唐初至德宗朝已有國史，報送史館的各種官方檔案中事關緊要者已修入國史，國史的流傳範圍又比較廣，在相關問題上，蘇冕《會要》的史料更多應該是來源於國史而不是原始的官方檔案。

　　宣宗朝崔鉉等人修《續會要》的時候，唐朝中央政權日漸衰落，各種官府檔案已經不如前期詳備，但史館還是保留了部分德宗朝至宣宗朝的檔案資料。與蘇冕《會要》、王溥《唐會要》不同的是，崔鉉《續會要》是官修的史書，《續會要》的修撰官當可調用存於史館的各種檔案資料。

　　王溥撰《唐會要》之時，唐朝的官府檔案經歷了唐末至五代的戰亂，散佚的情況就更加嚴重了。由於宣宗以後沒有修成實錄和國史，殘存的起居注和官府檔案就成了後晉修《舊唐書》所能利用的主要官方史料。王溥編撰《唐會要》之時，需要增補宣宗以後內容，這些殘存的起居注和官府檔案應該也是他能利用的唐朝後期主要的官方史料。

二、私人撰述

　　除了各種具有官方性質的史料外，私人撰述是蘇冕《會要》、崔鉉《續會要》、王溥《唐會要》另一大類的史料來源。以下是筆者關於《唐會要》引用的私人撰述的考察。《唐會要》中引用的一些大臣奏議、朝廷詔令裏提到過很多部典籍，這種情況屬於轉引，姑且不論，筆者僅考察一些有明確證據表明蘇冕、崔鉉、王溥等人曾親自見過、利用過的私人撰述。

（一）杜佑《通典》

　　杜佑《通典》和王溥《唐會要》都是考察典章制度沿革的專書。《通典》所記唐朝典章制度只到安史之亂前後，史料多來源於實錄、國史、官方檔案和私人撰述等，《通典》所記唐代典章制度《唐會要》基本都有涉及，很多記載與《通典》同出一源。《通典》和《唐會要》又各有特色，《唐會要》斷代為史，《通典》則貫通古今，《唐會要》的內容比《通典》更廣泛，《通典》的門類、史論等則都比《唐會要》精審。而且，杜佑《通典》成書比蘇冕《會要》早了數年，王溥《唐會要》唐初至德宗朝的大部分內容來源於蘇冕《會要》，則蘇冕編撰《會要》之時，是否參考了杜佑《通典》，也是考察《唐會要》的史料來源的一個重要問題。

　　今本《唐會要》中，卷三三《燕樂》、《清樂》、《散樂》、《破陳樂》、《慶善樂》、《諸樂》、《四夷樂》、《東夷二國樂》、《南蠻諸國樂》、《西戎五國樂》、《北狄三國樂》等子目下的內容不僅記載唐代樂制，大都還先追溯歷代沿革，這與會要體史書斷代考察一個朝代典章制度沿革的風格並不一致。這些子目的正文和注文都有標明參見《通典》之處，將這些子目與《通典》卷一四六

《樂六》下的相關子目《清樂》、《坐立部伎》、《四方樂》、《散樂》對比發現，《唐會要》上述子目的諸多內容鈔自《通典》。

即如《唐會要》卷三三《北狄三國樂》：

> 北狄樂，皆馬上樂也，鼓吹本軍旅之音，自漢以來，總隸鼓吹署。至後魏始有北歌，即魏史所謂眞人歌是也。周、隋之代，與西涼樂雜奏，今存者五十三章。其名目可解者，數章而已。（解在《通典》。）按今大角，即後魏簸邏回是也，其曲多可汗之詞。又吐谷渾亦鮮卑別種之一，歌曲皆鮮卑中出也，但音不可曉耳，與北歌較之，其音異。開元中，歌工長孫元忠習北歌，相傳如此，雖譯者不能通知其詞，音旣難曉，久亦失眞。唯琴尚有箛聲大角者，金吾所掌，工人謂之角手，備鼓吹之列。

《通典》卷一四六《樂六·四方樂》：

> 北狄三國……北狄樂皆爲馬上樂也，鼓吹本軍旅之音，馬上奏之，故自漢以來北狄樂總歸鼓吹署。後魏樂府始有北歌，即魏眞人歌是也。代都時命掖庭宮女晨夕歌之，周隋代與西涼樂雜奏，今存者五十三章，其名目可解者六章……其餘不可解咸多可汗之詞，按今大角即後魏代邏回是也。〔註21〕

《唐會要·北狄三國樂》與《通典》內容基本一致，且有注文稱「解在《通典》」。另外，《唐會要》卷三三《清樂》的內容也與《通典》卷一四六《樂六·清樂》內容基本一致，且有注文稱「見《通典》」。歷來未見《唐會要》卷三三有闕卷的記載，後人在傳抄過程中也沒有必要將大段的《通典》記載補入《唐會要》卷三三，還注明出自《通典》。則基本可以認定《通典》是《唐會要》的史料來源。需要進一步考察的問題是，究竟是蘇冕撰《會要》時已經參據了《通典》，還是《續會要》的撰者或者王溥在《通典》的基礎上編撰了新增了這幾個子目？

筆者又觀《唐會要》卷三三《散樂》，其中自「散樂歷代有之」至「次奏散樂」節略自《通典》卷一四六《樂六·散樂》。《唐會要·散樂》這段節略自《通典》的記載中，惟「至國初通西域，復有之」這一句是《通典》沒有的，稱「國初」，當爲唐人所撰，大致排除了此處記載由王溥編撰的可能，則

〔註21〕 （唐）杜佑：《通典》卷一四六《樂六·四方樂》，中華書局1984年版，第763頁。

《唐會要·散樂》當源自蘇冕《會要》或崔鉉《續會要》。

再進一步分析，《唐會要·散樂》「次奏散樂」之後，有「舊制」、「貞觀二十三年」、「神龍三年」三條記載是《通典》所無的，應該是蘇冕或崔鉉等人在《通典》的基礎上增補了新的內容撰成《唐會要·散樂》一目。然而，崔鉉《續會要》為接續蘇冕《會要》而作，起德宗貞元末迄宣宗大中六年（詳見第二章「《續會要》的成書」），不應新增一個子目，卻僅記載德宗以前的典章制度。由此又大致可以排除《唐會要·散樂》源於《續會要》的可能性，則《唐會要·散樂》中「國初通西域」此句應該是源於蘇冕《會要》，王溥未加改動。

總的來看，《唐會要》卷三三諸多記載鈔自《通典》，且《北狄三國樂》和《清樂》已有注文明確表明其記載出自《通典》；《散樂》也當是蘇冕大量參考了《通典》並加入數條《通典》沒有的內容編撰而成。這樣看來，雖然蘇冕《會要》在《通典》成書之後的一至三年內成書（詳見第一章蘇冕《會要》的成書），但蘇冕編撰《會要》之時，當已利用了《通典》的記載。

（二）劉秩《政典》

《唐會要》卷四七《封建雜錄下》有關貞觀十一年（637年）分封事宜的記載中，引用劉秩《政典》的內容，其文稱：

> 劉秩《政典》曰：我皇帝思侔前古，永傳後裔……

劉秩是唐朝著名史家劉知幾之子，劉秩《政典》對於杜佑《通典》成書有重要影響，詳見《舊唐書》卷一四七《杜佑傳》：

> 初，開元末劉秩採經史百家之言，取《周禮》六官所職，撰分
> 門書三十五卷，號曰《政典》，大為時賢稱賞，房琯以為才過劉更生。
> 佑得其書，尋味厥旨，以為條目未盡，因而廣之，加以《開元禮》、
> 《樂》，書成二百卷，號曰《通典》。

劉秩《政典》成書於蘇冕《會要》之前，兩書的內容既多重合之處，蘇冕《會要》在子目之上設大的類目，一定意義上講也是所謂「分門書」。今本《唐會要》稱引自劉秩《政典》者，又繫於唐太宗貞觀（627～649年）年間，屬於蘇冕《會要》記事的時間範圍，而且，另有證據顯示今本《唐會要》卷四七《封建雜錄下》的內容取自蘇冕所載《封建》篇（詳見「附錄」），則上文引用劉秩《政典》的那段記載當源於蘇冕《會要》。蘇冕《會要》亦當參考了劉秩《政典》。

（三）《鄴都故事》

《唐會要》卷六十《御史臺上·御史臺》引用了《鄴都故事》：

> 《鄴都故事》云：〔註22〕「臺門北開者，法司主陰，取冬殺之義。」或云隋初移都之時，兵部尚書李圓通兼御史大夫，欲使尚書省便近，故開北門。

> 蘇氏駁曰：此說或近之矣。若取冬殺之義，則東都臺門亦合北開，何故南啓？況本置臺司，以察冤濫，是有國者好生之德，豈創冬殺之意，以入人罪者乎！

《新唐書》卷五八《藝文二》錄有兩部《鄴都故事》：「《裴矩鄴都故事》十卷」，〔註23〕「馬溫《鄴都故事》二卷」。裴矩曾仕於隋、唐兩代，唐高祖時官至民部尚書，貞觀元年（627年）卒。〔註24〕馬溫，上引《新唐書·藝文志》的注文稱馬溫爲「肅、代時人」。裴矩《鄴都故事》和馬溫《鄴都故事》都是地理類的史書，原書皆已亡佚。此二書成書皆在蘇冕《會要》之前，蘇冕所駁斥的說法究竟出於哪部《鄴都故事》，暫且存疑。

（四）杜易簡《御史臺雜注》

《唐會要》卷六十《御史臺上·監察御史》引用了杜易簡《御史臺雜注》：

> 杜易簡《御史臺雜注》云：監察御史，自永徽以後，多是敕授……

> 蘇氏駁曰：員外郎、御史并供奉官，進名敕授，是開元四年六月十九日勅。杜易簡著《雜注》以後，猶四十年爲吏曹注擬矣。

「蘇氏駁曰」提到了杜易簡《御史臺雜注》和杜易簡其人，可見蘇冕撰《會要》之時，已經引用過杜易簡《御史臺雜注》的內容。

杜易簡生平見於《舊唐書》卷一九〇上《杜易簡傳》：

> 杜易簡，襄州襄陽人，周硤州刺史叔毗曾孫也。九歲能屬文，及長，博學有高名，姨兄中書令岑文本甚推重之。登進士第，累轉殿中侍御史，咸亨中，爲考功員外郎。時吏部侍郎裴行儉、李敬玄相與不叶，易簡與吏部員外郎賈言忠希行儉之旨，上封陳敬玄罪狀。

〔註22〕四庫本《唐會要》「鄴都故事云」作「故事云」。

〔註23〕（宋）鄭樵《通志》卷六五《藝文略第三·史類第五》所載書名於《新唐書》略有差異，其文稱：「《鄴都故事》十卷，裴矩撰。」按：《新唐書》很可能是爲了以示區別，將前者稱爲《裴矩鄴都故事》。

〔註24〕（後晉）劉昫等：《舊唐書》卷六三《裴矩傳》，中華書局1975年版，第2406頁。

高宗惡其朋黨，左轉易簡爲開州司馬，尋卒。易簡頗善著述。撰《御
史臺雜注》五卷、文集二十卷，行於代。

《舊唐書·杜易簡傳》提到了《御史臺雜注》有五卷，卻沒有提到《唐
會要》「蘇氏駁曰」裏面言及的杜易簡「爲吏曹注擬」之事，《新唐書》卷五
八《藝文二》也僅錄杜易簡《御史臺雜注》五卷，可能杜易簡爲「爲吏曹注
擬」之文並未單獨成書、行世。

（五）韋述《兩京記》

《唐會要》卷十九《諸太子廟》「天寶六載正月十一日赦文」條下注文引
用了韋述《兩京記》：

> 按韋述〔註 25〕《兩京記》，此廟地本是夔、萬等六州，即後爲
> 乾封縣，移于永樂坊。神龍初，遂立爲懿德太子廟，其後諸太子廟，
> 比各別坊。今並移就此廟，號爲七太子廟也。

韋述是玄宗朝工部侍郎，前文已經述及其修撰唐朝國史之事。《舊唐書》
卷一○二《韋述傳》、《新唐書》卷五八《藝文二》皆未提及韋述《兩京記》，
但皆稱韋述有「《兩京新記》五卷」。由於舊籍記載書名常用省稱，《唐會要》
注文中提到的韋述《兩京記》可能和新舊《唐書》記載的《兩京新記》是同
一部書。韋述《兩京新記》五卷現僅餘殘卷。〔註 26〕

（六）賈耽《四夷述》

今本《唐會要》卷一百多處引用了賈耽《四夷述》，即如《唐會要》卷一
百《結骨國》：

> 會昌三年，其國遣使注吾合索等七人來朝，兼獻馬二匹。以其
> 久不修貢，且莫詳更改之名，中旨訪求，唯賈耽所撰《四夷述》，具
> 載點戛斯之號，然後知耽之通習荒情，洽而不誤。

又如《唐會要》卷一百《大食國》：

> 又案賈耽《四夷述》云：隋開皇中，大食族中有孤列種，代爲
> 酋長……

《唐會要》卷三四《經籍》還記載了賈耽《四夷述》的成書情況：

〔註 25〕四庫本《唐會要》此處作「韋遂」，上海古籍版據《舊唐書》卷一○二《韋述傳》
　　　　改爲「韋述」。
〔註 26〕《續修四庫全書》（史部 732）有韋述《兩京新記》卷三，卷首有闕。

　　　　（貞元十七年十月）宰臣賈耽撰《海內華夷圖》一軸並序，《古
　　今郡國縣道四夷述》四十卷。

　　《唐會要》卷一百《結骨國》、《大食國》中所言賈耽《四夷述》就是《唐
會要》卷三四《經籍》所言之《古今郡國縣道四夷述》，前者爲省稱，後者爲
正式書名。

（七）李涪《刊誤》

　　《唐會要》卷二十《公卿巡陵》和卷三二《輿服下·輦》這兩條「議曰」
都是王溥鈔自唐昭宗朝李涪《刊誤》而未注明出處（詳見「附錄」）。因李涪
《刊誤》兩卷現存於世，筆者方能於偶然間發現《唐會要》引用了《刊誤》
的記載，然而唐、五代史籍亡佚已多，王溥在增補唐宣宗朝以後典章制度的
時候，又很少標明出處，要深入、細緻地考察今本《唐會要》一些記載的史
料來源是相當困難的。

第二節　《唐會要》的版本流傳

　　蘇冕《會要》四十卷成書於唐德宗朝，崔鉉《續會要》四十卷在唐宣宗
大中七年（853年）進獻於朝，王溥《唐會要》一百卷則進於宋太祖建隆二年
（961年）。現存史籍中，成書於北宋的《冊府元龜》、《資治通鑒》，成書於南
宋後期的《群書考索》、《玉海》等書都分別引用過《會要》、《續會要》和《唐
會要》的內容，而據周殿傑考證，這三部書在南宋末也還各自行世。〔註27〕
筆者觀（明）焦竑《國史·經籍志》卷三，其中分別著錄了蘇冕《唐會要》
四十卷、崔鉉《續會要》四十卷和（宋）王溥《唐會要》，《國史·經籍志》
成書於明神宗萬曆二十二年（1594年）左右，〔註28〕其序稱所錄爲「當代見
存之書」，〔註29〕倘如此，則明代萬曆以前，蘇冕《會要》、崔鉉《續會要》
尚存。但後世對於焦竑《國史·經籍志》記載的準確性評價頗低，〔註30〕彼

〔註27〕周殿傑：《關於〈唐會要〉的流傳和版本》，《史林》1989年第3期。
〔註28〕（清）張廷玉等：《明史》卷二八八《焦竑傳》，中華書局1974年版，第7392頁。
〔註29〕（明）焦竑：《國史經籍志》序，《四庫全書存目叢書》第277冊，齊魯書社
　　　　1995年版，第295頁。
〔註30〕《明史》卷九六《藝文志一》稱：「延閣廣內之藏竑跡無從遍覽，則前代陳編，
　　　　何憑記錄，區區掇拾遺聞，冀以上承《隋志》，而贋書錯列，徒滋訛舛。」《四
　　　　庫全書總目》卷八七《目錄類存目》亦稱：「古來目錄惟是書最不足憑，世以
　　　　竑負博物之名，莫之敢詰，往往貽誤後生。」

時二書眞乃「當代見存」的可能性不大。

　　蘇冕《會要》、崔鉉《續會要》逐漸亡佚，王溥《唐會要》卻流傳至今，筆者認爲主要有兩方面的原因：其一，多部書沒有單部書便於流傳和查考。其二，《會要》、《續會要》關於唐初至宣宗朝的記載和《唐會要》相比大同而小異，《唐會要》中保存的宣宗以後的史料卻物以稀爲貴。

　　蘇冕《會要》、崔鉉《續會要》亡佚後，王溥《唐會要》就成爲現存最早的會要體史書。有關《唐會要》在北宋的版本情況，據文彥博作於慶曆六年（1046年）的《五代會要》刻本題跋稱：

　　　　本朝故相王公溥撰唐及五代《會要》，凡當時制度沿革，集然條

　　陳無遺。《唐會要》已鏤板於吳，而《五代會要》）未甚傳。

　　根據上述記載，最遲在宋仁宗慶曆（1041～1048年）年間，《唐會要》已經在蘇州地區刻印成書。

　　關於《唐會要》在南宋的版本流傳情況，周殿傑《關於〈唐會要〉的流傳和版本》〔註31〕認爲《唐會要》在宋代尙不止一個本子，《玉海》所引用的《唐會要》異文不下十處，由這些異文可見當時《唐會要》各本紀事時間、紀事詳略、紀事角度等方面都有不同。邢永革《唐會要版本考略》〔註32〕則認爲《玉海》在引用《唐會要》時有十多處文字後用小字注明的所謂「一本云」，當爲另書中的材料，而非謂《唐會要》之別本。筆者觀（南宋）姚寬《西溪叢語》卷上所記：

　　　　楊小瑛，宣和（宋徽宗年號，1119～1127年）貴人，家有寫《唐

　　會要》一軸，係第七卷，後題行官楊小瑛書，字畫頗佳。其議山陵

　　疏中稱虞世南者，至再上疏則不稱姓，止云世南。〔註33〕

　　四庫館臣稱《西溪叢語》「其書多考證典籍之異同」，從南宋姚寬的記載可見，王溥《唐會要》在兩宋時期亦有抄本流傳。則兩宋時期王溥《唐會要》是否有多個刻本雖然於史無徵，但北宋蘇州地區的刻印本加上各種抄本，《唐會要》應該有多個本子。

　　此外，觀今本《唐會要》卷二十《陵議》：

　　　　貞觀九年（635年），高祖崩，詔定山陵制度……秘書監虞世南

〔註31〕周殿傑：《關於〈唐會要〉的流傳和版本》，《史林》1989年第3期。

〔註32〕邢永革：《〈唐會要〉版本考略》，《中國典籍與文化》2004年第2期。

〔註33〕（南宋）姚寬：《西溪叢語》卷上，《景印文淵閣四庫全書》第850冊，第924頁。

上封事曰……書奏不報，世南又上疏曰……

與姚寬所言第七卷「議山陵疏中稱虞世南者，至再上疏則不稱姓，止云世南」相符，出現這種情況，要麼是《唐會要》卷七和卷二十的記載重複，要麼是南宋時此則材料還在《唐會要》卷七之下，今本《唐會要》已然歸入卷二十。則《唐會要》所闕第七至十卷原有史料或有雜入它卷者。

元、明的史籍皆無刊行《唐會要》的記載，大致可以認定元、明兩代《唐會要》一直以抄本的形式流傳。流傳過程中，《唐會要》出現闕卷，後人據新舊《唐書》、《通典》、《冊府元龜》等書補入別的內容。據邢永革考證，《唐會要》是在永樂（1403～1424 年）至嘉靖（1522～1566 年）這段時間內出現闕卷的，而遲至嘉靖之前已被補輯。〔註34〕

至清初，《唐會要》刻本已相當罕見，清初著名學者和藏書家朱彝尊即稱：

今雕本罕有，予購之四十年，近始借鈔常熟錢氏寫本。〔註35〕

關於《唐會要》在清代的版本流傳情況，周殿傑認為清朝《唐會要》鈔本大致有兩個系統：

一、常熟錢謙益家藏鈔本。該本第七卷至第九卷缺，雜以他書，第十卷亦有錯雜文字，九三、四兩卷全缺。傅增湘所藏舊寫本、彭元端手校本、王宗炎校本、獨山莫氏殘抄本也都出於常熟錢氏寫本。朱彝尊在《曝書亭集》卷四五注明了該寫本第七卷至第九卷失去，雜以他書，第十卷亦有錯雜文字，九二卷闕第二翻以後，九三、九四二卷全闕。

二、乾隆三十八年（1773 年）清朝開四庫全書館，下詔搜訪遺書，浙江著名藏書家汪啟淑進《唐會要》鈔本。與常熟錢氏寫本相比，江啟淑家藏本七至十卷錯雜情況大致相同，但優點是九二至九四卷不殘缺，《四庫全書》就是以汪啟淑家藏本為主體，補入另一本中後人補做的四卷。汪啟淑家藏本後來被收入《武英殿聚珍版叢書》，是為清代第一部《唐會要》版本〔註36〕，是

〔註34〕 邢永革：《〈唐會要〉版本考略》，《中國典籍與文化》2004 年第 2 期。

〔註35〕 （清）朱彝尊《曝書亭集》卷四五《〈唐會要〉跋》，《傳世藏書》，海南國際新聞出版中心 1996 年版，第 275 頁。

〔註36〕 周殿傑還參與了上海古籍出版社 1991 年版《唐會要》的標校工作，該版《唐會要》前言也是在周殿傑的論文《關於〈唐會要〉的流傳和版本》之基礎上略有增補，該版《唐會要》前言此處作「刻本」。邢永革在《〈唐會要〉版本考略》（《中國典籍與文化》2004 年第 2 期）中指出，《武英殿聚珍版叢書》只有前四種為刻本，其後都是活字印刷，故當作「活字本」。

清人所謂「通行本」、「今本」。武英殿聚珍本後來有福建、廣東等地的翻刻本，清代同治年間〔註 37〕，江蘇書局刻印本是最後一個刻本，校勘頗精，改正了聚珍本的一些錯誤。〔註 38〕

有關現存《唐會要》的明、清抄本的情況，鄭明《〈唐會要〉初探》、〔註 39〕周殿傑《關於〈唐會要〉的流傳和版本》〔註 40〕已著錄清楚，此處從略。此處補充談一下現在常用的幾個版本《唐會要》的情況。除了《景印文淵閣四庫全書》本（以下簡稱四庫本）外，現在常用的《唐會要》版本主要還有：

1. 中華書局據《叢書集成初編》本紙型張數次重印的版本（以下簡稱「中華書局版」）

2. 古吳軒出版社 2005 年《隋唐文明》影印的清光緒江蘇書局刻本。（以下簡稱「江蘇書局版」）

3. 上海古籍出版社 1991 年以江蘇書局刻印本爲底本，校以武英殿聚珍本和多種清抄本、清校本以及《舊唐書》、《通典》、《冊府元龜》等相關文獻，相對而言是一個較好的版本，上海古籍出版社 2006 年「歷代會要」叢書裏收錄的《唐會要》與 1991 年版相同（以下簡稱「上海古籍版」）。

這幾個版本中，江蘇書局版、中華書局版和上海古籍版大致相同，四庫本與其他幾個版本則存在不少差異，使用時需要留意。下舉數例：

1. 上海古籍版《唐會要》卷四九《病坊》共記載了開元五年（717 年）宋璟和會昌五年（845 年）李德裕的兩份奏文，四庫本《唐會要》則根本沒有《病坊》這個子目，上述兩份奏文也不見於四庫本其他卷目。

四庫本《唐會要》九一至九四卷，與上海古籍版《唐會要》差異頗多：四庫本《唐會要》卷九三爲《北突厥上》，九四爲《北突厥下》、《西突厥》等，並且，四庫本無《諸司諸色本錢》這個子目；上海古籍版《唐會要》卷九三爲《諸司諸色本錢上》、《諸司諸色本錢下》，卷九四爲《北突厥》、《西突厥》等。「開元十八年，御史大夫李朝隱奏請籍百姓一年稅錢充本」以供官人料錢

〔註 37〕邢永革《〈唐會要〉版本考略》（《中國典籍與文化》2004 年第 2 期）以及上海古籍出版社 1991 年版《唐會要》前言皆作「同治年間」，筆者見文懷沙主編《隋唐文明》影印的江蘇書局刻本牌記作「光緒甲申江蘇書局開雕」（光緒十年，1884 年）。

〔註 38〕周殿傑：《關於〈唐會要〉的流傳和版本》，《史林》1989 年第 3 期。

〔註 39〕鄭明：《〈唐會要〉初探》，見《中國唐史學會論文集》，三秦出版社 1989 年版。

〔註 40〕周殿傑：《關於〈唐會要〉的流傳和版本》，《史林》1989 年第 3 期。

之事，上海古籍版《唐會要》歸於卷九三《諸司諸色本錢上》，四庫本歸於卷九一《內外官料錢上》。兩個版本卷九二《內外官職田》的內容差距更大，四庫本只有 3 條記載，其中有一條未見於上海古籍版，上海古籍版卻有 23 條記載。此外，四庫本《唐會要》卷九二《內外官料錢》最後一條記載缺末尾數句，下一個子目《內外官職田》子目名稱之下注文稱「原闕」，第一條記載又缺首句，其下部分內容並非唐制。江蘇書局、中華書局版《唐會要》的情況與上海古籍版相同。

2. 《唐會要》卷三九《議刑輕重》：

上海古籍版：

> 大中四年（850 年）正月敕：「……近日刑法頗峻，竊盜益煩，贓至一千，便處極法。輕人性命，重彼貨財，既多殺傷，且乖教化，況非舊制，須議更改。其會昌元年（841 年）二月二十六日敕，宜令所司，重詳定條流。
>
> （大中）四年（850 年）四月，請依建中三年（782 年）三月二十四日敕，每有盜賊贓滿絹三匹已上決殺，如贓數不充，量情科處。

江蘇書局版：同上

中華書局版：同上

四庫本：

> ……近日刑法頗峻，盜竊者刑網一干，便處極法，輕人性命……況非舊章，自應議改，其會昌元年二月二十六日敕，宜令所司重詳定條流聞奏。時刑部及大理卿同議奏請依建中三年三月十四日敕，每有盜賊贓估價自絹三匹已上決，設數不充，量情科處。

此處可以看出四庫本與其他幾個版本的記載差異較大。千錢即一貫，四庫本曰「盜竊者刑網一干，便處極法」，沒有載明賊贓數目，上海古籍版「竊盜益煩，贓至一千，便處極法」的記載更爲翔實。此條最後一部分，上海古籍版將之繫於大中四年（850 年）四月之下；四庫本沒標明具體時間，卻比上海古籍版多出「刑部與大理卿同議奏請」的內容。

3. 《唐會要》卷三五《褒崇先聖》：

上海古籍版：

> 蘇氏議曰，撿貞觀、顯慶年敕，並稱二十二賢，又撿太極、開元年敕，即稱二十二賢。將前敕及學令比類，於服虔之下有杜、范、

賈，未知何年月附入。

江蘇書局版：同上

中華書局版：同上

四庫本：

　　蘇氏冕曰：嘗檢貞觀、顯慶年勅，並稱三十二賢，又檢太極、開元年勅，即稱三十二賢。將前勅及學令比類於服虔之下有十二賢，未知何年月附入。

4. 《唐會要》卷六十《御史臺上・御史臺》：

上海古籍版：

　　《鄴都故事》云：「臺門北開者，法司主陰，取冬殺之義。」

江蘇書局版：同上

中華書局版：同上

四庫本：

　　故事云：「臺門北開者，法司主陰，取冬殺之義。」

5. 《唐會要》卷六四《史館下・史館雜錄下》「劉知幾奏記於蕭至忠曰」：

上海古籍版：……干寶直書，見仇貴族，人之情也，能無畏乎？

江蘇書局版：同上

中華書局版：同上

四庫本：

　　……王韶〔註41〕直書，見仇貴族，人之情也，能無畏乎？

　　從上述五個例子可見上海古籍版《唐會要》和四庫本《唐會要》的部分內容差異頗大，門類設置也頗有差異。在使用《唐會要》時，需要留意常用的這兩個現行版本的差異，對一些史料進行考辨。筆者認為出現這些差異的原因主要在於後人的校改。四庫本和上海古籍版《唐會要》雖然都採自汪啓淑家藏本，但修成《四庫全書》後，汪啓淑家藏本又被收入武英殿聚珍本，武英殿聚珍本的《唐會要》參校了當時的其他版本，並校以他書，如《舊唐書》、《冊府元龜》等等，在《四庫全書》本的基礎上已經有所改動。此後江蘇書局刻本又對武英殿聚珍本作了校改，上海古籍出版社的版本又以江蘇書局刻本為底本進行點校，中華書局版《唐會要》的底本也是江蘇書局刻本。

〔註41〕劉知幾《史通》卷二十《外篇・忤時第十三》、《舊唐書》卷一○二《劉子玄傳》皆作「王韶直書」。

江蘇書局刻本、中華書局版和上海古籍版這幾個版本之間差別還不是太大，但它們與四庫本的差異已經頗為明顯了。

此外，上海古籍出版社 1991 年版《唐會要》的參校本無《四庫全書》本，〔註 42〕使得一些明顯的錯誤沒有得以糾正。例如，上海古籍版以及《隋唐文明》影印的江蘇書局光緒刻本《唐會要》卷二五《雜錄》（開成）三年（838年）二月條皆作「委司臺立一日，依官班具名列奏」；四庫本則作「委司臺前一日，依官班具名列奏」，當以四庫本為是。

〔註42〕上海古籍出版社 1991 年版前言說明該版是以江蘇書局本為底本，校以乾隆武英殿聚珍本叢書本和上海圖書館所藏舊鈔本、清乾隆鈔本、清王宗炎校本、殘抄本。還據《舊唐書》、《冊府元龜》、《通典》等書，作一些必要的他校。皆寫出校記，附於每卷之末。

第六章 《唐會要》校讀舉隅
——以經濟史料爲例

　　本章擬在舉例對經濟史料進行考辨的過程中，探討校讀《唐會要》的方法。今本《唐會要》經濟史料主要集中在卷八三至卷九三，其中有較多的錯誤，本章主要以這十卷爲例證，對《唐會要》的錯誤類型、成因、校讀法進行探討。邢永革對《唐會要》正文的錯誤類型和成因已有比較詳細的分析，本章第一節將在其基礎上補充歸納出四種錯誤類型：「專名誤」之中的「職官名誤」；文本性質誤；門類歸屬不當；注文疑誤。對於邢永革已經指出的部分錯誤類型，筆者也將舉經濟史料進行補證。分析這些錯誤類型可知，《唐會要》經濟史料的致誤主要有三方面原因：其一，部分錯誤在王溥編撰《唐會要》的過程中已經出現，尤其是專名有誤，門類歸屬不當，因有意省文而造成表意不明等錯誤類型，更可能發生在《唐會要》的編撰過程中。其二，《唐會要》長期以抄本的形式流傳，出現衍、訛、脫、倒、錯簡等傳抄之誤。不僅經濟史料，今本《唐會要》的大部分錯誤屬於這種情況。其三，今人誤校，主要是標點之誤，誤改的情況相對較少。本章第二節將以《群書考索後集》的《會要》引文對校《唐會要・內外官職田》，第三節將以四庫本對校上海古籍版《唐會要》。

第一節　《唐會要》經濟史料常見錯誤類型補證及致誤原因分析

　　邢永革對《唐會要》正文的錯誤類型和成因進行分析時，指出了《唐會要》十二個方面的問題：日期及數字誤；專名誤，包括人名、地名、年號誤

三種；量詞誤；字形近而誤致文理不通；二事並一事而誤；誤一事爲二事；涉上下文而誤；誤脫；誤衍；誤倒；錯簡；今人點校之誤，包括標點不當和誤改。〔註1〕筆者認爲還有四個類型的錯誤可議：職官名誤、文書性質誤、門類歸屬不當、注文疑誤。另外，《唐會要》的資料係時之誤比較突出，邢文只述其年號誤，有些歸入「量詞誤」處理。鑒於繫時是史料極爲重要的內容之一，牽涉到後人能否準確利用與正確闡釋其內容的問題，本文認爲應以「繫時誤」作爲一種類型進行歸納和辯證。

邢文對致誤原因作了分析，其歸納的部分錯誤類型，實際上是根據致誤原因劃分的，還可以作進一步的概括。本節針對《唐會要》經濟史料，對其致誤原因加以概括，並舉一反三，對校讀《唐會要》方法進行探討。

一、《唐會要》經濟史料常見錯誤類型補證

（一）職官名誤

「專名誤」還有一種錯誤類型是職官名誤。

例如，《唐會要》中多處將「支度」誤爲「度支」：

1. 《唐會要》〔註2〕卷四六《封建》載：

> 大曆十年二月，封第四子述爲睦王，充嶺南節度、度支、營田等大使。

按：卞孝萱指出，唐王朝將中央的財政長官叫度支使，地方的財政長官叫支度使，唐代史籍中，頗有將地方財政長官支度使誤寫誤刻爲度支使者。〔註3〕上引《唐會要》的記載即屬此例。首先，《舊唐書》卷一一六《睦王述傳》記載的大曆十年（775年）二月詔稱：

> 述可封睦王，充嶺南節度、支度、營田、五府經略觀察處置等大使。

其次，《唐會要》卷七八《諸使中·節度使》記載，開元十五年（727年）十二月，除張志亮隴右節度使，其文稱：

> 又兼經略、支度、營田等使、已後爲定額。

〔註1〕邢永革：《〈唐會要〉正文錯誤類型及成因探析》，《菏澤學院學報》2006年第4期。

〔註2〕上海古籍出版社1991年版，以下沒有明確指出版本的都指這個版本。

〔註3〕卞孝萱：《唐代的度支使與支度使——新版〈舊唐書〉校勘記之一》，《中國社會經濟史研究》1983年第1期。

再次，敦煌文書中有鈐「河西支度營田使印」的官文書。〔註4〕以出土文物證諸傳世文獻，可知睦王述擔任的地方財政長官的正確官名爲「支度使」。

2. 《唐會要》卷七八《諸使中·節度使》載：

> （元和）十三年二月，襄陽節度使李愬奏請判官、大將已下官凡一百五十員。上不悅，謂裴度曰：「李愬誠立奇功，然奏請過當。」遂留中不下。其年七月，詔曰：「事關軍旅，並屬節制；務繫州縣，悉歸察廉。二使所領，管轄諸道，度支、營田，承前各別置使……河陽等道支度、營田使，及淮南支度，近已定省。其餘諸道。並准此處分。」初，景雲、開元間，節度、支度、營田等使，諸道並置，又一人兼領者甚少。艱難以來，優寵節將，天下擁旄者，常不下三十人，例銜節度、支度、營田、觀察使，其邊界藩鎮，增置名額者，又不一。前後六十餘年，雖嘗增減官員及使額，而支度、營田，以兩河諸將兼領，故朝廷不議停廢。至是，群盜漸息，宰臣等奏罷之。

其中「度支、營田，承前各別置使」中的「度支」亦「支度」之誤。即以本段上下文互證，所討論的是增減諸道官員名額之事，除了該處將「支度」誤爲「度支」外，其餘如「河陽等道支度、營田使，及淮南支度」，「初，景雲、開元間，節度、支度、營田等使」，「例銜節度、支度」，「而支度、營田，以兩河諸將兼領」等表述，都證明前稱「度支」一處應爲「支度」之誤。

此段記載可作爲校讀《唐會要》的範例之一，說明即使此前不瞭解唐朝「度支」與「支度」的職官名區別，若仔細校讀上下文，運用本校法也能發現前後稱謂不一及其中的錯誤。

順便指出，《唐大詔令集》一○一《政事·官制下》、《文獻通考》卷六一《職官考十五》亦載此事，全文各處皆誤稱「度支」。以是觀之，考辨史料之時，要盡可能多收集考校各書的相關記載，通常成書在前、保存原始資料更多的資料更可信。對《唐會要》此處之誤，倘若僅以《唐大詔令集》或《文獻通考》作他校，有可能會出現誤校。

3. 《唐會要》卷七九《諸使下·諸使雜錄下》載：

> （會昌五年）其年九月，中書門下奏減諸道判官員額，稱：黔中舊有十員，望各留六員，經略副使、判官、招討判官、觀察判官、

〔註4〕唐耕耦：《敦煌所出唐河西支度營田使戶口給糧計簿殘卷》，《中國歷史文物》1987年版。

度支、鹽鐵判官。

按：此條黔中各留六員判官中，「度支」判官當爲「支度」判官之誤。《唐會要》關於同類型制度的記載稱「支度判官」，可爲旁證。如《唐會要》卷七八《諸使中‧節度使》載：

開元十四年三月二日敕：「河西長行轉運、九姓，即隸入支度使，宜加支度判官一人。」

從上述幾個例子來看，要校讀《唐會要》，校以他書的他校法，以本書互證的本校法，以出土文物證傳世文獻等都是重要的校勘方法。當然，在運用他校法時也要注意存在他書同誤的情況，因此應儘量將各書的相關記載收集齊全，詳加考證。同時應充分借鑒今人關於相關制度的研究成果。

（二）文本性質之誤

《唐會要》中的文本性質之誤是應該單獨加以揭示的一個比較重要的錯誤類型。《唐會要》卷五四《省號上‧中書省》總結了唐代的公文類型，上達於下的「王言之制有七」，包括冊書、制書、發敕、敕旨、論事敕書、敕牒等。下之通於上的公文則有奏抄、奏彈、露布、議、表、狀等。這些公文都有固定的書法。《唐會要》關於公文文本性質之誤可探討的情況如下。

1. 是敕文還是奏書？

例如，《唐會要》卷八四《租稅下》：

開成二年二月敕節文：「諸州府或遇水旱，有欠稅額，合供錢物斛斗，伏請委州縣長官，設法招攜，及召戶承佃……

按：「伏請」是臣下奏書的書法，與文本標示爲「敕節文」顯然矛盾。證諸四庫本《唐會要》卷八四《租稅下》、《冊府元龜》卷四八八《邦計部‧賦稅二》，皆標示此條爲「敕節文」，上述上海古籍版作「伏請」處，四庫本作「可即委」，《冊府元龜》作「委」。四庫本和《冊府元龜》的此條記載前後文意通貫，符合敕書的書法。

據此分析，有兩種可能，其一，上海古籍版《唐會要》既與四庫本《唐會要》、《冊府元龜》的同條記載皆把文本性質標示爲「敕節文」，則其行文中的「伏請」誤。其二，此條實爲奏文，即應標示爲「開成二年二月××奏」。如此則上海古籍版《唐會要》的文本標示有誤，但行文不誤，而四庫本和《冊府元龜》的文本標示及行文皆誤。因尚缺乏其他有力證據，一時無法斷定，但筆者傾向於第一種可能。

類似之誤，如上海古籍版《唐會要》卷九十《緣封雜記》載：

> （開元）十一年五月十日勅：「請諸食實封，並以丁爲限，不須一分入官，其物仍令出封州隨庸調送入京，其腳以租腳錢充，並於太府寺納，然後准給封家。」

按：上海古籍版既稱「勅」，則後文不當曰「請諸食實封」，因爲「請」是奏書的書法。四庫本則爲「（開元十一年）其年五月十日勅，諸食實封……」少了「請」字，符合「勅」的格式，當以四庫本爲是，上海古籍版因失校而誤。從四庫本稱「其年」，而上海古籍版稱「十一年」來看，四庫本的底本被收入《武英殿聚珍版》之時，或者其後某個版本的校勘者對此處做了校改。

推測《唐會要》出現上述文本性質與行文筆法矛盾的原因，劉後濱述及「勅後起請」的情況，即在前勅與後一個勅旨之間的「奏請」、「伏請」當屬「勅後起請」，故曰「伏請」，前勅和起請條是連在一起的。〔註5〕由此有可能是《唐會要》把前勅與勅後起請的內容縮略在一起時未加細分，以致前曰「勅」，其下內容又有「伏請」等詞。

2.「赦」誤爲「勅」或「勅旨」。

「赦」、「勅」、「勅旨」屬於唐朝皇帝使用的七種文體之三。據《唐會要》卷五四《省號上‧中書省》載：

> 凡王言之制有七：一曰冊書，立后建嫡、封樹藩屏、寵命尊賢、臨軒備禮則用之；二曰制書，行大賞罰、授大官爵、釐革舊政、赦宥降恩則用之；三曰慰勞制書，褒賢贊能、勸勉勤勞則用之；四曰發勅日，謂御畫發勅日也，增減官員，廢置州縣，徵發兵馬，除免官爵，授六品以下官，處流以下罪，用庫物五百段、錢二百千、倉糧五百石、奴婢二十人、馬五十匹、牛五十頭、羊五百口以上則用之；五曰勅旨，謂百司承旨，而爲程式，奏事請施行者；六曰論事勅書，慰諭公卿，誡約臣下則用之；七曰勅牒，隨事承旨、不易舊典則用之也。皆宣署申覆而施行焉。

可見赦書屬於「制書」。《唐大詔令集》收錄的赦書有即位赦、改元赦、冊尊號赦、東封赦、后土赦、南郊赦、籍田赦、親祭九宮赦等不同的標示。《文苑英華》卷四二〇《赦書一》至四三三《赦書十四》則分爲「登極」、「改元」、

〔註5〕劉後濱：《唐代中書門下體制研究——公文形態、政務運行與制度變遷》，齊魯書社2006年版，第281～287頁。

「上尊號」、「禮祀」、「平亂」、「立太子」等。可見赦書有特定的適用範圍，常與特定的儀式或極其重大的事件相關，因而頒佈次數較少。「勅」、「勅旨」的適用範圍則比較廣，頒佈頻繁。《唐會要》將皇帝使用的文本性質標示之誤例，如卷九三《諸司諸色本錢下》載：

> （會昌元年六月）是月，戶部奏：「準正月九日勅文，放免諸司食利錢，每年別賜錢二萬貫文，充諸司公用。今準長慶三年十二月九日敕，賜諸司食利本錢……

但緊接此條史料之後的「（會昌）二年正月勅」又稱「去年赦所放食利」云云，則會昌元年正月九日下令放免諸司食利錢的公文究竟是勅還是赦？

如上所述，赦書的使用有特定場合，據《舊唐書》卷一八上《武宗本紀》（《冊府元龜》卷九十一《帝王部·赦宥十》略同）：

> 會昌元年正月壬寅朔。庚戌，有事於郊廟，禮畢，御丹鳳樓，大赦，改元。

會昌元年正月「壬寅朔」，初一爲朔，正月「庚戌」正是正月九日，可見會昌元年正月九日確有頒佈改元赦。故《唐會要》上條戶部奏中的「準正月九日勅文」當作「準正月九日赦文」。

又，《冊府元龜》卷五○八《邦計部·俸祿四》亦載此事，稱：

> 是月，戶部奏：「準正月九日勅文，放免諸司食利錢，每年別賜錢三萬貫文，充諸司公用，今準赦文，酌量閑劇率配如後：準長慶三年十二月九日勅，賜諸司食利本錢……

其所謂「今準赦文，酌量閑劇率配如後」指的是前面說的「正月九日勅文」，可見實應爲「正月九日赦」。

將《冊府元龜》與《唐會要》上述記載對比，可推知其史料應該是同出一源，但《唐會要》對所引戶部的奏文作了節略，在保留錯誤的「準正月九日勅文」的說法的同時，卻將可供正確表述文書性質的「今準赦文，酌量閑劇率配如後」等文字省略了。

再如，卷九三《諸司諸色本錢下》「會昌元年正月勅節文」條：

> 會昌元年正月勅節文：「每有過客衣冠，皆求應接行李，苟不供給，必致怨尤……」

《冊府元龜》卷四八四《邦計部·經費》亦載此事，稱「武宗會昌元年正月赦」，其下詳載赦全文。《冊府元龜》卷一六○《帝王部·革弊二》也有

「武宗會昌元年正月敕節文」，其節文略同於《唐會要》。《冊府元龜》的這兩處記載可證《唐會要》「會昌元年正月勅節文」條，實為「敕節文」。

又，上例已經考證會昌元年正月九日頒佈了改元敕，此條亦可為上述《唐會要》「會昌元年正月勅節文」實為「敕文」的又一佐證。由於卷九三《諸司諸色本錢下》的這兩條史料都是關於諸司本錢的，很可能皆出自會昌元年正月九日改元敕。

以上對《唐會要》的文本性質錯誤舉例作出說明。《唐會要》全書此類文本性質之誤當還有不少。當代出版《唐會要》之時，為了保存古籍的本來面目，很多地方不必校改，但讀者在利用這些史料做研究時，卻不能不加考辨。

（三）門類歸屬不當

分門別類是會要體編纂的一大特色。分類得當，既反映了編纂者對事物性質的正確認識，也有利於讀者的利用。反之則可能誤導讀者，或給讀者使用帶來不便，或造成資料收集的遺漏。王溥在編纂史料之時略顯草率，一些史料門類歸屬不當，舉例如下：

1. 《唐會要》卷八四《雜稅》載；

> 元和三年十月，禁採銀。一兩已上者，笞二十，逓出本界，州縣官吏，節級科罰。

按：此條史文節取自詔書，詳文見諸《唐會要》卷八九《泉貨》，為：

> （元和三年六月）詔曰：「泉貨之法，義在通流。若錢有所壅，貨當益賤。故藏錢者得乘人之急，居貨者必損己之資。今欲著錢令以出滯藏，加鼓鑄以資流佈，使商旅知禁，農桑獲安。義切救時，情非欲利，若革之無漸，恐人或相驚。應天下商賈先蓄見錢者，委所在長吏，令收市貨物。官中不得輒有程限逼迫商人，任其貨易，以求便利。計周歲之後，此法遍行，朕當別立新規，設蓄錢之禁。所以先有告示，許其方圓，意在他時，行法不貸。又天下有銀之山，必有銅礦，銅者可資於鼓鑄，銀者無益於生民，權其重輕，使務專一。天下自五嶺以北，見採銀坑，並宜禁斷。恐所在坑戶不免失業，各委本州府長吏勸課，令其採銅，助官中鑄作。仍委鹽鐵使做法條流聞奏。」

可見詔書通篇沒有一語言及徵稅，故《唐會要》將此節錄收入卷八四《雜

稅》一目屬於歸類不當，歸入卷八九《泉貨》則爲是。

2. 《唐會要》卷八八《雜錄》載：

（開元）二十年九月二十九日勅：「綾、羅、絹、布、雜貨等，交易皆合通用，如聞市肆，必須見錢，深非通理。自今後與錢貨兼用，違者準法罪之。」

按：此條史料是關於「錢貨兼用」的，應歸入卷八九《泉貨》一目。

3. 《唐會要》卷九三《諸司諸色本錢上》：

（貞觀）十八年，以京兆府岐、同、華、邠、坊州隙地陂澤可墾者、復給京官職田。

按：此條史料當歸入《唐會要》卷九二《內外官職田》一目。

4. 《唐會要》卷九三《諸司諸色本錢上》載：

天寶元年，員外郎給料。天下白直，歲役丁十萬，有詔罷之，計數加稅以供用，人皆以爲便。自開元後，置使甚眾，每使各給雜錢。

按：此條未涉及「本錢」事，應歸入卷九一《內外官料錢上》。

總的來看，《唐會要》門類歸屬不當的錯誤大多發生在王溥編撰《唐會要》之時，所以我們說他的編纂工作做得不夠細緻。由於此類錯誤的出現，使得《唐會要》的體例略顯混亂，讀者在尋檢《唐會要》的相關史料時，不能僅根據其門類名稱判斷。

（四）注文誤入正文

1. 《唐會要》卷六十《御史臺上·監察御史》載：

龍朔元年八月，忻州定襄縣尉王本立爲監察御史，裏行之名始於此。《六典》又云裏行始於馬周，未知孰是。

按：末尾之「《六典》又云裏行始於馬周，未知孰是」一句，使用的是《唐會要》注文常用的書法。古籍傳抄中常用小字加以區別。因此這一句應是注文，傳抄過程中因字體之誤竄入正文。

2. 《唐會要》卷七二《馬》：

開元二年九月。太常少卿姜晦上疏，請以空名告身，於六胡州市馬，率三十匹馬酬一游擊將軍。注：時廄中馬闕，乃從之。

按：此處注文與正文文氣相接，不應是編纂者之注。查《冊府元龜》卷六二一《卿監部·監牧》載：

開元二年九月，太常少卿姜晦上封，請以空名告身，於六胡州市馬，率三十匹馬酬一游擊將軍。時廐馬尚少，深以爲然，遂命齎告身三百道往市馬。

可見後面的文字是對姜晦上書處理原因與結果的說明，應屬正文。應是傳抄過程中之誤。

（五）繫時誤

《唐會要》資料繫時之誤可區分爲三種情形加以分析：

第一，《唐會要》資料的繫時，大部分採取年號紀年加上數字紀月、日的方法。採用這種方法，除了原稿即誤之外，在版本流傳過程中還很容易出現數字的脫、訛、衍。同時，唐朝有些年號的稱謂相近，也容易造成抄寫訛誤。例如：

1. 《唐會要》卷三十《雜記》載：

（貞元）十三年九月，上謂戶部侍郎、判度支裴延齡曰：「朕以浴堂院、殿一袱損壞，欲換之而未能。」裴延齡曰：「陛下自有本分錢物，用之不竭。」

按：據《舊唐書》卷十三《德宗本紀下》載：

（貞元九年六月）以司農少卿裴延齡爲戶部侍郎、判度支。

（貞元十二年三月）乙巳，以戶部侍郎裴延齡爲戶部尚書。

（貞元十二年九月）丙午，戶部尚書、判度支裴延齡卒。

嚴耕望《唐僕尚丞郎表》卷十一《戶部尚書》考證了裴延齡的卒年，認爲《全唐書》卷六一四《崔敖河東鹽池靈慶公神道碑》所言裴延齡卒於貞元十一年（795 年）有誤，《舊唐書·德宗本紀》等書記載裴延齡卒於貞元十二年（796 年）九月十八丙午是正確的。〔註6〕

裴延齡爲戶部侍郎、判度支事在貞元九年（793 年）六月至貞元十二年（796 年）三月之間，貞元十二年（796 年）九月裴延齡卒，則上述《唐會要》確指爲「貞元十三年九月」當誤。《冊府元龜》卷五一〇《邦計部·希旨》亦載此事，記爲「貞元中」，文字更詳，當以《冊府元龜》爲是。

2. 《唐會要》卷八八《鹽池使》載：

景雲四年三月，蒲州刺史充關內鹽池使。

〔註 6〕嚴耕望：《唐僕尚丞郎表》，上海古籍出版社 2007 年版，第 647 頁。

又，四庫本作「景雲四年三月九日始置關內鹽池使。」

按：唐無「景雲四年」，上海古籍版及四庫本此條繫年均誤。查《冊府元龜》卷四八三《邦計部・總序》載：

> 景雲二年，以蒲州刺史充關內鹽池使，鹽鐵（當作「鹽池」）之有使自此始也。

可見應爲景雲二年（711 年）事。

3. 《唐會要》卷八八《鹽鐵使》「韓滉」條載：

> 貞元元年十二月，尚書左僕射韓滉加諸道鹽鐵使。

而四庫本《唐會要》載：

> 貞元二年十二月，尚書左僕射韓滉加諸道鹽鐵使。

按：寧志新據《舊唐書》卷十二《德宗上》，兩《唐書》《韓滉傳》考證，貞元二年（786 年），韓滉以鎮海軍、浙江東西道節度使兼度支、諸道鹽鐵、轉運使，開藩鎮節帥領諸道鹽鐵使之先河。〔註7〕故此處當以四庫本爲是。

此外，寧志新還糾正了《唐會要》卷八八《鹽鐵使》的三個時間錯誤：楊嗣復，據《舊唐書》卷十七下《文宗下》、卷一七六《楊嗣復傳》，充使時間在開成二年（837 年）十月，《唐會要》卷八八稱在開成三年（838 年）十月，當誤；杜悰，據《舊唐書》卷十八上《武宗紀》，第一次充使時間在會昌四年（844 年）七月，《唐會要》卷八八稱在會昌元年（841 年）七月，當誤；柳仲郢，據《舊唐書》卷十八下《宣宗紀》，第二次充使時間在大中十一年（857 年）十二月，《唐會要》卷八八稱在大中十二年（858 年），當誤。

4. 《唐會要》卷四五《功臣》載：

> 神龍元年七月制：「段志玄、屈突通……二十五家，所食實封，並依舊給。」

按：《唐會要》卷九十《緣封雜記》亦載此事，稱：

> 神龍二年七月十四日制：「功臣段志玄、屈突通……二十五家，所食實封，並依舊給。」

而《冊府元龜》卷五〇五《邦計部・俸祿》、《文獻通考》卷二七六《封建考十七》稱引自「《唐會要》」者，也都將此事繫於神龍二年（706 年）七月。

從本校、他校的結果來看，《唐會要》卷四五《功臣》的「神龍元年」當

〔註7〕寧志新：《隋唐使職制度研究》，中華書局 2005 年版，第 265 頁。

作「神龍二年」。

　　第二，《唐會要》有少部分資料採用干支紀日，王溥在編撰《唐會要》之時，有意刪去了干支紀日而採用數字紀日，但刪得不夠徹底，並存在干支繫時錯誤的情況。如《唐會要》卷四四《螟蟘》載：

　　　　（開元四年）八月二十四日己卯，勅河南、河北檢校殺蝗蟲使
　　狄光嗣、康瓘、敬昭道、高昌、賈彥璿等，宜令待蟲盡，看刈禾有
　　次序，即入京奏事。

　　按：開元四年（716年）八月二十四日「丁卯」當作「己卯」。武秀成指出：「正史採用干支紀日，因其六十組干支，同一字者多，形似音近者亦多，故致訛者甚夥。或脫或衍，或訛或倒，或一月割分兩月，或數月混爲一月，研讀史書者，務須留意焉。」〔註8〕

　　第三，《唐會要》在繫年之時常稱「其年」，這也造成一些繫時錯誤，引起後人的一些爭議。舉例如下：

　　1.《唐會要》卷五九《尚書省諸司下·度支使》在「建中元年十二月十七日」條之後載：

　　　　其年八月，宰相楊炎論奏曰：「夫財賦，邦國之大本，生人之喉
　　命，天下治亂輕重皆由焉。是以前代歷選重臣主之，猶懼不集，往
　　往復敗，大計一失，則天下搖矣。先朝權制，内臣領其職，以五尺
　　宦豎操邦國之本，豐儉盈虛，雖大臣不得知，無以計天下利害。臣
　　愚待罪宰輔，陛下至德，惟民是恤，參校盡弊，無斯之甚。請出之
　　以歸有司，然後可以議政」。上然之，詔：「今後財賦，皆歸左藏庫，
　　一用舊式，每歲量進三五十萬〔註9〕入大盈，而度支先以全數聞奏。」

　　按：四庫本《唐會要》也將此事列於建中元年（780年）五月十七日條之

〔註8〕武秀成：《舊唐書辯證》，上海古籍出版社2003年版，第99頁。
〔註9〕四庫本作「二三十萬」。《玉海》卷一八三《食貨·府庫》亦載此條《會要》佚
　　文，作「三二十萬貫」。大盈庫屬於内庫，供皇帝和皇室其他成員支用。在財
　　賦歸於左藏庫之後，每歲須進納大盈庫的是錢（貫）還是帛（匹），數目是二
　　三十萬還是三五十萬，上述各書的說法不一。《冊府元龜》記載的詔文最詳，
　　從其所言「擇精好之物」來看，此詔所指每歲須進納大盈庫的應該是帛。至於
　　所納數目，上述諸書大多記爲「三五十萬」。李錦繡在考察德宗朝的内庫支出
　　時，引用的就是上述《冊府元龜》的記載，她認爲「這三五十萬匹應是内庫支
　　出的基本額」。詳見李錦繡：《唐代財政史稿》（第五冊），社會科學文獻出版社
　　2007年版，第391頁。

後，並不分段。以此看來，很可能王溥《唐會要》原本即如此。如果按照這樣的編排來看，兩個版本的《唐會要》中「其年八月」當指建中元年（780年）八月。但此事亦見於其他史籍。《舊唐書》卷一一八《楊炎傳》在記述德宗即位後擢用楊炎爲宰相之後，再稱楊炎上奏，其後述曰：

> 詔曰：「凡財賦皆歸左藏庫，一用舊式，每歲於數中量進三五十萬入大盈，而度支先以其全數聞。」

據《舊唐書》卷十二《德宗本紀》記載，德宗即位在大曆十四年五月（779年），楊炎任相在同年八月。據《舊唐書》卷一一八《楊炎傳》所言「及炎作相，頓首於上前」並奏請出大盈庫財賦以歸有司，則楊炎此次上奏應該在大曆十四年（779年）八月拜相之後。再據《冊府元龜》卷四八四《邦計部·經費》載：

> （大曆十四年）十二月己卯詔曰：凡財庫皆歸左藏庫，一用舊式，每歲於數中擇精好之物三五十萬匹進納大盈庫，而度支先以全數聞。

可見上海古籍版和四庫本所謂「其年八月」本指大曆十四年（779年）八月，誤繫於建中元年（780年）五月十七日條之後。

2. 《唐會要》卷八十七《轉運鹽鐵總敘》在「元和五年」條之後載：

> 其年，詔曰：「兩稅法悉委郡國，初極便人，但緣約法之時，不定物估。今度支鹽鐵，泉貨是司，各有分巡，置於都會。爰命帖職，周視四方，簡而易從，庶叶權便。政有所弊，事有所宜，皆得舉聞，副我憂寄，以揚子鹽鐵留後爲江淮已南兩稅使……」

按此編排順序，此條繫年應亦爲「元和五年」。但是，《唐會要》卷八四《兩稅使》亦載此事，作「元和四年六月勅」。李錦繡引日本學者高橋繼男文，從「兩稅使」之設的角度判斷繫於元和四年（809年）、元和五年（810年）均誤，應爲元和六年（811年）。〔註10〕不過，若從元和四年初度支提出處理兩稅錢折納與「錢重物輕」的矛盾的措施來看，此條繫於元和四年（809年）也不無道理。但卷八七《轉運鹽鐵總敘》繫於元和五年（810年）之後肯定爲誤。

總之，《唐會要》採取「其年」這種比較模糊的繫時方式，由於編排次序的原因，有可能造成係時之誤，讀者對此必須加以注意。

〔註10〕 李錦繡：《唐代財政史稿》（第四冊），社會科學文獻出版社2007年版，第129頁。

二、《唐會要》經濟史料致誤原因分析

（一）因省文而致表意不明

《唐會要》中的一些詔勅或奏文，稱「節文」者甚多，有的雖然沒有標明是「節文」，但將之與他書作對比時，也常發現所載並非全文。在節略過程中就可能產生問題。上文考辨《唐會要》卷九三《諸司諸色本錢下》「（會昌元年六月）戶部奏」條曾指出，由於該條對原奏文作了節略，導致表意不明或前後矛盾。同卷同目還有一例也屬於這種情況。文曰：

> （貞元）二十一年正月制：「百官及在城諸使息利本錢，徵放多年，積成深弊，宜委中書門下與所司商量其利害，條件以聞，不得擅有禁錢，務令通濟。」

其末稱「不得擅有禁錢，務令通濟」，與上文處理息利本錢的文意不通。查《冊府元龜》卷八九《帝王部・赦宥八》（《唐大詔令集》卷二《帝王・即位赦上》略同）稱：

> 順宗以貞元二十一年正月即位，二月甲子御丹鳳門，大赦天下，制曰：「……百司及在城諸使息利本錢，徵放多年，積成深弊，內外官料錢、職田等，厚薄不均，兩稅及諸色榷稅，物重轉須有損益，並宜委中書門下與逐司商量，具利害條件以聞，不得擅有閉糴、禁錢，務令通濟……」

可見順宗之制要求處理的事項甚多，《唐會要》在《諸司諸色本錢下》目下節錄此制文的有關息利本錢的內容，但節錄不當，以致表意不明。

（二）兩事誤並爲一事

王溥在編纂《唐會要》之時，採取的是以類相從的原則，同類型的史料被編排在一起，但是這樣一來沒有明顯時間標誌的史料就可能會和其他史料相混，造成兩事誤作一事。如《唐會要》卷九三《諸司諸色本錢上》載：

> 乾元元年勅：「長安、萬年兩縣、各備錢一萬貫、每月收利、以充和雇。」時祠祭及蕃夷賜宴別設，皆長安、萬年人吏主辦。二縣置本錢，配納質債戶收息以供費。諸使捉錢者，給牒免徭役，有罪府縣不敢劾治。民間有不取本錢，立虛契，子孫相承爲之。

《新唐書》卷五五《食貨五》亦載此事，稱：

> 於時祠祭、蕃夷賜宴、別設，皆長安、萬年人吏主辦，二縣置

—139—

本錢，配納質積戶收息以供費。諸使捉錢者，給牒免徭役，有罪府縣不敢劾治。民間有不取本錢，立虛契，子孫相承爲之。嘗有毆人破首，詣閒廄使納利錢受牒貸罪。御史中丞柳公綽奏諸使捉錢戶，府縣得捕役，給牒者毀之，自是不得錢者不納利矣。

《新唐書》將上述事件繫於德宗時期。其後又有御史中丞柳公綽上奏之事，據《舊唐書》卷一五上《憲宗本紀》，柳公綽爲御史中丞事在元和五年（810年）十二月。自柳公綽上奏之後，「不得錢者不納利」，則《唐會要》卷九三《諸司諸色本錢上》「時祠祭」之後當爲德宗朝至憲宗元和初的事情，誤與唐肅宗乾元元年的另一事並爲一事。《唐會要》此條所述，其實是在不同時間爲二縣設置兩種用途不同的本錢，一種是肅宗時的息利充和雇，一種是憲宗時的充祠祭、蕃夷賜宴、別設之費。從時間和用途來看，都是將二事混爲一事。

《唐會要》誤將此兩事並作一事的原因，當在於兩事皆與長安、萬年兩縣置本錢收利有關，但因在節錄後一事資料時沒有明確的繫年，故誤列於乾元元年條之下。

此外，因爲傳抄錯誤或者誤校等因素，也可能導致兩事誤作一事，如上海古籍版《唐會要》卷八三《租稅上》載：

> （貞元）十二年十月，虢州刺史崔衍奏：「所部多是山田，且當郵傳衝要，屬歲不稔，頗有流離，舊額賦租，特乞蠲減。臣伏見比來諸州論百姓間事，患在長吏因循，不爲申請，不患陛下不優恤；患在申請不指實，不患朝廷不矜放。有以不言受譴者，未有以言得罪者。陛下授臣以疲民，臣用不敢迴顧，苟求自安，敢罄狂聲，上漬聰聽。」辭理切直，爲時所稱。

四庫本的異文爲：「……特乞蠲減。其略曰：臣伏見比來諸州論百姓間事……」。

查《冊府元龜》卷四八八《邦計部·賦稅二》載稱：

> （貞元）十二年（796年）二月虢州刺史崔衍奏：「所部多是山田，且當郵傳衝要，屬歲不稔，頗有流離，舊額賦租，特乞蠲減。」虢居華陝之間而稅重數倍，青苗錢華陝之郊歐出十有八而虢之人歐徵七十，衍乃上其事。時裴延齡領度支，方務聚斂，乃詰衍以前後刺史無言者，衍又上陳：「人困日久，有司不宜以不訴爲譴。」表辭切直，有詔乃減虢州青苗錢。

據《冊府元龜》的記載，崔衍前後兩次上奏，第一次奏請蠲減虢州的舊額賦租，第二次因爲裴延齡詰問爲什麼以前的刺史沒有言及此事，崔衍再次上奏，「臣伏見比來諸州論百姓間事」至「上瀆聰聽」應該是第二次上奏的內容，其中「有以不言受譴者，未有以言得罪者」是回應裴延齡的詰問。四庫本在兩份奏事之間有「其略曰」三字來看，四庫本尚未將兩事誤作一事，應該是四庫本之後的《唐會要》版本被誤校，兩份奏文被誤爲一份。

（三）《唐會要》原稿內容有誤

今本《唐會要》部分錯誤是王溥編撰《唐會要》過程中形成的。王溥在編撰《唐會要》的過程中，沒有對史料進行全面、細緻的考辨，容易造成人名、地名、職官名、文本性質等方面的錯誤；追求文省，也易造成表意不明；編纂史料之時略顯草率，又易造成門類歸屬不當、兩事誤作一事等錯誤。這就是本文所說的《唐會要》原稿之誤。但是，現存的《唐會要》版本最早的是明抄本，而由宋至明、清，《唐會要》長期以抄本形式流傳，後人的增補、校改常混入原文，以使我們難以判斷是原稿之誤還是傳抄之誤。因此，校讀今本《唐會要》，要確指屬於王溥原稿之誤者是相當困難的，不過我們利用與《唐會要》同時代或者稍晚的一些典籍中的《會要》引文，或可對《唐會要》原稿之誤作些探討。茲舉例試探如下：

1. 《唐會要》卷七一《州縣改置下・江南道・福州》載：

> 福州，隋泉州〔註11〕。武德八年（625年），改爲豐州都督府。貞觀元年（627年），廢爲泉州。久視元年（700年），置武榮州。景雲二年（711年），改爲閩州。開元十三年（725年），復改爲福州。

按：唐人李吉甫《元和郡縣志》卷三十《江南道・福州》載：

> 武德六年改爲泉州，八年置都督府，景雲二年又爲閩州，開元十三年改爲福州都督府。

（宋）梁克家《淳熙三山志》卷一《地理類一》「八年置都督府領建豐三州」條注文云：

> 《會要》云武德八年改爲豐州都督府……《會要》州名誤，宜以《元和志》爲正。

可見《唐會要》「豐州都督府」當作「泉州都督府」。既然宋人梁克家所見《會要》已誤，則此處很可能是《唐會要》原稿之誤。

〔註11〕 四庫本《唐會要》作「泉縣」。

2. 《唐會要》卷八七《轉運使》載：

中和元年，兵部侍郎蕭遘充諸道轉運使。

《唐會要》卷八八《鹽鐵使》載：

中和元年，兵部侍郎蕭遘充諸道鹽鐵使。

按：中和元年，蕭遘應該是「判度支」。證據如《舊唐書》卷一七九《蕭遘傳》載：

黃巢犯闕，僖宗出幸，以供饋不給，須近臣掌計，改兵部侍郎、判度支。中和元年三月，自襄中幸成都，次綿州，以本官同平章事，加中書侍郎。

《新唐書》卷九《僖宗本紀》（《資治通鑒》卷二五四《唐紀七十》略同）載：

（中和元年正月）壬申，兵部侍郎判度支蕭遘爲工部侍郎、同中書門下平章事。

嚴耕望對此考證甚詳。〔註12〕由於《唐會要》上述兩處記載均誤，疑原稿即誤。

3. 《唐會要》卷八七《漕運》載：

京兆尹韓朝宗分渭水入自金光門，置潭於西市之西街，以貯材木。

按：史念海認爲：「唐長安城北阻龍首原，不可能引渭河水入城。徐松《唐兩京城坊考》卷四《漕渠》條辨正韓朝宗所引的爲滈河水，誠是。」〔註13〕

《長安志》卷七《唐京城》「漕渠」所引《會要》及四庫本《唐會要》卷八七《漕運》皆作「渭水」，這樣看來，此處當屬《唐會要》原稿內容有誤。《唐會要》中德宗朝以前的史料取自蘇冕《會要》，則此處很可能是蘇冕《會要》已誤。

順便指出，《長安志》卷十二《長安縣》、《新唐書》卷三七《地理志》、《資治通鑒》卷二一五《唐紀三十一》皆載引渭水作漕渠，同誤。

（四）形近而訛

因爲《唐會要》長期以抄本的形式流傳，傳抄之誤成爲主要的致誤原因。衍、訛、脫、倒、錯簡等都是常見的傳抄錯誤，《唐會要》經濟史料中因形近而訛的情況最突出。究其原因，經濟史料中數字更多，如「一」、「二」、「三」、「七」、「九」、「十」等數字字形相近，很容易因形近而訛。經濟史料中常用

〔註12〕嚴耕望：《唐僕尚丞郎表》卷十二《輯考四附考上·戶侍》與卷十三《輯考四附考上·度支》「蕭遘」條。

〔註13〕史念海：《歷史時期黃河中游的森林》，《河山集》（二集），三聯書店 1981 年版，第 274 頁。

的量詞，如繁體的「升」、「斗」，在傳抄中也常因形近而訛，賀昌群《升斗辨》〔註 14〕對古籍中的這類型訛誤做過詳盡的考辨。古籍出版時，爲了保存古籍本來面貌，對於這類型問題一般不作校改，但在利用這些史料做研究時，卻須先加考辨。舉例如下：

1. 《唐會要》卷九二《內外官職田》載：

> 開元十年正月，命有司收內外官職田，以給逃還貧民戶。其職田以正倉粟畝二升給之。

《群書考索後集》卷十七《官制門‧職田類》所載《會要》引文和《冊府元龜》卷五○六《邦計部‧俸祿二》亦載此事，均爲「兩升」。

上述各書「二升」皆爲「二斗」之誤，據《唐六典》卷三《戶部郎中員外郎》注文「若應給職田，無地可充者，率畝給粟二斗」校改。〔註 15〕

2. 《唐會要》卷九三《諸司諸色本錢上》記載貞元十二年（796 年）釐革俸制，其云「御史中丞王顏奏簡勘足數」的部分條目有誤，或者與他書記載有異，如：

> 兵部：六千五百二十貫五百五十二文。
>
> 工倉部：四百二十七貫三百三十文。
>
> 軍器使：二千一百九十十貫一百三十文。
>
> 太倉諸色供：七百八十七貫四百二十四文。

按：《冊府元龜》卷五○六《邦計部‧俸祿二》亦載此事，稱：

> 工倉部：四百七十七貫三百三十文。
>
> 兵部：三百貫文。
>
> 軍器使：二千一百九十一貫一百三十文。
>
> 光祿寺：一百五十六貫文。
>
> 太倉諸色共七百八十七貫四百三十四文。

《唐會要》軍器使的「二千一百九十十貫一百三十文」誤，當據《冊府元龜》改，「十」與「一」形近而訛。

兵部和光祿寺的數字《冊府元龜》顯誤，不取。

《唐會要》工倉部「四百二十七貫」、太倉「四百二十四文」，《冊府元龜》分別作「四百七十七貫」、「四百三十四文」，古籍中常見「二」與「三」、「七」

與「三」等因形近而訛。由於沒有其他有力證據，孰是孰非，存疑。

　　3.《唐會要》卷九一《內外官俸料錢上》載：

　　　　（開元）二十四年六月二十三日勅，百官料錢，宜合為一色，
　　都以月俸為名……

　　　　二品二十四千：月俸六千，食料一千五百，防閤十五千，雜用
　　一千文。

　　　　四品一十一千八百六十七文：月俸四千五百，食料七百，防閤
　　六千六百文，雜用六百文。

　　　　五品九千二百：月俸三千，食料六百，防閤五千，雜用五百文。

　　按：《唐會要》此處載一品至九品官料錢，除了「二品」、「四品」、「五品」
外，其他六個品級官「月俸」、「食料」、「防閤」、「雜用」之和皆等於前面的
總數。此勅亦見於《冊府元龜》卷五〇七《邦計部・俸祿三》：

　　　　二品二十四千：月俸六千，食料一千五百，防閤一十五千五百，
　　雜用一千文。

　　　　四品一十一千八百六十七文：月俸四千五百，食料七百文，防
　　閤六千六十七文，雜用六百文。

　　　　五品九千二百：月俸三千，食料六百，防閤五千，雜用六百文。

　　《冊府元龜》的記載中後面數字之和皆等於前面的總數，當以《冊府元
龜》為是。《唐會要》中，二品的「防閤十五千」當作「十五千五百」，當是
傳抄中脫文。四品的「防閤六千六百文」當作「防閤六千六十七文」，五品的
「雜用五百文」當作「雜用六百文」，大都當屬傳抄中因形近而訛。

　　此段史料中，因為前面有總的數字，後面的數字之和不等於前面總數，
很容易發現疑問，《唐會要》中其他的一些數字史料並不一定有這樣的邏輯關
係，有的錯訛相對比較隱蔽，利用數字資料之前須加考辨。

　　（五）誤脫

　　《唐會要》經濟史料有不少因脫文而致誤，大多是在傳抄中發生的。
舉例說明如下：

　　1.《唐會要》卷二三《牲牢》載：

　　　　武德元年十一月九日詔：「祭祀之本，皆以為民。窮民事神，有
　　乖正直。殺牛不如禴祭，明德即是馨香。望古推今，民神一揆。其

祭圜丘方澤宗廟以外，並可止用少牢。舊用者宜用特牲，待時和年
豐，然後克修常禮。」

按：此處有脫文，「舊用者宜用特牲」當作「舊用少牢者，宜用特牲」。
可參見《冊府元龜》卷五六《帝王部・節儉》：

祭祀之本，皆以爲身，窮極事神，有乖正直，殺牛不如禴祭，
明德即是馨香，望古推今，祭神一揆。其祭圜丘方澤宗廟以外，並
可止用少牢。先用少牢者，宜用特牲，待時和年豐，然後克循常禮。

2. 《唐會要》卷五九《比部員外郎》載：

建中元年四月，比部狀稱：「天下諸州及軍府赴句帳等格：每日
諸色句徵，令所由長官錄事參軍、本判官據案狀子細句會。其一年
句獲數及句當名品，申比部。一千里已下正月到，二千里已下二月
到，餘盡三月到盡。省司檢勘，續下州知，都至六月內結，數關度
支，便入其年支用。旨下之後，限當年十二月三日內納足者，諸軍
支使亦準此。又準大曆十二年六月十五日勅，『諸州府請委當道觀察
判官一人，每年專按覆訖準限比部』者，自去年以來，諸州多有不
到。今請其不到州府，委黜陟使同觀察使計會句當，發遣申省。庶
皆齊一，法得必行。」勅旨：「依奏。」

按：李錦繡對上述記載作過校正：「每日諸色句徵」當作「每月諸色句徵」；
「十二月三日」當作「十二月三十日」；「支使」當作「支度使」。〔註16〕是。
此外，「準限比部」漏一「申」字，應該是在傳抄中誤脫。

3. 《唐會要》卷八四《租稅下》載：

元和十五年八月，中書門下奏：「伏準今年閏正月十七日勅，令
百僚議錢貨輕重者。今據群官戶部尚書楊於陵等，伏請天下兩稅、
榷鹽、酒利等，悉以布帛絲綿任土所產物充稅，並不徵見錢，則物
漸重，錢漸輕，農人見免賤賣匹帛者。伏以群官所議，事皆至當，
深利公私，請商量付度支，據諸州府應徵兩稅、供上都及留州、留
使舊額，起元和十年以後，並改配端匹觔兩之物爲稅額……」

按：「起元和十年以後」當作「起元和十六年以後」，據《冊府元龜》卷
五〇一《邦計部・錢幣三》改。此處應是傳抄中誤脫「六」字。

〔註16〕李錦繡：《唐代財政史稿》（第一冊），社會科學文獻出版社 2007 年版，第 209 頁。

（六）誤衍

例如，《唐會要》卷八八《鹽鐵》載：

> 開元元年十二月，河中尹姜師度以安邑鹽池漸涸，開拓疏決水
> 道，置爲鹽屯，公私大收其利。其年十一月五日，左拾遺劉彤論鹽
> 鐵上表曰……

按：岑仲勉指出，「元年十二月」乃「九年二月」之衍。〔註17〕「元」和
「九」形近而訛，此後又衍「十」字。

（七）誤倒

例如，《唐會要》卷八七《漕運》載：

> 永泰二年七月十日，鑿運水渠，自京兆府直東至薦福寺東街，
> 至北國子監正東，至於城東街正北，又過景風門、延喜門，入於苑。
> 闊八尺，深丈餘，京兆尹黎幹奏。

四庫本作：

> 永泰二年七月十日，鑿運水渠，自京兆府直東至薦福寺東北街，
> 至國子監正東，至於城東街正北，至景風門，逾近喜門，入西苑。
> 闊八尺，深丈餘，京兆尹黎幹奏也。

按：《玉海》卷二二《地理》所引《會要》云：

> 永泰二年七月十日，鑿運木渠，自京兆府直東至薦福寺東街，
> 北至國子監東，至子城東街正北，逾景風門，延喜門，入於苑。闊
> 八尺，深丈餘，京兆尹黎幹奏。

運水渠與運木渠孰誤？查《冊府元龜》卷四九七《邦計部·河渠》（《長
安志》卷七《唐京城一》略同）載：

> 永泰二年，京兆尹黎幹以京城木炭價重，具以利便陳於帝前，
> 請自南山谷口鑿渠通於城內，至薦福寺東街，北抵景風、延喜門入
> 於苑，闊八尺，深一丈，以運木炭。

究其因果，此渠當爲「運木（炭）渠」，《玉海》引《會要》不誤，當爲
傳抄致誤。

另外，上海古籍版《唐會要》「至北國子監正東」，當作「北至國子監正
東」，誤倒。

四庫本《唐會要》「自京兆府直東至薦福寺東北街，至國子監正東」，當

〔註17〕岑仲勉：《隋唐史》下冊，中華書局 1982 年版，第 400 頁。

作「自京兆府直東至薦福寺東街，北至國子監正東」，誤倒。

四庫本《唐會要》「近喜門」當作「延喜門」。

上海古籍版和《四庫》本《唐會要》「至於城東街」當作「至子城東街」，可據《長安志》卷七《唐皇城》「皇城，俗號子城」改。上海古籍版作漕渠「入於苑」，四庫本《唐會要》作「入西苑」，唐朝的西苑在禁苑以西，內有太液池，據李志紅《唐長安城市景觀研究》，北流入苑，又注入大明宮的太液池，又由太液池流出匯入滬水。〔註18〕似以四庫本《唐會要》所言運木渠「入西苑」更確切。

總的來看，此例是傳抄致誤的典型。宋代的《會要》引文不誤，而現今兩個版本的《唐會要》有兩處誤倒、兩處形近而訛，表明這些錯誤應該是在宋以後傳抄過程中出現的。至於上海古籍版和四庫本的差異，將在後文論及。

（八）誤校

上述諸多錯誤類型，有的是在王溥編撰《唐會要》的過程中原有的，有的是《唐會要》流傳過程中出現的，現行各版本《唐會要》在校書、出版時，又出現一些新的問題，包括重要的文字和斷句錯誤。舉例如下：

1. 《唐會要》卷五八《尚書省諸司中・戶部侍郎》載：

（寶曆二年）準賦役，今內外六品以下官，及京司諸色職掌人，合免課役。

按：「今」當作「令」，形近而訛。標點斷句當作：

準《賦役令》，內外六品以下官，及京司諸色職掌人，合免課役。

此處上海古籍版《唐會要》因不明專名（《賦役令》）而失校，導致標點有誤。

2. 《唐會要》卷九十《內外官祿》載：

天寶二年十一月十六日勅：「京官兼太守等官，俸料兩給者，宜停其外官。太守兼京官，除準式親王帶京官，任外官副大將軍、副使、知軍及正事京官兼內外官知政事，據文合兼給者，餘並從一處給，任逐穩便。」

〔註18〕李志紅：《唐長安城市景觀研究》，鄭州大學 2006 年博士學位論文，中國博士學位論文全文數據庫（http://www.cnki.com.cn/grid20/Detail.aspx?dbname=CDFD2006&filename=2006142628.nh）

卷九一《內外官料錢上》載：

「太守兼京官，準式，親王帶京官任外官副大將軍、副大使、知軍及知使事，京官兼外官知使事，據文合兼給者，仍任逐穩便，餘並從一處給。」

按：這兩則史料的標點疑當作：

《唐會要》卷九十《內外官祿》：

天寶二年十一月十六日勅：「京官兼太守等官，俸料兩給者，宜停其外官。太守兼京官，除準式親王帶京官任外官；副大將軍、副使、知軍及正事；京官兼內外官知政事，據文合兼給者，餘並從一處給，任逐穩便。」

卷九一《內外官料錢上》：

「太守兼京官，準式，親王帶京官任外官；副大將軍、副大使、知軍及知使事；京官兼外官知使事，據文合兼給者，仍任逐穩便，餘並從一處給。」

《冊府元龜》卷五〇六《邦計部・俸祿第二》載此勅，須自行斷句，其標點也當爲：

（天寶）二年十一月勅：「京官兼太守等官，俸料兩給者，停其外官。太守兼京官，除準式親王帶京官任外官；副大將軍者、副使知軍及政事，京官兼內外官知政事，據文合兼給者，〔註19〕餘並從一處給，任逐穩便。」

卷九一《內外官料錢上》「知使事」疑當作「知政事」。證據有三：其一，《唐會要》卷九十《內外官祿》和《冊府元龜》皆作「知政（正）事」。其二，《唐會要》卷九十二《內外官料錢下》記載了兼給俸料後來的變化，稱：

（大和四年）其年七月勅：「應外任官帶一品正官京職，縱不知政事，且依俸料，宜付所司，並令兼給。」

從大和四年（830年）七月的勅文可以看出，在此之前，「知政事」是外官帶京職者兼給俸料的重要條件。

卷九一《內外官料錢上》「京官兼外官知使事」疑當作「京官兼內外官知政事」。倘爲「京官兼外官知使事」，似乎當屬此勅前文「京官兼太守等官，俸料兩給者，宜停其外官」所規定的情況。

〔註19〕《冊府元龜》「副大將軍者」的「者」疑爲衍文。

以此例觀之，在採用不同版本的對校、同書前後互證的本校、他書旁校等方法仍無確證之後，尚可用理校之法。但正如陳垣所言：「遇無古本可據，或數本互異，而無所適從之時，則須用此法。此法須通識爲之，否則鹵莽滅裂，以不誤爲誤，而糾紛愈盛矣。故最高妙者此法，最危險者亦此法。」〔註20〕囿於學識，筆者對此例的上述考辨只能存疑。

3. 《唐會要》卷九一《內外官料錢》載：

> 大曆十二年四月二十八日，度支奏：「加給京百司文武官及京兆府縣官每月料錢等，具件如後……」

按：《資治通鑑》卷二二五《唐紀四十一》胡三省注文稱引自《唐會要》者、《冊府元龜》卷五〇六《邦計部·俸祿二》皆載此事。以《冊府元龜》和胡注校上海古籍版《唐會要》的上述記載，有幾處的職官名稱和斷句值得商榷：

其一，《唐會要》作「內常侍給事中，各二十貫文」，胡注所引《唐會要》作「內常侍、內給事各二十貫文」。

據《唐六典》卷十二《內侍省》（《舊唐書》卷一八四《宦官列傳》小序同），唐制，內侍省有內侍四人，內常侍六人，內給事八人。〔註21〕《唐會要》前文已經記載「內侍」與國子司業、東宮三卿，各給料錢三十貫文，則「內常侍」、「內給事」給料錢的情況也當有記載。據《舊唐書》卷四二《職官志》，內常侍爲正五品，內給事爲從五品，而從此條度支奏文中其他官員給料錢的情況來看，同品官無論「正」或「從」，都按一個等級給料錢，則「內常侍」和「內給事」也當按一個等級給料錢。

並且，上述《唐六典》、《舊唐書》和《唐會要》卷六五《內侍省》的記載皆稱「內給事」，沒有提到內侍省有「給事中」或「內給事中」的官名，胡注所引《唐會要》也作「內給事」，疑今本《唐會要》作「給事中」，乃在傳抄過程中誤脫「內」字而衍「中」字之故。

綜合上述情況來看，上海古籍版《唐會要》「內常侍給事中」宜作「內常侍、內給事」。

〔註20〕陳垣：《校勘學釋例》，中華書局1959年版，第148頁。

〔註21〕《唐會要》卷六五《內侍省》則稱，唐制，內侍省有內侍四人，內常侍六人，內給事十八人。《唐會要》「內給事十八人」疑當作「內給事八人」，「十」字誤衍。

其二，「國子四門助教、律醫學博士……太醫署、針醫監……各四千百七十五文」之中，「太醫署、針醫監」疑誤。

「太醫署」本身不是一種官職，而是太常寺下設的主管醫療的機關。《冊府元龜》和胡三省所引《會要》皆作「太常針醫及醫監」。胡三省所引《會要》是宋末元初通行的本子，今本《唐會要》與之相比，脫「醫及」二子，或爲後人不明制度誤刪，或爲傳抄過程中誤脫。

再考《舊唐書》卷四二《職官志》，「四門助教」屬於「從第八品上階」，律學博士、太醫署丞、醫監等皆爲「從第八品下階」，故度支奏文中將之劃入同一個等級給料錢。《舊唐書‧職官志》所載「從八品上階」的職官中還有「太醫署針博士」，按照度支奏文中所體現的給料錢原則，「太醫署針博士」與太醫署「醫監」都應該按同一等級給料錢，「太醫署、針醫監」很可能原爲「太醫署針（博士）、醫監」。《冊府元龜》和胡三省所引《會要》中的「太常針醫」疑當指《舊唐書》所言太常寺下署的「太醫署針博士」。爲了保存古籍原貌，今本《唐會要》「太醫署、針醫監」無須改成「太常針醫及醫監」，但標點似以不斷開，作「太醫署針醫監」爲妥。

其四，上海古籍版《唐會要》「諸衛六軍、左右衛率府等衛佐」，「諸寺監、諸衛六軍、諸司錄事」標點疑誤。唐制有十六衛（左右衛、左右驍衛、左右武衛、左右威衛、左右領軍衛，左右金吾衛），六軍（左右羽林軍、左右龍武軍、左右神武軍），左右衛率府屬於東宮十率府。〔註22〕《唐會要》此條史料的下文中提及諸衛和六軍的其他武官時稱「諸衛及六軍中郎」、「諸衛及六軍郎將」；《唐會要》卷九一《內外官料錢》還記載了貞元四年（788年）的俸制改革，將「諸衛及六軍衛佐」列在同一個等級。則上海古籍版《唐會要》「諸衛六軍、左右衛率府等衛佐」標點當作「諸衛、六軍、左右衛率府等衛佐」。「諸寺監、諸衛六軍、諸司錄事」亦應作「諸寺監、諸衛、六軍諸司錄事」。

總的來看，由於《唐會要》是記載唐代典章制度的專書，涉及的制度類型非常廣泛，其中專名甚多，標點的難度尤其大，因不明制度而未能校正傳抄之誤，或因不明制度而將不誤者妄改的情況都可能發生，校讀之時需審慎。

〔註22〕張國剛：《唐代官制》，三秦出版社1987年版，第116～117頁。

第二節 利用典籍中的《會要》引文校讀今本《唐會要》——以章如愚《群書考索後集·官制門·職田類》為例

現存的唐代典籍中有部分蘇冕《會要》、崔鉉《續會要》的引文。入宋之後，蘇冕《會要》、崔鉉《續會要》、王溥《唐會要》並行於世，宋代編纂的《冊府元龜》、《太平御覽》、《資治通鑑》、《群書考索》、《玉海》等典籍中保留了較多的《會要》〔註23〕引文。因此，校讀今本《唐會要》之時，這些宋代典籍的《會要》引文是重要的參考資料。上海古籍出版社 1991 年版《唐會要》附錄了輯自《玉海》的《唐會要》卷七至卷十的佚文。不過，系統、嚴謹的輯佚仍是今後《唐會要》研究的一項有待加強的工作。

以（宋）章如愚《群書考索後集》卷十七《官制門·職田類》為例，其中有多條史料的小字注文標明「會要」二字。從記載的對象看，它們出自唐代《會要》。無論是否有證據確指這些引文出自蘇冕《會要》、崔鉉《續會要》或王溥《唐會要》，這些《會要》引文對於校讀今本《唐會要》卷九二《內外官職田》都很有幫助。以下分為三種情況來說明：

一、《群書考索後集》卷十七《官制門·職田類》所引《會要》和今本《唐會要》的記載基本相同者，共三條，即「開元十八年三月」、「大曆十四年八月敕」、「貞元四年八月勅」。這三條記載約數百字，與今本《唐會要》僅有幾個字的差異，且無害文義。

二、《群書考索後集》卷十七《官制門·職田類》稱引自《會要》，而今本《唐會要》各卷皆未見記載。這些記載要麼是原載於蘇冕《會要》和崔鉉《會要》，王溥撰《唐會要》時刪去，要麼是《唐會要》長期以抄本形式流傳，傳抄過程中出現脫漏。這類記載共 9 條：

1. 開元十三年內京官職田

按：《玉海》卷一七七《食貨·職田》引《李元紘傳》「時廢京司職田」云云，其下注文曰：

> 《會要》：開元十三年，戶部侍郎李元紘。

《玉海》所引的《會要》亦不見於今本《唐會要》，從文字上看，這兩則

〔註23〕有時，這些文獻對蘇冕《會要》、崔鉉《續會要》和王溥《唐會要》不加區分，皆稱引自《會要》。

《會要》都不是全文。查《舊唐書》卷九八《李元紘傳》，開元十三年（725年），李元紘拜戶部侍郎，「時初廢京司職田」，有人建議以所收職田為屯田，李元紘認為得不補失。

2. 大曆十二年十二月敕：

> 京諸司缺官職田苗子，自今以後宜並充修當司廨宇雜用，其草準處分，仍令分司監察御史勾當。

按：此處與《冊府元龜》卷五〇六《邦計部・俸祿二》的記載完全相同。

3. 德宗貞元元年十一月詔：

> 文武常參官宜共賜錢七萬貫文，委度支據班秩所損職田多少量等給，從今至明年四月以來隨月支給。

按：《冊府元龜》卷五〇六《邦計部・俸祿二》將此事繫於貞元元年（785年）十二月。

武秀成曾據此則《會要》佚文考證過《舊唐書》卷十二《德宗本紀》的相關記載：

> （貞元元年十一月癸巳朔）丁丑，詔文武常參官共賜錢七百萬貫，以歲凶穀貴衣冠窘乏故也。

他認為此事繫於「十一月抑十二月，仍未能定也」；「丁丑」紀時有誤，「但其為干支字誤，抑月份誤繫，或傳寫誤倒，則未可定也」；據《群書考索後集》的此則《會要》佚文，「七百萬貫」當作「七萬貫」。〔註24〕

4. 貞元十一年八月屯田奏：

> 諸州府送納內外文武官職田及公廨田四至白簿等前件簿書，準天寶十四載八月十三日敕，每年六月十三日勘造申省，如違，本判官牒吏部，先用闕，本典準法科處者。伏以地段、佃戶並無改移，隨年造簿實有勞費，今請令諸州府及畿內縣三年一送，違限者準勑科處。」敕旨：「每年造簿事乃近煩，三年一申又為太簡，如外官並須勘造，竊慮因此擾人，宜令應管京官職田等州府文簿二年一送，其餘依舊。

按：《冊府元龜》卷五〇六《邦計部・俸祿二》亦載此事：

> （貞元）十一年八月屯田奏：「諸州府送納內外文武官職田及公

〔註24〕武秀成：《舊唐書辯證》，上海古籍出版社2003年版，第55頁。

僻田四至白簿等前件簿書，準天寶十四載八月十二日勅，每年六月
十三日勘造申省，如建，本判官牒吏部，先用闕，本典準法科處者。
伏以地段、佃戶並無改移，隨年造簿實有勞費，今請令諸州府及畿
內縣三年一送，違限者準勅科處。」勅旨：「每年造簿事乃近煩，三
年一申又為大簡，如外官並須勘造，竊慮因此擾人，宜令應管京官
職田等州府文簿二年一送，餘依。」

《群書考索後集》所引《會要》佚文作「準天寶十四載八月十三日敕」，
《冊府元龜》作「準天寶十四載八月十二日勅」，未知孰是，存疑。

《群書考索後集》和《冊府元龜》「每年六月十三日勘造申省」當作「每
年六月三十日勘造申省」，〔註25〕誤倒。

《群書考索後集》所引《會要》佚文作「如違」，《冊府元龜》作「如建」，
當以《群書考索後集》為是，《冊府元龜》因形近而訛。

5. 憲宗元和六年八月，戶部侍郎李絳奏：

「諸州缺官職田、祿米及見任官抽一分職田，請所在收貯以備
水旱賑貸。」從之。

按：此處與《舊唐書》卷一五上《憲宗本紀》的記載完全相同。

《玉海》卷一七七《食貨·職田》也稱：

《會要》：元和六年八月，戶部侍郎李絳請州府闕官職田祿米及
見任抽一分職田收貯以備水旱，從之。

《群書考索》所引應該是《會要》原文，《玉海》所引《會要》則有改動。

6. 元和十四年三月屯田奏：

「左右神策中尉準令式二品官，合受田一十頃，請取京兆府折
衝府院戎場堠埒公廨等地七十七頃二十六畝八分數內取二十頃充前
件官職田。」依奏。

按：此處與《冊府元龜》卷五〇七《邦計部·俸祿三》的記載略同。

7. （元和十四年）其年四月敕：

「京畿二十二縣欠元和十四年京百司職田二十二萬九十二石束
貫等，京畿百姓聞甚艱貧，須差搬軍糧，今又修營陵寢，雖應緣驅
役皆給價錢，而屢有役名，頗妨農畝，豈可更徵懸重使憂愁？其所

―――――――――――――――――
〔註25〕陳明光：《唐代財政史新編》，中國財政經濟出版社1999年版，第121頁。

欠並宜蠲免。其受納所欠職田，或見任官班各請厚俸，或近終考秩
稍有餘資，宜體朕懷，以寬人力。」

按：此處與《冊府元龜》卷五〇七《邦計部·俸祿三》的記載略同。

8. 文宗大和五年戶部侍郎庾敬休奏：

「兩川米價騰踴，百姓流亡，請以闕官職田祿米以救貧民。」
從之。

按：《冊府元龜》卷一〇六《帝王部·惠民二》云：

（大和六年）二月，戶部侍郎庾敬休奏：「兩州米價騰貴、百姓
流亡至多，請糶兩州闕官職田祿米以救貧人。」從之。

《舊唐書》卷一八七下《庾敬休傳》亦稱，庾敬休爲魯王傅，奏曰：

「兩川米價騰踴，百姓流亡。請糶兩川闕官職田祿米，以救貧
人。」從之。

《群書考索後集》所引《會要》佚文將此事繫於大和五年（831 年），《冊
府元龜》則繫於大和六年（832 年）二月。據《唐會要》卷六七《王府官》、《舊
唐書》卷一七五《莊恪太子傳》知，以戶部侍郎庾敬休爲魯王傅，事在大和
六年（832 年），則《群書考索後集》將此事繫於大和五年（831 年），疑誤。

又，《群書考索後集》所引《會要》佚文稱「貧民」，《冊府元龜》和《舊
唐書》所引奏文皆稱「貧人」。唐朝人須避太宗李世民諱，「民」改稱「人」，
則《群書考索後集》所引不應該是崔鉉《續會要》原文，有可能來自王溥《唐
會要》，也有可能是章如愚引用之時改還了避諱字。

9. 大中三年九月敕：

秦州刺史並秦城兩州經畧使、天雄軍使職田夏小麥共八十石，
秋粟一百二十石，原州、威州刺史職田夏小麥各二十三石，秋粟各
六十六石七斗。

按：此處與《冊府元龜》卷五〇八《邦計部·俸祿四》的記載略同。

三、根據《群書考索後集》卷十七《官制門·職田類》稱引自《會要》
者，可以補正今本《唐會要》卷九二《內外官職田》的相關記載，共 7 條：

1.《唐會要》：

開元十年正月，命有司收內外官職田，以給逃還貧民戶。其職
田以正倉粟畝二升給之。

其年六月勅：「所置職田，本非古法，爰自近制，是以因循，事有變通，應須刪改。其内外官所給職田地子，從今年九月以後，並宜停給。」

《群書考索後集》：

玄宗開元十年正月，内外官職田，除公廨田園外，並官收，先給逃還户及貧下户，先次丁田。中書舍人張嘉貞奏。至六月二十六日，敕：「所置職田，本非古法，度自近制，是以因循，事有變通，應須刪改。其内外官所給職田子，從今年九月以後，並宜停給。」

按：《册府元龜》卷五〇五《邦計部・俸禄一》也有類似記載：

（貞觀）十年正月詔有司收内外職田，除公廨田園外，並官收，先給逃還貧户及欠丁田户，其職田以正倉粟畝率二升給之。〔註26〕

今本《唐會要》、《群書考索後集》和《册府元龜》卷五〇六《邦計部・俸禄二》的「二升」皆當作「二斗」（詳見本章第一節「形近而訛」）

《群書考索後集》的《會要》引文中「先次丁田」當作「先欠丁田」，形近而訛，據上引《册府元龜》卷五〇五《邦計部・俸禄一》「先給逃還貧户及欠丁田户」改。

今本《唐會要》作「爰自近制」，《群書考索後集》的《會要》引文作「度自近制」，當以《唐會要》爲是，形近而訛。

又，《群書考索後集》的《會要》引文中有云「中書舍人張嘉貞奏」，從《唐會要》的慣例來看，這很可能是蘇冕《會要》的注文被後人竄入正文。

總的來看，《群書考索後集》的此則《會要》引文與今本《唐會要》差異頗大。疑出自蘇冕《會要》。

2. 開元十八年三月内京官職田，特令準令給受。

《唐會要》：

開元十八年三月勅：「京官職田，將令準令給受，復用舊制。」

按：《舊唐書》卷八《玄宗本紀》云：

（開元十八年）三月辛卯，改定州縣上中下户口之數，依舊給京官職田。

〔註26〕李錦繡認爲此則應該是開元十年敕，《册府元龜》誤置於貞觀年間。詳見李錦繡：《唐代財政史稿》第三册，社會科學文獻出版社 2007 年版，第 16～19 頁。

《通典》卷三五《職官十七・祿秩》則云：

> （開元）十八年六月，京官職田，特令準令給受，復用舊制。

《通典》將此事繫於開元十八年（730 年）六月，有誤，證據有二：其一，《群書考索後集》所引《會要》佚文、《唐會要》、《舊唐書》、《資治通鑑》卷二一三《唐紀二十九》、《冊府元龜》卷五○六《邦計部・俸祿二》等記載此事之書皆將之繫於開元十八年（730 年）三月。其二，《舊唐書》將此事和「改定州縣上中下戶口數」同繫於開元十八年（730 年）三月之下，據《唐會要》卷七十《量戶口定州縣等第例》，規定改定州縣上中下戶口數的是「開元十八年三月十七日敕」。

又，《群書考索後集》作「特令」，《唐會要》作「將令」，皆無害文義。

《群書考索後集》的《會要》引文作「內」，根據上述諸書記載，疑當作「敕」。

3. 開元十九年四月敕：

> 天下諸州縣並府鎮戍官等職田四至頃畝造帳申省，仍依元租價對定，六斗已下者依舊定，已上者不得六斗。

《唐會要》：

> （開元）十九年四月敕：「天下諸州縣並府鎮戍官等職田頃畝籍帳，仍依允租價對定，無過六斗，地不毛者，畝給二斗。」

按：《群書考索後集》的《會要》引文作「元租價」，《唐會要》作「允租價」，當以前者為是，形似而訛。《冊府元龜》卷五○六《邦計部・俸祿二》記載此敕時也稱「元租價」。

4. 開元二十九年二月七日敕：

> 「外官職田，委所司準列倉中受納畢一時分付，縣官亦準此。」

《唐會要》：

> 開元二十九年二月勅：「外官職田委所司準例倉中受納，納畢一時分付，縣官亦準此。」

按：《群書考索後集》的《會要》引文文字大致相同，紀時稍詳於《唐會要》，可能是今本《唐會要》傳抄過程中出現了脫文。

5. （元和六年）其年敕：

> 「百官職田，其數甚廣，今緣潦水，諸處道路不通，宜令所在

貯納，充度支支用，百官卻令據數於太倉請受。」

《唐會要》：

> 元和六年八月詔：「百官職田，其數甚廣，今緣水潦，諸處道路
> 不通，宜令所在貯錢，充度支支用，百官卻令據數於太倉請受。」

按：《群書考索後集》的《會要》引文作「貯納」，《唐會要》作「貯錢」，當以前者爲是。元和年間，職田的地租以粟（米）、草和腳錢的形式徵收。前面列舉的第 7 條《群書考索後集》的《會要》引文中，元和十四年（819 年）「京百司職田二十二萬九十二石、束、貫」中，石即指粟或米，束指草，貫指腳錢。則《唐會要》稱「貯錢」，有誤。

《群書考索後集》所引《會要》不誤而今本《唐會要》誤，表明此處錯誤當出現在宋以後，應該是後人不明制度而妄改。

6. 元和十三年二月詔：

> 「百司職田，多少不均，爲弊日久，宜令每司各收職田草粟等
> 數目，長官已下，據多少作等差，除留闕官物外分給。」

《唐會要》：

> （元和）十三年三月詔：「百司職田，多少不均，爲弊日久，宜
> 令每司各收職田草粟等數，自長官以下，據多少人作等差，除留闕
> 官外分給。」

按：此處繫月有差異，存疑。「二」與「三」形近而訛，是史籍中常見的訛誤。《舊唐書》卷一五下《憲宗本紀》、《冊府元龜》卷五〇七《邦計部·俸祿三》亦載此詔，繫月與《唐會要》同。

7. 武宗會昌六年十月十四日，京兆府奏：

> 「諸縣徵納京百司官夏秋職田斛斗等，望從今後，卻準會昌五
> 年前舊例，上司官斛斗，勒人戶便自送納，所冀輸納簡便，百官各
> 得本分職田，縣司所無隱欺。」敕旨：從之。

《唐會要》：

> 會昌六年十月，京兆府奏：「諸縣徵納京百司官秩職田斛斗等，
> 伏請從今已後，卻準會昌元年已前舊例，上司官斛斗，勒民戶使自
> 送納，所冀輸納簡便，百官各得本分職田，縣司所由無因隱欺者。」
> 並從之。

按：《冊府元龜》卷五〇八《邦計部·俸祿四》亦載此事：

> （會昌六年）十月京兆府奏：「諸縣徵納京百司官秋職田斛斗
> 等，伏請從今已後，卻準會昌三年已前舊例，上司官斛斗，勒人戶
> 使自送納，所冀輸納簡便，百官各得本分職田，縣司所由無因隱欺
> 者。」並從之。

《舊唐書》卷一八下《宣宗本紀》：

> （會昌六年十一月）京兆府奏：「京師百司職田斛斗，請準會昌
> 三年例，許人戶自送納京師，所冀州縣無得欺隱。」從之。

上述記載的主要差別在於：《群書考索後集》的《會要》引文紀時詳於他書。《舊唐書》繫於會昌六年（846 年）十一月，他書皆繫於會昌六年（846年）十月，未知孰是。

《群書考索後集》的《會要》引文作「準會昌五年前舊例」，《唐會要》作「準會昌元年已前舊例」，《冊府元龜》和《舊唐書》作「準會昌三年已前舊例」，未知孰是。

第三節　以四庫本對校上海古籍版《唐會要》

陳垣曾提出校讀古籍首先要採用「對校法」，即「以同書之祖本或別本對讀，遇不同之處，則注於其旁」。「此法最簡便，最穩當，純屬機械法。其主旨在校異同，不校是非，故其短處在不負責任，雖祖本或別本有訛，亦照式錄之；而其長處則在不參己見，得此校本，可知祖本或別本之本來面目。故凡校一書，必須先用對校法，然後再用其他校法。」「有非對校決不知其誤者，以其文義表面上無誤可疑也」；「有知其誤，非對校無以知為何誤者」。〔註27〕

本文第五章已經談到，如今幾個常用的《唐會要》版本中，雖然上海古籍版《唐會要》是相對較好的版本，但四庫本《唐會要》時代更早，算是上海古籍版《唐會要》的祖本，與上海古籍版《唐會要》差異也比較大。校讀《唐會要》之時，仍然很有必要以四庫本《唐會要》與上海古籍版《唐會要》對校。主旨仍在於「校異同」，資料充足時亦「校是非」並分析致誤原因。現舉例如下，

〔註27〕陳垣：《校勘學釋例》，中華書局 1959 年版，第 144 頁。

1. 《唐會要》卷七十《州縣改置上》──

上海古籍版：

> 昭應縣，垂拱二年二月二日，新豐縣東南三十里，有廢山踴出。
>
> 二十八日，改新豐爲慶山縣。

四庫本：

> 昭應縣，垂拱二年二月二日，新豐縣東南三十里，有慶山湧出。
>
> 二十八日，改新豐爲慶山。

按：四庫本作「有慶山湧出」，上海古籍版作「有廢山踴出」，由於新豐縣名因此被改爲慶山縣，此處當以四庫本爲是。「慶」與「廢」繁體字形相近而訛。

2. 卷八三《租稅上》「武德七年（624 年）」條──

上海古籍版：

> 凡水旱蟲傷爲災，十分損四已上免租⋯⋯

四庫本：

> 凡水旱蟲霜爲災，十分損四已上免租⋯⋯

按：《唐六典》卷三《尚書戶部》、《通典》卷六《賦稅下》皆作「凡水旱蟲霜爲災」；《白孔六帖》卷八二《旱》記載了「水旱免稅令文」，其下注文稱「旱蟲霜」，疑脫「水」字。《冊府元龜》卷四八七《邦計部・賦稅》則做「凡水旱蟲傷爲災」。水災、旱災、蟲災、霜災皆在唐代因災損免的範圍內，故此處應以「凡水旱蟲霜爲災」爲是。

3. 《唐會要》卷八三《租稅上》──

上海古籍版：

> （建中）三年五月，初加稅。時準南節度使陳少游請於當道兩
>
> 稅錢，每一千加稅二百，度支因請諸道悉如之。

四庫本：

> （建中）三年五月，初加稅。時淮南節度使陳少游請於當道兩
>
> 稅錢，每一千加稅二百，度支因詔諸道悉如之。

按：上海古籍版作「準南節度使」，四庫本作「淮南節度使」，當以四庫本爲是。此處有可能是上海古籍版排印錯誤失校。

4. 《唐會要》卷八三《租稅上》——

上海古籍版：

> 貞元二年詔：「……委度支條流聞奏。」

四庫本：同上。

又，《唐會要》卷八九《泉貨》——

上海古籍版：

> （元和三年）其年六月，詔曰：……各委本州府長吏勸課。令
> 其採銅。助官中鑄作。仍委鹽鐵使做法條流聞奏。

四庫本：

> ……仍委鹽鐵使條疏聞奏。

按：各版本《唐會要》、《舊唐書》、《唐大詔令集》、《冊府元龜》等書，或作「條疏聞奏」，或作「條流聞奏」，疑「流」為「疏」，形近而訛。

疏，或稱「條疏」、「奏疏」，是唐朝群臣上呈朝廷的公文之主要類型，有特定格式。《舊唐書》卷五四《王世充傳》云：「於是獻書上事，日有數百，條疏既煩，省覽難遍。」《唐六典》卷四《尚書禮部》云：「凡上表、疏、箋、啟、及判策文章，如平闕之式。」明人賀復徵《文章辨體匯選》卷八七《疏一》引述徐師曾關於「奏疏」的考證云：

> 奏疏者，群臣論諫之總名也。奏御之文，其名不一，七國以前
> 皆稱上書，秦初改書曰奏。漢定禮儀，則有四品：一曰章，以謝恩；
> 二曰奏，以按劾；三曰表，以陳情；四曰議，以執異……至於奏事，
> 亦稱上疏，則非專以按劾也……魏晉以下，啟獨盛行，唐用表、狀
> 亦稱書疏。

5. 《唐會要》卷八四《雜稅》——

上海古籍版：

> 武宗會昌元年正月制：「租斂有常，王制斯具；徵率無藝，齊民
> 何依？內外諸州府百姓，所種田苗，率稅斛斗……素有定額。但令
> 不失元額，不得隨田加稅。仍委本道觀察使每年秋成之時，具管內
> 墾闢田地頃畝，及合徵上供留州若使斛斗數，分析聞奏。」

四庫本：

> ……但令不失元額不得隨田加率……及合徵上供留州、使斛斗
> 數，分折聞奏。

按：《冊府元龜》卷四八八《邦計部・賦稅二》也記錄了此制文：

> 但令不失元額，不得隨田地頃畝加稅，仍委本道觀察使每年秋
> 成之時，具管內墾闢田地頃畝，及合徵上供、留州、使斛斗數，分
> 析聞奏。

上海古籍版《唐會要》和《冊府元龜》作「分析聞奏」，四庫本《唐會要》
作「分折聞奏」，應以上海古籍版爲是，形近而訛。「分析聞奏」常見於唐代
的制、敕等公文之中。

6. 卷八八《鹽鐵使》「李廊」條——

上海古籍版：

> （元和）三年六月，刑部尚書李廊充諸道鹽鐵使。

四庫本：

> （元和）三年六月，刑部尚書李廓充諸道鹽鐵使。

按：唐史並無李廓其人，四庫本因形近而訛。

7. 卷八八《鹽鐵使》「李知柔」條——

上海古籍版：

> 乾寧二年，京兆尹、嗣薛王知柔爲戶部尚書，充諸道鹽鐵使。

四庫本：

> 乾元二年，京兆尹、嗣薛王知柔爲戶部尚書，充諸道鹽鐵使。

按：乾寧（894～898 年）是唐昭宗年號，乾元（758～760 年）是唐肅宗
年號，嗣薛王李知柔是唐昭宗朝人物，四庫本誤。

8. 卷八八《鹽鐵使》「劉晏」條——

上海古籍版：

> 大曆四年三月，劉晏除吏部尚書，充東都、河南、江淮、山南
> 東道鹽鐵使。

四庫本：

> 大曆四年三月，劉晏除吏部尚書，充東都、江南、淮東道鹽鐵
> 使。

按：據《唐會要》八十八《鹽鐵使》：

> 永泰元年正月，劉晏充東都、淮南、浙江東西、湖南、山南東
> 道鹽鐵使。

《舊唐書》卷十二《德宗上》：

　　　　東都、河南、江淮、山南東道等轉運、租庸、青苗、鹽鐵等使，
　　尚書左僕射劉晏……

《新唐書》卷五一《食貨一》：

　　　　永泰二年，分天下財賦、鑄錢、常平、轉運、鹽鐵，置二使。
　　東都畿内、河南、淮南、江東西、湖南、荊南、山南東道，以轉運
　　使劉晏領之；京畿、關内、河南、劍南、山南西道，以京兆尹、判
　　度支第五琦領之。及琦貶，以戶部侍郎、判度支韓滉與晏分治。

《新唐書》卷一四九《劉晏傳》：

　　　　俄進御史大夫，領東都、河南、江淮轉運、租庸、鹽鐵、常平
　　使……再遷吏部尚書，又兼益湖南、荊南、山南東道轉運、常平、
　　鑄錢使，與第五琦分領天下金谷。

　　劉晏永泰二年（766年）就已經帶東都畿内、河南、淮南、江東西、湖南、荊南、山南東道鹽鐵等使職，大曆四年（769年）三月，又增加了湖南、荊南、山南東道鹽鐵等使職。上海古籍本和四庫本將劉晏前後領使的區域概而言之，各有節略。

9. 卷八八《鹽鐵使》「韓滉」條──

上海古籍版：

　　　　貞元元年（785年）十二月，尚書左僕射韓滉加諸道鹽鐵使。

四庫本：

　　　　貞元二年（786年）十二月，尚書左僕射韓滉加諸道鹽鐵使。

　　按：上海古籍版作「貞元元年」，四庫本作「貞元二年」，當以四庫本為是。據寧志新考證，貞元二年（786年），韓滉以鎮海軍、浙江東西道節度使兼度支、諸道鹽鐵、轉運使，開藩鎮節帥領諸道鹽鐵使之先河。〔註28〕

10.《唐會要》卷九二《內外官職田》──

　　四庫本《唐會要》與上海古籍版《唐會要》卷九二《內外官職田》的內容差距很大，四庫本只有3條記載，上海古籍版卻有23條記載。四庫本的三條記載中，除了「景龍四年」一條與上海古籍版相同外，其餘兩條皆未見於上海古籍版《唐會要》，即：

〔註28〕寧志新：《隋唐使職制度研究》，中華書局2005年版，第265頁。

（1）五品以上田各得十畝，四品以上田各得十二畝，五品以下各得田八畝，四品以下各得田十一畝，一品各得田三十畝，二品各得田二十五畝，三品各得田二十畝，六品以下得田七畝，六品以上各得田八畝，七品各得田五畝，七品以下附內閣殿宇敕俸，以上俱內官。

按：四庫本《唐會要》卷九二《內外官職田》子目名稱下注明「原闕」，下接此條記載，疑有缺漏。「七品以下附內閣殿宇敕俸」表意不明。江蘇書局、中華書局、上海古籍版《唐會要》皆未見此條記載，諸如《通典》、《冊府元龜》、新舊《唐書》等書也都未見此條史料。

（2）貞觀元年秋七月敕刺史頒行天下，凡屬外任官員田依職授田凡一品各得田四十畝，二品各得田三十畝，三品各得田二十五畝，四品各得田二十畝，五品田同四品，六品各得田十八畝，七品各得田十五畝，七品以下附一品內，授俸銀四兩，穀十二擔。

按：此條記載未見於上海古籍版《唐會要》，諸如《通典》、《冊府元龜》、新舊《唐書》等書也都未見此條史料。

諸書有關職田數目的記載中，上海古籍版《唐會要》卷九二《內外官職田》僅記武德元年內官（京官）的職田數目：

> 武德元年十二月制：「內外官各給職分田，京官一品十二頃，二品十頃，三品九頃，四品七頃，五品六頃，六品四頃，七品三頃五十畝，八品二頃五十畝，九品二頃。雍州及外州官二品十二頃，三品十頃，四品八頃，五品七頃，六品五頃，七品四頃，八品三頃，九品二頃五十畝。

《通典》卷三五《職官十七·職田公廨田》（《冊府元龜》卷五○五《邦計部·俸祿》同）記載了內、外官的職田數目：

> 諸京官文武職事各有職分田：一品，十二頃。二品，十頃。三品，九頃。四品，七頃。五品，六頃。六品，四頃。七品，三頃五十畝。八品，二頃五十畝。九品，二頃……

> 諸州及都護府、親王府官人職分之田，亦各有差：二品，十二頃。三品，十頃。四品，八頃。五品，七頃。六品，五頃。京畿縣亦準此。七品，四頃。八品，三頃。九品，二頃五十畝……

將上海古籍版《唐會要》、《通典》等書的記載與四庫本《唐會要》卷九二《內外官職田》的此條記載結合起來看，四庫本《唐會要》的此條史料疑

點頗多：

其一，四庫本《唐會要》每個品級的職田數目與上述各書的記載相差頗大。

其二，「七品以下附一品內」中「一」或當作「七」，但「授俸銀四兩」，明顯與唐俸制不符。當為後人誤補。

11. 上海古籍版卷九三《諸司諸色本錢上》——

> 開元十八年，御史大夫李朝隱奏請籍百姓一年稅錢充本，依舊令高戶及典正等捉，隨月收利，將供官人料錢，並請情願自捉，不得令州縣牽捉。其年，復給京官職田。州縣籍一歲稅錢為本，以高下捉之，月收贏以給官。」

四庫本卷九一《內外官料錢上》：

> 開元十八年（730 年）九月四日，御史大夫李朝隱奏請薄稅一年稅錢充本，依舊令高戶典正捉，隨月收利供官人料錢。」

按：「以高下捉之」當為「以高戶捉之」之訛。〔註29〕

《唐會要》卷九一、九三流傳過程中部分缺失，後人有所增補。故四庫本有關此事的記載歸入卷九一《內外官料錢上》，而卷九三作《北突厥上》，與上海古籍等版本不同。這是如今通行的四庫本和上海古籍版《唐會要》的一個較大的差異。

總之，在校讀《唐會要》之時，對校不同版本的異同是一項重要工作。本章第二節以《群書考索後集》的《會要》引文對校《唐會要·內外官職田》、第三節以四庫本對校上海古籍版《唐會要》，主要採用的就是對校法，這是校讀古籍的基本方法。同時，利用《唐會要》本書互證的本校法，以他書證本書的他校法、以出土文物證傳世文獻都是常用的校勘法，這些方法的例證散見於本章各節。此外，由於《唐會要》涉及的典章制度類型非常廣泛，校勘需要掌握比較深入的各項專門知識，由於一個人的學識有限，充分利用今人論著中關於唐代典章制度的研究成果，也是校勘《唐會要》不可或缺的一個重要方法。今人論著中關於《唐會要》史料的校正成果散見於各處，亦須留心收集。

〔註29〕陳明光：《唐代財政史新編》，中國財政經濟出版社 1999 年版，第 83 頁。

參考文獻

史籍

1. （春秋）孔丘，春秋〔M〕，北京：中華書局，1979。

2. （漢）司馬光，史記〔M〕，北京：中華書局，1982。

3. （漢）班固，漢書〔M〕，北京：中華書局，1962。

4. （漢）范曄，後漢書〔M〕，北京：中華書局，1965。

5. （漢）許慎，說文解字〔Z〕，臺北：臺灣商務印書館，1986。

6. （漢）鄭玄注 賈公彥疏，周禮注疏：十三經注疏〔M〕，北京：中華書局，1979。

7. （梁）沈約，宋書〔M〕，北京：中華書局，1974。

8. （梁）蕭子顯，南齊書〔M〕，北京：中華書局，1974。

9. （北齊）魏收，魏書〔M〕，北京：中華書局，1974。

10. （唐）白居易，白孔六帖：景印文淵閣四庫全書〔M〕，臺北：臺灣商務印書館，1986。

11. （唐）杜佑，通典〔M〕，北京：中華書局，1984。

12. （唐）段公路，北戶錄：景印文淵閣四庫全書〔M〕，臺北：臺灣商務印書館，1986。

13. （唐）房玄齡等，晉書〔M〕，北京：中華書局，1974。

14. （唐）韓愈，順宗實錄：叢書集成初編〔M〕，北京：中華書局，1991。

15. （唐）李濬，松窗雜錄：景印文淵閣四庫全書〔M〕，臺北：臺灣商務印書館，1986。

16. （唐）李吉甫，元和郡縣圖志〔M〕，北京中華書局，1983。

17. （唐）李林甫等，唐六典〔M〕，北京：中華書局，1992。

18. （唐）李肇，國史補：景印文淵閣四庫全書〔M〕，臺北：臺灣商務印書館，1986。

19. （唐）林寶，元和姓纂：景印文淵閣四庫全書〔M〕，臺北：臺灣商務印書館，1986。

20. （唐）劉知幾，史通〔M〕，上海：上海古籍出版社，1978。

21. （唐）柳宗元，柳河東集〔M〕，上海：上海人民出版社，1974。

22. （唐）裴庭裕，東觀奏記〔M〕，北京：中華書局，1994。

23. （唐）魏徵等，隋書〔M〕，北京：中華書局，1982。

24. （唐）吳兢，貞觀政要〔M〕，上海：上海古籍出版社，1978。

25. （唐）蕭嵩，大唐開元禮：景印文淵閣四庫全書〔M〕，臺北：臺灣商務印書館，1986。

26. （後晉）劉昫等，舊唐書〔M〕，北京：中華書局，1975。

27. （五代）王定保，唐摭言：景印文淵閣四庫全書〔M〕，臺北：臺灣商務印書館，1986。

28. （宋）晁公武，郡齋讀書志：景印文淵閣四庫全書〔M〕，臺北：臺灣商務印書館，1986。

29. （宋）陳振孫，直齋書錄解題〔M〕，上海：上海古籍出版社，1987。

30. （宋）杜大珪，名臣碑傳琬琰之集〔M〕，臺北：文海出版社，1969。

31. （宋）洪邁，容齋隨筆〔M〕，長沙：嶽麓書社，2006。

32. （宋）胡仔，苕溪漁隱叢話後集：景印文淵閣四庫全書〔M〕，臺北：臺灣商務印書館，1986。

33. （宋）江少虞，宋朝事實類苑〔M〕，上海：上海古籍出版社，1981。

34. （宋）樂史，廣卓異記：四庫全書存目叢書〔M〕，濟南：齊魯書社，1996。

35. （宋）李昉等，太平御覽〔M〕，北京：中華書局，1960。

36. （宋）李昉等，太平廣記〔M〕，北京：中華書局，1961。

37. （宋）李昉等，文苑英華〔M〕，北京：中華書局，1966。

38. （宋）李燾，續資治通鑒長編〔M〕，北京：中華書局，1986。

39. （宋）梁克家，淳熙三山志：景印文淵閣四庫全書〔M〕，臺北：臺灣商務印書館，1986。

40. （宋）馬永易，實賓錄：景印文淵閣四庫全書〔M〕，臺北：臺灣商務印書館，1986。

41. （宋）米芾，書史：景印文淵閣四庫全書〔M〕，臺北：臺灣商務印書館，1986。

42.（宋）歐陽修　宋祁，新唐書〔M〕，北京：中華書局，1975。

43.（宋）歐陽修，新五代史〔M〕，北京：中華書局，1974。

44.（宋）歐陽修，歸田錄〔M〕，北京：中華書局，1981。

45.（宋）司馬光，資治通鑒〔M〕，北京：中華書局，1956。

46.（宋）司馬光，涑水記聞〔M〕，北京：中華書局，1997。

47.（宋）宋敏求，唐大詔令集〔M〕，北京：商務印書館，1959。

48.（宋）宋敏求，春明退朝錄：景印文淵閣四庫全書〔M〕，臺北：臺灣商務印書館，1986。

49.（宋）蘇軾，東坡全集〔M〕，北京：中華書局，1981。

50.（宋）蘇軾，東坡志林：景印文淵閣四庫全書〔M〕，臺北：臺灣商務印書館，1986。

51.（宋）蘇澈，龍川別志〔M〕，西安：三秦出版社，2003。

52.（宋）孫逢吉，職官分紀〔M〕，北京：中華書局，1988。

53.（宋）談鑰，吳興志：續修四庫全書〔M〕，上海：上海古籍出版社，1995。

54.（宋）陶岳，五代史補：景印文淵閣四庫全書〔M〕，臺北：臺灣商務印書館，1986。

55.（宋）王溥，五代會要〔M〕，上海：上海古籍出版社，2006。

56.（宋）王溥，唐會要〔M〕，上海：上海古籍出版社，1991。

57.（宋）王溥，唐會要：景印文淵閣四庫全書〔M〕，臺北：臺灣商務印書館 1986。

58.（宋）王溥，唐會要：叢書集成初編〔M〕，上海：商務印書館，1936。

59.（宋）王溥，唐會要：隋唐文明〔M〕，蘇州：古吳軒出版社，2005。

60.（宋）王稱，東都事略〔M〕，濟南：齊魯書社，1998。

61.（宋）王得臣，麈史〔M〕，上海：上海古籍出版社，1986。

62.（宋）王珪，華陽集：叢書集成初編〔M〕，北京：中華書局，1991。

63.（宋）王闢之，澠水燕談錄〔M〕，北京：中華書局，1981。

64.（宋）王欽若，冊府元龜〔M〕，北京：中華書局，1982。

65.（宋）王象之，輿地紀勝〔M〕，北京：中華書局，1992。

66.（宋）王應麟，玉海〔M〕，揚州：廣陵書社，2003。

67.（宋）文瑩，玉壺清話〔M〕，北京：中華書局，1984。

68.（宋）薛居正等，舊五代史〔M〕，北京：中華書局，1976。

69.（宋）徐天麟，西漢會要〔M〕，上海：上海古籍出版社，2006。

70.（宋）徐天麟，東漢會要〔M〕，上海：上海古籍出版社，2006。

71. （宋）姚寬，西溪叢語：景印文淵閣四庫全書〔M〕，臺北：臺灣商務印書館，1986。

72. （宋）葉夢得，石林詩話：叢書集成初編〔M〕，北京：中華書局，1991。

73. （宋）尤袤，遂初堂書目〔M〕，北京：中華書局，1985。

74. （宋）曾鞏，隆平集〔M〕，臺北：文海出版社，1967。

75. （宋）趙希弁，郡齋讀書後志：景印文淵閣四庫全書〔M〕，臺北：臺灣商務印書館，1986。

76. （宋）鄭樵，通志〔M〕，杭州：浙江古籍出版社，2000。

77. （元）駱天驤，類編長安志〔M〕，西安：三秦出版社，2006。

78. （元）馬端臨，文獻通考〔M〕，杭州：浙江古籍出版社，2000。

79. （元）歐陽玄，圭齋文集：景印文淵閣四庫全書〔M〕，臺北：臺灣商務印書館，1986。

80. （元）脫脫等，宋史〔M〕，北京：中華書局，1977。

81. （明）焦竑，國史經籍志：四庫全書存目叢書〔M〕，濟南：齊魯書社，1995。

82. （明）明太祖實錄〔M〕，上海：上海書店，1983。

83. （明）宋濂，元史，北京：中華書局，1976。

84. （明）陶宗儀，書史會要〔M〕，上海：上海書店，1984。

85. （明）王圻，續文獻通考〔M〕，杭州：浙江古籍出版社，2000。

86. （明）楊士奇，歷代名臣奏議〔M〕，臺北：臺灣學生書局1965。

87. （明）朱謀垔，畫史會要：景印文淵閣四庫全書〔M〕，臺北：臺灣商務印書館，1986。

88. （清）畢沅，續資治通鑒〔M〕，北京：中華書局，1957。

89. （清）董誥等，全唐文〔M〕，北京：中華書局，1983。

90. （清）江南通志〔M〕，臺北：臺灣商務印書館，1986。

91. （清）勞格 趙鉞，唐尚書省郎官石柱題名考〔M〕，北京：中華書局，1992。

92. （清）厲鶚，宋詩紀事〔M〕，上海：上海古籍出版社，1983。

93. （清）彭定求等，全唐詩〔M〕，北京：中華書局，1960。

94. （清）錢大昕，廿二史考異〔M〕，上海：上海古籍出版社，2004。

95. （清）錢大昕，潛研堂集〔M〕，上海：上海古籍出版社，1989。

96. （清）錢儀吉，三國會要〔M〕，上海：上海古籍出版社，2006。

97. （清）乾隆江南通志：景印文淵閣四庫全書〔M〕，臺北：臺灣商務印書館，1986。

98. （清）施補華，儀顧堂集：續修四庫全書〔M〕，上海：上海古籍出版社，
    1995。

99. （清）王鳴盛，十七史商榷〔M〕，北京：中國書店，1987。

100. （清）徐松　孟二冬補正，登科記考補正〔M〕，北京：燕山出版社，2003。

101. （清）徐松，唐兩京城坊考〔M〕，北京：中華書局，1985。

102. （清）永瑢，四庫全書總目〔M〕，北京：中華書局，1964。

103. （清）張廷玉，明史〔M〕，北京：中華書局，1974。

104. （清）趙翼，廿二史箚記〔M〕，北京：中國書店，1987。

105. （清）朱銘盤，南朝宋會要〔M〕，上海：上海古籍出版社，1984。

106. （清）朱銘盤，南朝齊會要〔M〕，上海：上海古籍出版社，1984。

107. （清）朱銘盤，南朝梁會要〔M〕，上海：上海古籍出版社，1984。

108. （清）朱銘盤，南朝陳會要〔M〕，上海：上海古籍出版社，1984。

109. （清）朱彝尊，曝書亭集〔M〕，海口：海南國際新聞出版中心，1996。

110. 趙爾巽等，清史稿〔M〕，北京：中華書局，1976。

近人論著

1. 卞孝萱，唐代的度支使與支度使——新版《舊唐書》校勘記之一〔J〕，
   中國社會經濟史研究，1983（1）。

2. 岑仲勉，隋唐史〔M〕，北京：中華書局，1982。

3. 岑仲勉，郎官石柱題名新考訂〔M〕，上海：上海古籍出版社，1984。

4. 岑仲勉，唐史餘瀋〔M〕，北京：中華書局，2004。

5. 陳高華　陳智超，中國古代史史料學〔M〕，北京：北京出版社，1983。

6. 陳冠明，《唐會要》人名校考〔J〕，古籍整理研究學刊，1994（1）。

7. 陳明光，唐代財政史新編〔M〕，北京：中國財政經濟出版社，1999。

8. 陳垣，校勘學釋例〔M〕，北京：中華書局，1959。

9. 陳智超，解開《宋會要》之謎〔M〕，北京：社會科學文獻出版社，1995。

10. 方詩銘　方小芬，中國史曆日和中西曆日對照表〔Z〕，上海：上海辭書
    出版社，1987。

11. 傅璇琮，唐才子傳校箋〔M〕，北京：中華書局，2002。

12. 郭金彬　陳玲，中國古典科技思想史料的搜集整理和研究——以《唐會要》
    爲例〔J〕，科學技術與辯證法，2006（4）。

13. 賀次君，《唐會要‧節度使》考釋〔J〕，禹貢，1936（6）。

14. 韓國磐，隋唐五代史綱〔M〕，北京：人民出版社，1979。

15. 何汝泉，唐代轉運使初探〔M〕，重慶：西南師範大學出版社，1987。

16. 何振作，簡述扈蒙對宋初文化建設的貢獻〔J〕，江西社會科學，1997（11）。

17. 胡戟，二十世紀唐研究〔Z〕，北京：中國社會科學出版社，2002。

18. 黃永年，唐史史料學〔M〕，上海：上海書店出版社，2002。

19. 李斌城，唐代文化〔M〕，北京：中國社會科學出版社，2002。

20. 李錦繡，唐代財政史稿〔M〕，北京：社會科學文獻出版社，2007。

21. 李軍，五代三司使考述〔J〕，人文雜誌，2003（5）。

22. 李學勤等，中國古代史導讀〔M〕，上海：文匯出版社，1991。

23. 李志紅，唐長安城市景觀研究〔D〕，鄭州大學，2006。

24. 梁啓超，要籍解題〔M〕，北京：清華學校，1925。

25. 劉後濱，唐代中書門下體制研究〔M〕，濟南：齊魯書社，2006。

26. 逯耀東，魏晉史學的思想與社會基礎〔M〕，北京：中華書局，2006。

27. 寧志新，隋唐使職制度研究〔M〕，北京：中華書局，2005。

28. 瞿林東，唐代史學論稿〔M〕，北京：北京師範大學出版社，1989。

29. 瞿林東，中國史學史綱〔M〕，北京：北京出版社，1999。

30. 瞿林東，蘇冕與會要——爲會要體史書創立1200週年而作〔J〕，安徽大學學報，2003（5）。

31. 瞿林東，唐代史家對信史的追求——重讀《唐會要·史館雜錄》〔J〕，史學集刊，2006（4）。

32. 瞿林東，韓愈與《順宗實錄》〔J〕，社會科學戰線，1979（3）。

33. 全漢昇，中國經濟史研究〔M〕，臺北：臺北稻鄉出版社，1998。

34. 山根幸夫，中國史研究入門〔M〕，北京：社會科學文獻出版社，1994。

35. 宋衍申，中國史學史綱要〔M〕，長春：東北師範大學出版社，1992。

36. 唐耕耦，敦煌所出唐河西支度營田使戶口給糧計簿殘卷〔J〕，中國歷史博物館館刊，1987。

37. 陶懋炳，中國古代史學史略〔M〕，長沙：湖南人民出版社，1987。

38. 王世英，《唐會要》的編撰體例及其文獻價值〔J〕，安徽大學碩士論文，2007。

39. 王樹民，中國史學史綱要〔M〕，北京：中華書局，1997。

40. 王雲海，王雲海文集〔C〕，開封：河南大學出版社，2006。

41. 武秀成，舊唐書辯證〔M〕，上海：上海古籍出版社，2003。

42. 吳玉貴，《唐會要》「四夷部」證誤〔J〕，文史，2004（3）。

43. 吳在慶，唐五代文史叢考〔M〕，南昌：江西人民出版社，1995。

44. 謝保成，唐研究〔C〕，北京：北京大學出版社，1995。

45. 邢永革，《唐會要》成書考略〔J〕，古籍整理研究學刊，2004（4）。

46. 邢永革，《唐會要》版本考略〔J〕，中國典籍與文化，2004（2）。

47. 邢永革，《唐會要》正文錯誤類型及成因探析〔J〕，菏澤學院學報，2006（4）。

48. 邢永革，《唐會要》訛誤校訂舉例〔J〕，南京農業大學學報，2007（2）。

49. 嚴耕望，唐僕尚丞郎表〔M〕，上海：上海古籍出版社，2007。

50. 姚明達，中國目錄學史〔M〕，上海：上海古籍出版社，2002。

51. 郁賢皓，唐刺史考全編〔M〕，合肥：安徽大學出版社，2000。

52. 張國剛，唐代官制〔M〕，西安：三秦出版社，1987。

53. 張舜徽，中國史學名著題解〔M〕，北京：中國青年出版社，1984。

54. 鄭明，《唐會要》初探：中國唐史學會論文集〔C〕，西安：三秦出版社，1989。

55. 鄭學檬，五代十國史研究〔M〕，上海：上海人民出版社，1991。

56. 鄭學檬，中國賦役制度史〔M〕，廈門：廈門大學出版社，1994。

57. 周殿傑，關於《唐會要》的流傳和版本〔J〕，史林，1989（3）。

58. 周少川，約論會要體史籍〔J〕，北京師範大學學報，1989（5）。

59. 周紹良，唐代墓誌彙編〔Z〕，上海：上海古籍出版社，1992。

60. 朱海，魏晉南北朝隋唐史資料第二十二輯〔C〕，武漢：武漢大學文科學報編輯部，2005。

61. 祝建平，北宋官僚丁憂持服制度初探〔J〕，學術月刊，1997（3）。

62. 朱傑勤，中國古代史學史〔M〕，鄭州：河南人民出版社，1980。

63. 朱仲玉，王溥和會要體史書〔J〕，晉陽學刊，1985（6）。

附錄：今本《唐會要》內容起止時間逐卷分析表

卷 次	類 目	子 目	止於貞元二十一年以前	止於大中六年	止於唐末	線 索	推 論
卷一		帝號上					
		帝號下			昭宗朝	宣宗朝宰相不載崔鉉，而宣宗朝崔鉉監修《續會要》時，已經多年爲宰相，此處當非《續會要》原文。	
		雜錄			天祐二年		
卷二		追諡皇帝	大曆三年				《追諡皇帝》及其下《雜錄》的內容皆當來自蘇冕《會要》，王溥重加編輯時，條目先後順序不當。卷一至卷六「帝系」各子目的大部分內容當來自《會要》，崔鉉等人和王溥的增補都不多。
		雜錄	代宗朝			1.史事排列時序不當，肅宗子「承天皇帝倓」條在睿宗子「讓皇帝憲」條之前。2.其文稱「上」、「天后」，當爲唐人所撰。	
卷三		皇后			天祐二年		
		雜錄			天祐元年	德宗以前皇后事蹟頗詳，德宗後寥寥數語，多僅列名號，事蹟闕。玄宗皇后武氏下有「蘇冕駁曰」。涉及《續會要》時間斷限的只有數條。	
		內職			懿宗朝		
		雜錄			天祐二年		
		出宮人		開成三年			

卷四		儲君			昭宗朝	1.自李建成、李承乾、李忠、李重俊至玄宗廢太子瑛，事蹟皆詳；其後僅記憲宗長子李寧、文宗長子李永、昭宗長子李裕三人，無生平事蹟，僅略志其生卒或受封時間、諡號。2.「章懷太子賢」條下：「則天又嘗撰《少陽政範》……則天疑賢所爲」，此處稱謂疑爲王溥所改。《唐會要》它處常稱「天后」、「則天后」，方爲唐人所撰。
		雜錄		開成三年		
		追諡太子		宣宗朝		共載七人，僅有名號，無事蹟
		雜錄		睿宗朝		依序載前文「追諡太子」七人中前三人事蹟。
卷五		諸王			昭宗朝	
		雜錄		建中三年		此目載諸王事蹟，僅止於德宗朝蕭王李詳，建中三年薨。德宗後諸王事蹟見諸它書者頗多，崔鉉等人和王溥都未加增補。
卷六		公主			哀帝朝	僅歷朝公主名錄
		雜錄		咸通十二年		1.唐初至大中五年詳，王溥增補了大中六年後一條史料。2.咸亨二年城陽公主薨於房州之事，(唐)李涪《刊誤》卷上《非驗》亦載此事，李涪且稱蘇冕書之曰：「卜驗矣。」今本《唐會要》不見「卜驗矣」之語，疑爲王溥所刪。

	和蕃公主		憲宗朝		
	雜錄		會昌三年		
卷十一	明堂制度	天寶三年		天寶三年後豈無明堂制度？	
卷十二	饗明堂議		元和十五年	唐高宗顯慶元年至唐代宗永泰年間事詳，其後僅唐憲宗元和元年、元和十五年兩條史料。	
	廟制度		會昌六年	高祖武德元年至玄宗開元十一年事詳，其後僅會昌五年、六年兩條史料。	
卷十三	親饗廟		唐末	此目下稱：「太宗二……蘇冕曰……且貞觀三年，已親饗廟矣。未知何事，致此不同。」蘇冕先鈔錄他書關於「親饗廟」的記載，並對其中之一提出自己的疑問。	此子目疑為蘇冕《會要》原定，崔、王等人有增補。
卷十四	禘祫上			1.此目稱：「左司郎中陸淳奏曰」。按，貞元二十一年陸淳為給事中，充皇太子侍讀時，為避太子名諱，改名為陸質（《唐會要》卷二十二《諱》）。《唐會要》提及此人，既有稱「陸淳」，也有稱「陸質」者。蘇冕會要成書時，陸淳尚未改名為陸質，此二處稱「陸淳」，當是蘇冕《會要》原文。2.《禘祫下》由德宗貞元十二年至昭宗大順元年，且此目始見唐末事稍詳。	此目疑為蘇冕原定，但也是王溥增補重點之一。
	禘祫下		大順元年		
	獻俘		乾寧二年	此目由武德元年至乾寧二年，載唐末事較詳。	此目當為王溥增補重點之一。

卷十五	廟議上			大中六年以前事詳，此後王溥增補了大中六年後兩條史料。	「廟議」內容當主要來自《會要》、《續會要》，王溥略有增補。
卷十六	廟議下		天祐二年		
卷十七	祭器議	大曆元年			
	廟災變		光啓元年	1.「開元五年正月」條，皆稱「上」，當出自起居注或實錄原文。2.「至德二載……上親享之。先是，京師宗廟被焚。上在彭城……初，肅宗將復宮闕……」此條敘事風格前後不統一，對同一個皇帝前稱「上」，而後稱「肅宗」；3.唐末事僅光啓元年三月、十二月兩條。	此目當經過王溥的增補，對《會要》亦有改動，但稍顯倉促，文字風格不統一。
卷十八	緣廟裁制上		大中三年	1.《緣廟裁制》、《配享功臣》、《雜錄》都止於大中六年《續會要》成書以前。2.《配享功臣》下有「蘇氏駁議曰……惟肅宗一室，理有未安……」等語，知此條目乃蘇冕《會要》原定：蘇冕鈔錄它書關於配享功臣的記載，進而認為肅宗一室配享功臣的排序理有未安。3.王溥未增補大中六年以後事。	這幾個子目下所有內容應該都是來自《會要》、《續會要》。
	緣廟裁制下				
	配享功臣	會昌六年			
	雜錄	大中四年			
卷十九	諸太子廟	大中六年		大中六年之後豈無諸太子廟？	
	百官家廟		天祐三年	貞觀六年至大中五年十一月事詳，王溥增補了大中六年以後一條史料。	

	陵議	寶曆二年			
	親謁陵	開元十七年			
卷二十				今本《唐會要》：「議曰。按開元禮。春秋二仲月，司徒、司空巡陵。春則掃除枯朽，秋則芟剃繁蕪。埽除者，當發生之時，欲使茂盛。芟蕪者，當秋殺之時，除去擁蔽且慮火災也。今巡陵公卿。皆持斧擊樹三發。謂之告神。其爲不經。一何甚也。」待考。唐昭宗朝李涪《刊誤》卷上《春秋仲月巡陵不合擊樹》：「《開元禮》，春秋二仲月，司徒、司空巡陵。春則掃除枯朽，秋則芟蕪繁蕪。掃除者，當發生之時，欲使盛茂也。芟蕪者當秋殺之時除去擁蔽且慮火災也。以三公之任隆位高，度力展儀，以己率眾，令巡陵公卿皆持小斧，即其義也。近代選任稍輕，不達舊禮，將及陵關則取縣吏持斧擊樹三發謂之告神，其爲不經又何甚也。」	王溥增補了唐末學者李涪的駁議，此外的內容應該都是來自《會要》、《續會要》原文。
	公卿巡陵	長慶三年			
卷二一	緣陵禮物		元和十五年		
	諸僭號陵	先天二年			
	皇后諸陵議		會昌五年	自大曆十三年至會昌五年。	

	陪陵名位			昭宗朝	王溥增補的唐末史事較略。
	諸陵雜錄			唐末	
卷二二	社稷		開成五年		
	祀風師雨師雷師及壽星等		元和十五年		
	嶽瀆	貞元十二年			
	前代帝王			天祐二年	大曆五年以前事詳，此後僅有元和十四年、天祐二年各一條史料，當是崔鉉等人和王溥新增。	此目疑爲蘇冕原定。
	龍池壇		元和十二年		
卷二三	武成王廟			天祐二年	貞元四年之後，僅天祐二年一條史料，可見《續會要》未加增補，王溥僅增補了一條史料。	此目疑爲蘇冕原定。
	寒食拜掃		開成四年		
	緣祀裁制		大和九年		
	牲牢	貞元十八年			
	忌日			天祐二年	開成四年十月之後，王溥增補了大中六年以後一條史料。
	諱			天祐元年	會昌六年以前詳，此後王溥增補了大中六年以後的兩條史料。
卷二四	受朝賀			咸通四年	貞元十一年以前詳，此後僅會昌二年、咸通四年各一條，當爲崔鉉等人和王溥增補。	此目疑爲蘇冕原定。
	諸侯入朝			大中五年	大中五年後諸侯入朝事，他書所記亦多，此處竟不載。

	二王三恪		會昌三年		
	朔望朝參			天祐三年	大和元年以前詳，此後僅王溥增補了大中六年後史料兩條。
	廊下食	貞元二年			僅貞觀四年、貞元二年兩條史料。
卷二五	輟朝			大中十一年	開元元年至貞元十五年事僅三條，元和九年至會昌三年事詳，此後王溥增補了大中六年後史料一條。	此處當為《續會要》修撰重點。
	雜錄		開成四年		
	百官奏事		會昌元年		貞元十八年以前詳，此後兩條史料屬於《續會要》記載範圍。	此目疑為蘇冕原定，崔鉉略有增補。
	親王及朝臣行立位	貞元四年			
	文武百官朝謁班序		會昌三年		
卷二六	冊讓	貞元三年			
	舉人自代			咸通四年	
	讀時令		大和八年		貞元六年後僅大和八年一條，其文稱「天寶已後，盛典久廢」。
	命婦朝皇后			天祐二年	此目之首，有類似序言或總敘的一段文字：「國朝命婦之制……」，稱「國朝」，則非王溥所撰。	此目疑為蘇冕原定。
	皇太子冠	開元六年			僅貞觀三年、開元六年兩條。	此處內容當為《會要》原文，此處兩個子目名重複，行冠禮即加元服，疑為王溥所定。
	皇太子加元服	開元八年			僅載貞觀八年至開元八年事，皇太子加元服乃大事，即或王溥無載，崔鉉等人故何亦不載？

	皇太子見三師禮		開成三年		
	皇太子不許與諸王及公主抗禮	神龍元年			僅三條史料。
	鄉飲酒	開元二十五年			
	待制官		大和二年		
	侍讀			大中十二年	
卷二七	行幸			咸通十二年	武德六年至開成元年詳，王溥僅增補了大中六年以後史料兩條。
卷二八	搜狩		會昌二年		
	祥瑞上				武德元年至大中六年敘事詳細，王溥增補了大中六年以後史料五條，皆寥寥十來字。
卷二九	祥瑞下			天祐二年	
	追賞			唐末	
	節日				
卷三一	興服上	裘冕	開元二十六年		
		章服品第		龍紀元年	
		內外官章服	大中三年		
		雜錄	開成五年		
		冠	貞元七年		
		巾子	大和三年		
		魚袋	開元二年		此子目下有「蘇氏記曰：自永徽以來，正員官始佩魚……」 此目疑為蘇冕原定。

卷三二	輿服下	笏	開元八年			
		異文袍		大和六年		
		輅車		會昌六年		
		乘車雜記	天寶十載			
		羃	咸亨二年			
		戟			天祐四年	此目下「議曰：按禮祭法，上古祭名不聞有戟神、節神。近代受節，置於一室，朔望必祭之拜之，非也。凡戟，天子二十四，諸侯十。今之藩鎮，古之諸侯也。在其地則施於公府門，爵位崇顯者，亦許列之私第。苟祭之拜之，不經之甚也。」唐昭宗朝李涪《刊誤》卷下《祭節拜戟》：「《禮記》祭法：累代祭名不聞有戟神，是知無拜祭之禮也。近代受節置於一室，朔望必祭之，非也。凡戟，天子二十四，諸侯十。今之藩鎮，即古之諸侯也。在地則施於衙門……有爵位崇高，亦許列於私第……拜戟祭節，大乖於禮。」此段「議曰」當王溥節錄自李涪《刊誤》。	王溥增補唐末史事之外，還節錄了唐末學者的駁論。
		雅樂上				乾元以前敘事多稱「上」，唐末事僅一條，稱「昭宗」。後者無疑為王溥編撰，此目前後行文風格不統一。	《唐會要》行文風格不統一。
卷三三		雅樂下			昭宗朝		

卷三四	論樂		永貞元年		「先天元年正月。皇太子令宮臣就率更寺閣女樂……（開元）二年正月。胡僧婆陀。請夜開門燃百千燈。其夜。太上皇御安福樓門觀樂。」此等稱謂，當來自起居注、實錄等。益見《唐會要》有史鈔之特色，而王溥對諸多史料未多加整理。	
	雜錄			咸通中		
卷三五	襃崇先聖			大順元年	大中三年以前事詳，此後王溥僅增補了大中六年後一條史料。	
	學校		會昌五年		會昌五年後他書所載學校事亦多。	這幾個子目皆非一時之制，而都止於大中六年以前，疑皆爲蘇冕原定。
	釋奠		元和九年		貞元十五年之後，僅元和九年一條，當爲崔鉉等人增補。	
	經籍		大中五年		大中六年後經籍事亦多，《唐會要》其他卷也有提及。	
	書法		開成五年			
卷三六	修撰			大中七年	「蘇氏曰：今世之人，正惑於此。故載呂才駁議，用矯正之。庶乎惑者少悟也。」可見此目所載呂才駁議是蘇冕《會要》原文。	
	氏族		大中六年			
	蕃夷請經史	開元二十六年				
	附學讀書		開成二年			

卷三七	五禮篇目			元和十三年	此目下有「蘇氏曰」，稱「五禮等威」云云。	
	服紀上			大中六年		
卷三八	服紀下					
	奪情			大中十二年	1.大中五年以後，僅大中十二年一條。2.「調露二年」該條下注文曰：「國朝奪情者多矣……」稱「國朝」而事在貞元蘇冕《會要》成書前，此當蘇冕《會要》原文。	此目內容主要來自《會要》、《續會要》，王溥增補了一條史料。
	葬			會昌元年		
	辰日	貞觀六年			僅貞觀六年一條。	
	雜記	聖曆元年				
卷三九	定格令			會昌元年		
	議刑輕重			乾符四年	大中五年後，僅乾符四年一條	
卷四十	君上慎恤			光化元年		
	臣下守法		開成二年			
	定贓估		大中六年			
卷四一	斷屠釣			天祐元年	大中五年之後，僅咸通十一年、天祐元年兩條史料	王溥略有增補
	左降官及流人			乾符五年	「貞元二十一年二月，貶京兆尹李實爲通州長史。實爲京兆尹，自國哀已後，殘害人吏……」此初並非引用奏議等原文，而是轉述史實，仍然既稱「國哀」，又曰「人吏」（避唐太宗李世民諱），當爲唐人所專。《會要》成書在貞元十九年至二十一年之間，此則記載更可能是《續會要》原文。	有時王溥用《會要》、《續會要》原文未加整理。

	酷吏		元和十四年		1.《月蝕》一目載高祖至代宗朝月蝕次數、時間，如「太宗朝二……天后朝十九……」。結尾處「蘇氏曰：載月甚詳。然仲尼修春秋……會要亦國史之支也，學於史。宜取法春秋，以是不宜備書。」此目內容當引自當時某部書，蘇冕照錄，稱其「載月甚詳」，然後發表自己的意見，認爲「不宜備書」。2.《五星凌犯》：下有「蘇氏議曰……」；大中五年以前詳，此後王溥增補了大中六年後一條史事。3.《水災》上、下卷皆避唐太宗李世民諱，稱「壞人（民）廬舍」、「損居人（民）」等。4.《火》：會昌三年以前詳，此後王溥增補了大中六年後一條史事。5.《雜災變》：下有「蘇氏駁曰……」，大中六年以後史事頗詳，此目當爲王溥增補重點之一。6.謝保成《〈舊唐書〉的史料來源》（《唐研究》第一卷，北京大學出版社 1995 年版）指出：《舊唐書‧天文志》兩卷的大部分內容、文字與今本《唐會要》卷四二至四四的相	此三卷有多處記載當爲《會要》、《續會要》原文。《雜災變》一目當爲王溥增補重點之一。
	雜記			大中七年		
卷四二	曆		元和二年			
	地震			乾符三年		
	日蝕			天祐三年		
	月蝕		代宗朝			
卷四三	彗孛			天祐二年		
	五星凌犯			大中十一年		
	星聚		開成四年			
	流星		會昌六年			
	山摧石隕		貞元十五年			
	水災上			開成二年		
	水災下					
	火			大順二年		
	螟蜮			光啓二年		
卷四四	雜災變			天祐元年		

	太史局		開成五年		關記載同；《舊唐書・五行志》記載地震、山崩、雷電風雲、蟲災及雜災變，大體見於今本《唐會要》卷二八、四二、四四的相關子目。凡今本《唐會要》與《舊唐書》記事內容、敘述文字全同者，都可以說是蘇冕《會要》、崔鉉《續會要》原文。	
	雜錄		開元十年			
卷四五	功臣			天祐元年	王溥增補了三條大中三年後的史料。	
	前代功臣	永徽三年			僅錄永徽三年事兩條。	
卷四六	封建			光化二年	《封建》下有「崔氏曰：蘇冕所載《封建》篇，蓋以貞觀初，太宗文皇帝嘗欲法周、漢故事，分圭以王子弟，裂地以封功臣。諸儒議論紛紜，事卒停寢，故有表疏可編。自後封諸王或王功臣，但崇以爵等，食其租封而已。劉秩所云設爵無土，署官不職者也。今子弟功臣封爵者。皆列之。」「封建」一目為蘇冕《會要》原有。崔鉉曰其「故有表疏可編」，知蘇冕《會要》於「封建」一目當錄有諸儒議論之表疏。今《唐會要》「封建」一目僅載某年某月某日封某人為王，未見任何表疏，則王溥應該對此目內容進行了較大的整理。	「封建」一目為蘇冕《會要》原定，但王溥編撰《唐會要》一百卷時，將蘇冕《會要》「封建」一目下的內容歸入「封建雜錄」。
	封建雜錄上					
卷四七	封建雜錄下	開元八年				

					而下一個子目《封建雜錄》分上下，止於開元八年，內容正好大都是議論封建的表疏，與崔鉉所稱蘇冕「封建」一目內容吻合，當是王溥編撰《唐會要》一百卷時，將蘇冕《會要》「封建」一目下的內容歸入「封建雜錄」。此外，崔鉉稱「今子弟功臣封爵者。皆列之」，則今本《唐會要》「封建」一目行文格式多爲某年某月某日封某人爲王，亦當是崔鉉《續會要》所定。王溥在此基礎上增補了唐末之史事。	
		封諸嶽瀆		天祐二年		
		議釋教上		咸通六年		
		議釋教下				
卷四八		寺		大中五年	此目下敘諸寺建置、沿革，極爲瑣碎，止於大中五年，王溥在五代離亂之後，史籍相對缺乏的時候，更不可能詳載這些內容。	來自《會要》、《續會要》。
卷四九		像		元和五年		
		僧尼所隸		會昌六年		
		雜錄		會昌六年		
		僧籍		會昌五年		
卷五十		尊崇道教		大中元年		
		觀		寶曆元年		
		雜記			大中十一年	
卷五一	官號	名稱		大和四年	此目下有「蘇氏駁曰」，不書皇帝名，皆以「上」稱之。內容皆與宰相	疑多數爲《會要》、《續會要》原文。

					名稱的沿革有關，子目名似有不當。	
		識量上			1.元和五年十月下有「崔氏曰」。	
卷五二		識量下		天祐元年	2.前後行文風格不統一，元和之前十數條皆曰「上謂宰臣曰」，長慶元年等數條，又稱皇帝廟號，記爲「穆宗謂宰臣曰」等等。3.大中三年之後，僅天祐元年一條。	王溥編撰《唐會要》的工作難稱細緻。
		忠諫		咸通十一年		
卷五三		舉賢		大和元年	相鄰的兩條記載，第一條作「貞觀元年三月，上謂尚書右僕射封德彝曰」，第二條作「（貞觀）三年，太宗謂宰臣曰」，行文風格不統一。	這幾個子目疑爲蘇冕原定，崔鉉等人接續。王溥採用《會要》、《續會要》原文，未加整理。
		委任		元和十二年		
		崇獎		開成四年		
		雜錄		大中十二年	大和九年後，僅大中十二年一條。此目下有「蘇氏駁曰」。	
卷五四	省號上	門下省	開元五年			
		中書省		開成三年		
		門下侍郎		建中二年		
		中書侍郎	建中元年			
		左右散騎常侍		大和五年		
卷五五	省號下	中書舍人		景福二年		
		諫議大夫		會昌二年		
		匭		大中四年		

卷五六		起居郎起居舍人		大中六年		此目下有「蘇氏曰」，又止於大中六年《續會要》成書以前，大中六年以後應該還有起居郎起居舍人事，王溥未加增補。	此目疑爲蘇冕原定，崔鉉等人接續。
		左右補闕拾遺			咸通四年		
		符寶郎	天寶十載			此目結尾稱：「典儀，皇朝置二人。隸門下省。初用人皆輕。至貞觀末。李義府爲之。是後常用士人焉。」	止於天寶十載，又稱「皇朝」，疑是《會要》原文。
卷五七	尚書省諸司上	翰林院			天復三年	止於昭宗天復三年，此目所載唐末事甚詳。	當爲王溥增補重點之一。
		尚書省		大中四年		唐、五代他書亦多載大中四年後諸多尚書省、左右僕射事，王溥未加增補。	
		左右僕射		大中三年			
		尚書令			咸通四年	此目下有「蘇氏駁曰」兩則。	
卷五八	尚書省諸司中	左右丞	會昌三年				此處未列全卷所有子目，絕大部分子目所載史事至於大中六年，王溥略有增補。
		左右司郎中	貞元五年				
		吏部尚書	大中六年			此目下有「蘇氏駁曰」。	
		吏部侍郎	元和八年				
		戶部侍郎			咸通四年	此目下有「蘇氏駁曰」。	
卷五九	尚書省諸司下	度支使			咸通八年	1.起肅宗乾元年迄懿宗咸通八年；2.(宋)章如愚《群書考索後集》卷二十一《官制門·蔡允道官制論》：「按唐貞元初度支使杜佑辭錢穀之任，引李巽自代。先是，度支以制置	

卷次	篇目	子目				說明	
						措費，漸權百司之職，廣設員吏，繁而難理，佑始奏營繕歸之將作，木炭歸之司農，整，公議多之……佑之所請見於蘇冕《會要》，新史載之不如是之詳也。」章氏稱見於蘇冕《會要》的這段文字，「貞元初……公議多之」與今本《唐會要》略同。《新唐書》卷一六六《杜佑傳》所載的確不如今本《唐會要》詳細。此處當爲蘇冕《會要》原文。	
卷六十	御史臺上	御史臺		大中四年		此目下有「蘇氏駁曰」兩則。	僅一條史料在《續會要》進書的大中六年之後，其中又有多條「蘇氏駁曰」，疑《御史臺》下子目大都爲蘇冕原定，崔鉉等人接續。
		東都留臺、御史大夫、侍御史、殿中侍御史		會昌二年			
		御史中丞			乾符三年	王溥增補了大中六年後史料一條。	
		監察御史		大中六年		此目下有「蘇氏駁曰」。	
卷六一	御史臺中	館驛使		大中六年			
		彈劾		大和九年			
卷六二	御史臺下	諫諍		元和十五年			
		推事		大和四年			
		出使		元和七年			
		知班	貞元十四年				
		雜錄		會昌二年			
卷六三	史館上	史館移置、諸司應送史館事例、在外修史		長慶三年			

卷	目					
		修前代史			光化三年	王溥增補了一條大中六年後的史料。	
		修國史			大順二年	王溥增補了兩條大中六年後的史料。	
		修史官			天祐二年	王溥增補了一條大中六年後的史料。	
		史館雜錄上			天祐元年	王溥增補了兩條大中六年後的史料。	
		史館雜錄下					
卷六四	史館下	宏文館、文學館、崇文館、集賢院、崇元館		大中六年			
卷七三		都護府	貞元六年			此目下有「蘇氏記曰」。	
卷七四	選部上	論選事			天祐二年	此目下有「蘇氏議曰」。王溥增補了一條大中六年後的史料。	《選部》、《貢舉》當爲王溥增補的重點之一。
		吏曹條例			天祐三年	王溥增補了一條大中六年後的史料。	
卷七五	選部下	雜處置			廣明元年	王溥增補了一條大中六年後的史料。	
	貢舉上	明經		開成四年			
		帖經條例	天寶十一載				
卷七六	貢舉中	進士			天祐三年	王溥增補了一條大中六年後的史料。	
		緣舉雜錄			咸通十一年	王溥增補了兩條大中六年後的史料。	
		制科舉			大中十二年	王溥增補了一條大中六年後的史料。	
		孝廉舉、開元禮舉、三禮舉、三傳、童子、明法		長慶二年			

	貢舉下	科目雜錄			咸通四年	王溥增補了兩條大中六年後的史料。	
卷七七		宏文崇文生舉、崇元生、論經義	開成三年				
	諸使上	觀風俗使、巡察按察巡撫等使	元和十四年				
卷七八	諸使中	黜陟使、採訪處置使、五坊宮苑使	元和十三年				《諸使》當爲王溥增補重點之一。其下子目《皇城使》乃王溥新定。
		皇城使		天祐三年	此子目下僅天祐三年一條史料，則此子目當爲王溥所定。	
		元帥		天復三年	王溥增補了一條大中六年後的史料。	
		都統		大順元年	王溥增補了兩條大中六年後的史料。	
		節度使		天祐二年	王溥增補頗多。	
		親王遙領節度使		乾符四年	王溥增補了三條大中六年後的史料。	
		諸使雜錄上					
卷七九	諸使下	諸使雜錄下		天祐四年	王溥增補了四條大中六年後的史料。	
		謚法上			1.其下有「蘇氏駁曰」。2.（宋）蘇洵《謚法》等史籍稱：「自周公謚法以後，歷代言謚者有劉熙、來奧、沈約、賀琛、王彥威、蘇冕。」	
卷八十		謚法下				
		複字謚				
		朝臣複謚				
		雜錄	元和十四年			

	勳			天祐二年	
卷八一	階		會昌四年		下有「蘇氏記曰」。
	用蔭			大中十四年	
	考上			咸通十四年	王溥增補了一條大中六年後的史料。
卷八二	考下				
	多薦		大中五年		
	甲庫		大和九年		
	當直		會昌四年		
	休假			咸通十四年	王溥增補了一條大中六年後的史料。
	醫術		長慶元年		
卷八三	嫁娶		會昌元年		
	租稅上		大中六年		
卷八四	租稅下				
	雜稅		大中六年		
	租庸使	永泰元年			
	兩稅使		元和十五年		
	戶口數		會昌年間		
	雜錄		會昌五年		
	移戶		寶曆元年		
卷八六	奴婢			大順二年	
	道路		大中四年		
	街巷		大中三年		
	橋樑	貞元元年			
	關市		大中六年		
	城郭			咸通二年	會昌六年以後，王溥僅增補了大中六年以後一條史料。

卷八七	轉運鹽鐵總敘			天復中	此目之首一段帶有序言或總敘的性質的文字曰：「皇朝自武德永徽以後……」其文稱「皇朝」，當為唐人所撰。	此亦疑為蘇冕原定，崔鉉等人和王溥接續。
	漕運			咸通八年		
	轉運使			天祐元年		
卷八八	鹽鐵		開成五年			此卷皆止於大中六年以前，統計榷利時也截至大中六年，疑此卷幾個子目為《會要》、《續會要》原定。
	榷酤		會昌六年			
	鹽池使	開元十五年				
	鹽鐵使		大中六年		此目末尾稱：「及大中六年，度支收榷利一百二十一萬五千餘貫。」	
	倉及常平倉		大中六年			
	雜錄		寶曆元年			
卷八九	疏鑿利人		大曆二年			從卷八三至卷九三，是《唐會要》經濟史料集中之處，從列表中可見絕大部分內容來自《會要》、《續會要》，王溥增補不多。
	磑碾		元和八年			
	泉貨			天祐二年		
卷九十	閉糴			咸通七年		
	和糴		大中六年			
	食實封數		元和十四年			
	緣封雜記		元和五年			
	內外官祿		大中三年			
卷九一	內外官料錢上		會昌元年			
卷九二	內外官料錢下					
	內外官職田		大中元年			
卷九三	諸司諸色本錢上		會昌二年			
	諸司諸色本錢下					

《唐會要》研究

卷九六	室韋			咸通元年	卷九十四至一百的四夷諸國,或在唐後期已經滅國,或由於唐後期國勢衰微,與部分的交往斷絕。故大部分子目皆止於大中六年以前。此處僅列出王溥有增補的大部分子目,或是有特別信息的子目。	
卷九七	吐蕃			咸通十年		
卷九九	南詔蠻			乾符元年		
	倭國		開成四年		1.載貞觀十五年至開成四年史事。2.其下曰:「則天時,自言其國近日所出。故號日本國。蓋惡其名不雅而改之。」	關於倭國和日本國,子目設置似有重複,關於日本國來歷,《倭國》和《日本國》採取的說法也不盡相同。
卷一百	日本國	開元初			1.此目之首曰:「日本,倭國之別種。以其國在日邊,故以日本國爲名。或以倭國自惡其名不雅,改爲日本。或云日本舊小國,吞併倭國之地……」2.僅長安三年、開元初兩條史料。	

注:原則上只要王溥增補了宣宗以後內容的子目上表都予以列出。《唐會要》其他未列入此表的子目有:皇太孫、和蕃公主、(和蕃公主)雜錄、廟隸名額 孝敬皇帝廟 讓皇帝廟、儀坤廟、公主廟、大射、講武、卷三十各宮室、太常樂章、凱樂、燕樂、清樂、散樂、破陳樂、慶善樂、諸樂、四夷樂、東夷二國樂、南蠻諸國樂、西戎五國樂、北狄三國樂、禮儀使、論赦宥、渾儀圖、測景、木冰、僧道立位、燃燈、病坊、大秦寺、摩尼寺、卷五十一至卷七十三部分職官和行政建置、東都選、冬集、河南水陸運使、陝州水陸運使、卷九十四至卷一百四夷諸國。則《唐會要》中止於貞元二十一年或止於大中六年的子目遠多於該表所列。

後　記

　　2008 年 6 月 7 日，我的博士論文《〈唐會要〉研究》提交答辯通過。此後十來年間，《唐會要》的整理和研究都取得了重大進展：牛繼清先生的《〈唐會要〉校證》（三秦出版社 2012 年版）是《唐會要》校勘的一部力作。在專題研究方面，劉安志、古畑徹、島田正郎、黃麗婧、卓越、李雨豐、顧成瑞等中日學者發表了多篇學術論文，在對目前所知 16 種《唐會要》鈔本逐步展開調查研究的基礎上，關於《唐會要》的版本流傳、闕卷補遺、校勘輯佚都有新的突破（參見劉安志、李豔靈、王琴：《〈唐會要〉整理與研究成果述評》，《中國史研究動態》2017 年第 4 期）。成果最爲突出的是武漢大學劉安志先生，他先後發表《唐代沙州升爲都督府時間考定——以〈唐會要〉版本考察爲中心》、《武英殿本與四庫本〈唐會要〉非同本考》、《清人整理〈唐會要〉存在問題探析》、《〈唐會要〉目錄考證與復原》、《〈唐會要〉「補亡四卷」考》、《〈唐會要〉所記唐代宰相名數考實》、《〈唐會要〉清人補撰綜考》等系列論文，有不少重要的發現，即如：四庫本的底本實爲江淮鹽商馬裕家藏本，而非浙江汪啓淑家藏本；四庫本對原鈔本的加工整理不是太大，更多保留了原鈔本的面貌，而殿本則對原鈔本進行了大量加工，雖在體系和內容上更趨完整和齊備，但不少內容已非《唐會要》原貌。清人對《唐會要》的補撰主要體現在闕卷、闕目、增目、闕文的補撰，以及條文增補上，這些增補的內容並非《唐會要》原文，不可輕易視之爲第一手原始資料加以引用。

　　需要向本書讀者說明和致歉的是，博士畢業以後，我的研究方向隨著工作單位的變化而發生了兩次較大的轉向，計劃中的博士論文改訂工作遲遲未能實行。答辯委員會鄭學檬、楊際平、謝元魯、胡滄澤、馬良懷諸位先生曾

經指出的版本流傳、經濟史料校勘等方面的缺陷，我仍然沒有通過進一步的研究予以修正和拓展；上述 2008 年以來學界關於《唐會要》的研究成果和問題探討，我也沒能在本書付梓前加以吸納或作出回應。本書基本保持了我提交答辯的博士論文《〈唐會要〉研究》的原貌，只對文字進行了校勘，並重新撰寫了提要。

對於我的導師陳明光先生，我也要再次表達我的謝意和歉意。先生學問該博，性情溫和，對學生關懷備至；師母對學生也是體貼入微，時常叮囑我要加強鍛鍊、作息有常。先生、師母是最好的老師、師母，我卻不是勤敏的學生。先生曾經提出《唐會要》研究若干重要意見，我卻未能切實踐行，留下難言的羞愧和遺憾。

最後還是要誠摯感謝花木蘭文化事業有限公司的抬愛，感謝楊嘉樂副總編輯年年不斷的提醒，我的少作終得以出版。雖然沒有來得及修訂，但作為《唐會要》研究發展過程中的一個有用環節，把當時博士論文的原貌呈現出來，也有利於讀者查考。